현직 NPL 경매학원 원장의 실전 노하우

NPL투자
성공비법

나는 NPL이 **평생 직장**이다.

현직 NPL경매학원 원장의 실전 노하우

NPL투자 성공비법

어영화 지음

" 나는 NPL이
평생 직장이다! "

매일경제신문사

세상이 많이 변했다. '공인중개사' 제도가 처음 생긴 1984년 이전에만 해도 부동산거래는 '복덕방'이라는 간판을 달고 '가옥 매매나 사글세'를 동네규모로 소개해 주는 수준이었다. 그 전에는 동네의 이장이나 어르신들이 '거간꾼'이라는 이름으로 용돈벌이를 하는 것이 부동산 거래였다.

필자가 수도권 소재의 ㄱㅊ대학 연수과정 강의를 할 때 가끔 제시하는 한 가지 예가 있다. 50년 전에 서울의 사대문 안에 30만 원을 주고 집을 한 채 구입해서 지금까지 보유하고 있다면 현재 몇 배가 올랐을까? 라는 질문을 던져보곤 한다.

대답은 500배에서부터 10,000배까지 아주 다양한 범위에서 나온다. 틀린 말이 아니다. 만약 명동의 경우였다면 당시의 30만원이 오늘날 1백억 원도 넘을 수 있는 것이다.

'복부인'이라는 말이 새로운 유행어로 사용되던 2004년 이전에는 사기를 당하거나 큰 실수를 하지 않고 부동산에 투자한 사람이라면 아마 몇 배 내지는 몇 억의 돈을 벌어본 사람도 적지 않게 있었을 것이다. 당시만 해도 공시지가를 기준으로 양도소득세를 납부했고, 부동산실명제나 금융실명제가 시행되지 않아 부동산을 통해서 눈먼 돈을 줍다시피 한 사례가 심심치 않게 있었기 때문이다.

현재는 어떠한가? 2008년 미국발 금융위기로 부동산의 거품이 빠지면서 종목을 불문하고 가격이 하락하기 시작했다. 더구나 인터넷의 발달로 정보가 넘쳐흐르고 모든 면에서 투명해져 있기 때문에 투기라는 이름으로 발붙일 곳은 없다.

경매도 2002년 7월 2일 민사소송법에서 민사집행법으로 개정되면서 많은 사람들이 참여하게 되고 그로 인해 낙찰률이 높아졌다. 낙찰률이 높다는 것은 곧 수익률이 떨어진다는 것이다.

이에 반해, 2012년부터 부실채권[1]이 본격적으로 시장에 유통되면서 주목을 받게 된 데는 그만한 이유가 있다. 1998년 9월 16일 '자산유동화에 관한 법률' 즉 담보부채권 및 무담보부채권을 제 3자에게 매각할 수 있도록 법률이 제정된 것이다. NPL이 시중에 유통되면서 수익률이 100%니 1,000%니 하는 소문이 나돌기 시작했다.

이 책은 NPL을 매입해서 실제로 배당을 받는 과정을 그대로 따라가면서 보는 것처럼 설명하고 실제로 사용된 서류를 수록했다. 먼저 2~4장에서 부실채권에 대한 설명과 4종류의 매각방식을 소개한 후 5장에서는 각각 그에 해당하는 사례를 첨부하였다. 그런 점에서 이 책은 독자들에게 '책으로 배웠으나 현장을 뛴 것 같은' 실질적인 이해를 가져다 줄 것이다.

NPL에 관심이 있다면 5분만 시간 내어 내용을 찬찬히 읽어 보라. 이 책은 이때까지의 NPL 관련 서적과 엄청난 차이가 있음을 느낄 수 있을 것이다. 그래도 확신이 들지 않으면 바로 책을 덮어도 좋다. 단언컨대, 부동산 관련 분야의 전문가인 필자의 30년 노하우가 이 책에 담겨있다. 세계적인 베스트셀러 「아웃라이어」의 저자 맬컴 글래드웰이 성공한 사람들은 10년 동안 1만 시간을 투자했다고 했듯이 NPL에 관심이 있다면 먼저 1달 동안 30시간만 이 책을 탐독 해보라. 그래도 이해가 부족하다면 언제든지 필자에게 문의하기 바란다. 명쾌한 답을 기대해도 좋다.

---

1) 부실채권(Non Performing Loan=이하 NPL)

CONTENTS

CONTENTS

01 서론

현 시대는 모든 면이 투명해져서 투기나 단타로 큰돈을 벌 수가 없는 세상이다. 도둑질을 하거나 강도짓을 한 사람도 숨을 곳이 없는 세상이 바로 오늘날처럼 과학과 정보산업이 발달된 세상이기 때문이다. 수익률이 은행이자보다 높고 안전성이 있으면 1%만 수익이 더 나와도 돈이 몰리게 마련이다.

경매는 저가로 취득할 수 있다는 장점이 있는데, 부실채권(NPL)은 할인하여 매입하므로 합법적으로 고수익을 올리며, 유입 시에 양도소득세를 절감할 수 있다는 장점이 있다. 하지만 세상의 이치는 수익이 있으면 손실도 반드시 나기 마련이다. NPL이나 경매도 예상 수익률을 잘못 판단한다면 손실이 날 수 있음을 분명 잊지 말아야 한다.

이 책은 필자가 주변에서 직·간접적으로 경험한 사례들 중 실제 투자하여 배당을 받은 사례와 유입하여 성공한 사례, 채권매입 후 소유자가 대위변제하여 고수익을 올린 여러 가지 실제 사례를 수록하여 초보자도 쉽게 이해가 가도록 설명하였다. 또한 성공사례를 통하여 실패를 예방할 수 있는 기술도 배우고 위험부담을 줄이는 방법을 더 모색해볼 수 있기 때문에, 어떤 경우에 손실이 날 수 있는가에 대하여도 그림이 그려질 것이다. 이 책을 읽고 난 후에는 이론과 실무에 대한 전반적인 이해와 궁금증이 해결될 것이다.

일전에 수강생 중 어떤 분한테서 "지금 경매법정인데, 얼마를 써야 되나요?"라고 입찰마감 직전에 전화가 온 적이 있다. 물건의 종류는 유류저장소이며 본인이 임차인으로 있다고 했다. 필자는 상황 설명을 듣고 다년간의 경험에 비추어 입찰하지 말고 지켜보라고 조언했다. 이 수강생은 감정가격의 64%인 11억 5천의 최저가를 12억 20만원에 입찰표를 작성해 놓고 필자의 말을 듣고 포기를 했는데 유찰이 되었다. 필자는 그 후 채권자 측과 NPL로 협상을 하는 단계까지 연결해 주었다. 입찰에 참여를 하지 않음으로써 1억 이상의 손실을 당장 줄인 것이다.

NPL이나 경매는 누구나 참여가 가능하고 준비한 자에게는 성공의 기회가 열려 있다. 2014년만 해도 수요자가 그리 많지 않은 시기라 양질의 부실채권이 많았다. 당시 사건번호 2013타경21559의 동탄 신도시의 상가를 필자가 매입하기로 했는데, 마침 계약금으로 지불할 현금이 부족했다. 아는 지인에게 이 물건을 권하자 "오죽하면 나한테까지 이런 게 돌아오겠느냐?" 라고 답하며 거절했다. 사람에게 평생 세 번의 좋은 운이 돌아온다면 그 분은 이 때 그 중의 한번을 놓친 것이라고 할 수 있다. 그 후, 결국 이 물건은 제3자에게 돌아갔다. NPL로 매입을 했기 때문에 본인 돈 한 푼도 안들이고 상가를 유입한 후 오히려 약 2천만 원이 남았다. 월세를 받아 대출받은 이자를 납부하면 월 100만 원 이상씩 고정으로 수익이 발생하며, 양도시 몇 억의 수입이 발생한다. 그 분은 놓친 물건을 아깝게 생각하는 것이 아니라 이런 일은 아주 특별한 사람들만 하는 것이라고 생각할 것이다. 분명한 것은 해 보지도 않고 나와는 거리가 멀다는 생각 때문에 포기를 하는 것이 문제다. NPL이나 경매는 국민 누구나 참여가 가능한 분야이며 공정한 재테크시장이다. 다만 성공의 대열에 합류하기 위해서는 남다른 시각과 정확한 판단(노력), 실천이 중요하다.

필자가 이 책을 집필하게 된 이유는 부동산 관련 분야에서 30여년의 실전을 경험하면서 NPL과 관련하여 시중에 나와 있는 수많은 책을 보았지만 실전에서 간단히 해결할 수 있는 노하우를 알려주지 않고 어렵게 풀어가는 과정을 늘 안타깝게 생각해 왔기 때문이다. 어떤 책은 상식에 가까울 정도로 쉽고, 어떤 책은 일반 독자들이 알 필요도 없는 이론이 너무 복잡해서 오히려 NPL 접근을 더 어렵게 만들 책들이 많다. 물론 훌륭한 지식과 이론을 바탕으로 독자들에게 도움이 되는 책들이 많이 있다. 하지만 실제로 채권을 매입해서 배당을 받기까지의 실전과정을 상세히 기술하고 누구나 이해할 수 있게 구체적으로 설명하고 있는 책은 현재까지 찾아보기 힘들다.

채권을 매입하면 양도통지서를 보내고 해당 경매계에 채권자변경신고 및 송달장소변경, 환급금 반환접수 등을 신고한다. 그 후 배당을 받기 위해서 배당유도 작전을 하며 어떤 절차를 거치고 어떤 방법으로 배당이 나오게 만드는지, 이 책을 통해 실제 배당과정을 실감나게 따라가 볼 수 있다면 독자의 입장에서 전반적인 채권매입과정에 대한 개요를 한눈에 파악할 수 있는 자신감이 생길 것이다. 그러므로 이 책은 왕초보자에게는 NPL의 지침서라 할 수 있으며, 이미 공부를 시작한 수강생들에게는 실용적인 사례집이라 할 수 있고, 고수들에게는 훈수용이라 감히 장담한다.

이 책을 읽는 독자들에게 당부하고 싶은 말은 책 한권도 읽지 않고 쉽게 얻으려고만 하는 자세를 경계하라는 말이다. '쉽게 얻은 것은 쉽게 나간다'는 이치를 상기하고 싶다. 물론 이 책만 습득하면 모든 것이 다 해결된다는 뜻은 아니다. 충분한 이해를 통해 경험을 쌓은 후 시작해야 하며 NPL은 결국 본인의 판단에 의해 진행되는 재테크라는 점을 명심해야 한다.

02 부실채권(NPL)이란?

1) 부실채권이란 무엇인가?

① 부실채권은 영어로 Non Performing Loan을 뜻하며 줄여서 NPL이라고 하는데, 무수익미회수여신채권을 말한다.

② 은행에서 대출을 해주고 근저당권을 설정하였는데, 3개월 이상 이자를 미납하면 부실채권으로 분류를 한다.

2) 부실채권은 언제 탄생되었나?

① 1998년 9월 16일 「자산유동화에 관한 법률」이 제정되었다.

② 담보부 채권 및 무담보부채권을 제3자에게 매각할 수 있는 법률이 제정된 것이다.

3) 부실채권 기준의 근거는 무엇인가?

① 대출자산의 건전성을 은행감독규정 및 상호저축은행법 감독규정에 의하여 5가지로 분류한다. 감독원장이 정하는 세부기준에 따라 "정상", "요주의", "고정", "회수의문", "추정손실"의 5단계로 구분한다. 아래는 대손충당금 기준상 분류이다.

가. "정상"분류　　　자산의 100분의 0.5이상

나. "요주의"분류　　자산의 100분의 2이상

다. "고정"분류　　　자산의 100분의 20이상

라. "회수의문"분류 자산의 100분의 75이상

마. "추정손실"분류 자산의 100분의 100

② 상호저축은행은 결산일 현재 확정지급보증에 대하여 건전성 분류 결과에 따라 다음 각목에서 정하는 금액에 대하여는 지급보증충당금을 적립해야 한다.

가. "고정" 분류 자산의 100분의 20이상

나. "회수의문" 분류 자산의 100분의 75이상

[출처] 상호저축은행감독규정 〈2002. 4. 2.〉

03 부실채권을 왜 매각하는가?

부실채권을 매각하는 이유는 여러 가지가 있겠으나
대략 5가지로 요약을 한다.

1) 국제결제은행(BIS)의 자기자본 비율을 맞추기 위해서

① 정확한 표현은 'BIS기준 자기자본비율'이라고 해야 하며, BIS는 Bank for International Settlements(국제결제은행)를 말한다.

② 국제결제은행 기준 자기자본비율, 은행의 건전성과 안전성을 유지하기 위해 만들어진 기준이다. 1988년 바젤 합의를 통해서 자기자본규제비율을 국제 기준 8%로 정했다.

③ 국제결제은행에서 일반은행에게 권고하는 자기자본비율은 은행의 건전성, 안전성을 확보할 목적으로 위험자산에 대하여 일정 비율을 자기자본으로 유지하도록 하는 것을 말한다.

④ 자기자본비율은 은행에서 대출을 해주고 후일 받지 못할 경우에 은행의 부도를 막기 위해서 적절한 비율로 유지하는 자본을 뜻한다.

⑤ 은행의 안전성을 체크할 때 계산하는 것이 BIS비율이다.

$$BIS자기자본비율 \ = \ \frac{자기자본}{위험가중자산} \ \times 100$$

2) 자산의 건전성을 확보하기 위해서

① 은행의 재원을 두 가지로 본다면 하나는 은행을 설립할 때 출자한 금액과 또 하나는 고객의 예금이다.

② 은행에서 설립 당시 출자한 돈을 자기자본이라 한다.

③ 대출을 해주었는데 부실채권이 되어 못 받는 돈은 자기자본 잠식이 된다.

④ 대출의 원금 및 이자가 부실채권이 되어서 잠식당할 우려가 많을수록 은행은 자산의 건전성이 나빠진다.

⑤ 부실채권을 매각함으로써 자산건전성을 높일 수 있다.

3) 자금의 흐름을 원활하게 하기 위해서

① 자금은 공급과 수요가 적절하게 이루어져야 흐름이 원활하다.

② 부실채권은 원금 및 이자가 묶여있는 자금이므로 활용을 할 수 없다.

③ 부실채권을 매각함으로써 자금의 흐름을 원활하게 할 수 있다.

4) 대손충당금 적립을 유보하기 위해서

① '대손충당금(allowance for bad debts)'은 회수불능을 공제하기 위한 계정이다.

② 은행에서 대출금을 회수하지 못할 경우를 대비해서 일정금액을 대손충당금으로 적립한다.

③ 은행업감독규정 제27조에서 자산건전성 단계를 결정하는 기준으로 채무상환능력, 연체기간, 등을 감안하여 추정손실 5단계로 분류한다.

④ 대출의 건전성의 정상, 요주의, 고정, 회수의문, 추정손실의 5단계로 분류하고 단계별 적절한 수준의 대손충당금을 적립하여야 한다.

⑤ 부실채권을 매각함으로써 대손충당금 적립을 안해도 된다.

5) 부실채권관리비용을 절감하기 위해서

① 부실채권을 회수하는 방법으로 일반 추심과 경매를 통하여 회수하는 방법이 있다.

② (근)저당권이 부실화되었을 때 저당권실현 목적으로 경매를 통해서 회수를 하는데 절차가 복잡하다.

③ 경매신청과 보정명령에 대한 보정서 제출, 현황조사, 예상회수율, 방어입찰, 재매각, 배당 등을 관리하는 비용부담이 크다.

④ 부실채권을 매각함으로써 관리비용을 절감할 수 있다.

※ 부실채권에 관한 설명을 요약하면 다음과 같다.

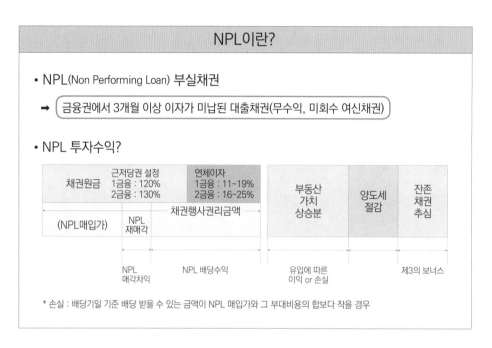

NPL이란?

- NPL(Non Performing Loan) 부실채권

  ➡ 금융권에서 3개월 이상 이자가 미납된 대출채권(무수익, 미회수 여신채권)

- NPL 투자수익?

채권원금	근저당권 설정 1금융 : 120% 2금융 : 130%	연체이자 1금융 : 11~19% 2금융 : 16~25%		부동산 가치 상승분	양도세 절감	잔존 채권 추심
(NPL매입가)	NPL 재매각	채권행사권리금액				

NPL 매각차익   NPL 배당수익   유입에 따른 이익 or 손실   제3의 보너스

* 손실 : 배당기일 기준 배당 받을 수 있는 금액이 NPL 매입가와 그 부대비용의 합보다 작을 경우

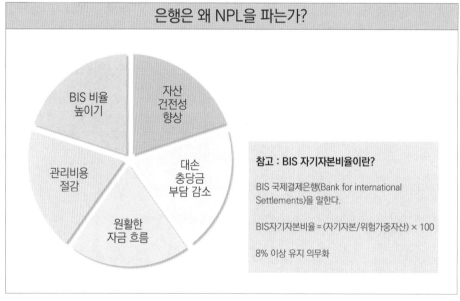

은행은 왜 NPL을 파는가?

BIS 비율 높이기 / 자산 건전성 향상 / 대손 충당금 부담 감소 / 원활한 자금 흐름 / 관리비용 절감

참고 : BIS 자기자본비율이란?

BIS 국제결제은행(Bank for international Settlements)을 말한다.

BIS자기자본비율 = (자기자본/위험가중자산) × 100

8% 이상 유지 의무화

NPL 유통구조

참고 : 용어정리

① SPC(Special Purpose Company)
부실채권을 매각하기 위한 일시적으로 설립된 특수목적
회사이다. 채권매각과 원리금 상환이 끝나면 자동으로
없어지는 일종의 페이퍼 컴퍼니이다.

② AMC (Asset Management Company)
유동화전문회사(SPC)로부터 유동화 자산관리를
위탁받아 일반 투자자에게 매각하는 회사이다.
예) 대표적인 AMC로는 유암코(연합자산관리),
대신에이엠씨, 농협자산관리회사가 있고,
그 외 150여개의 AMC들이 있다.

③ AM(Asset Manager) 자산관리직원

④ KAMCO(Korea Asset Management Corporation)
한국자산관리공사.
금융기관의 부실채권정리를 통한 공적자금의 회수와
국가 등으로부터 매각을 의뢰 받은 자산의 공매를
주된 업무로 하는 자산정리 전문기관.

NPL과 경매의 비교

대출원금 6억원,
채권최고금액 7.2억원

매입가	NPL 매입 5억원	낙찰가 5억원
	물건유입 = 7억원 낙찰	
매도가	7억원 매각	7억원 매각
양도차익	0원	2억원
순이익	2억원	1억원

구 분	NPL	경 매
낙찰 가능성	높다	낮다
투자금 회수기간	짧다	길다
매도 용이성	다양한 매도 방법	단순한 매도 방법
양도세 부담	양도세 절약	양도세 과다

NPL 투자의 장점

근저당권 이전	• 등기부등본에 NPL 매수자 명의 등록 • 근저당권부 질권설정을 하고 매입금액의 80~90%까지 대출을 받을 수 있다.
채권 재양도 가능	• 매입한 채권을 재 양도하여 수익을 올릴 수 있다.
배당금 수령	• 경매로 제3자 낙찰 시 명도 없이 배당금 수령 • 투자기간이 짧고 자금 회전 용이
유입 가능	• 채권행사권리금액으로 직접 낙찰 가능(채권 최고액 범위 내) • 일반 경매보다 낙찰 가능성 매우 높음
잔존 채권 추심	• 잔존채권에 대하여 부기문을 받아 권리를 확보 할 수 있다.
소액 투자 가능	• 근저당부 질권대출 활용 • 낙찰 받을 경우 상계 신청 가능
절세 효과	• 수익금에 대하여 비과세 • 양도소득세 절감(당해 년도 다른 물건의 양도세 납부액과도 상계 처리 가능하다.)

NPL 투자 손실 피해가기

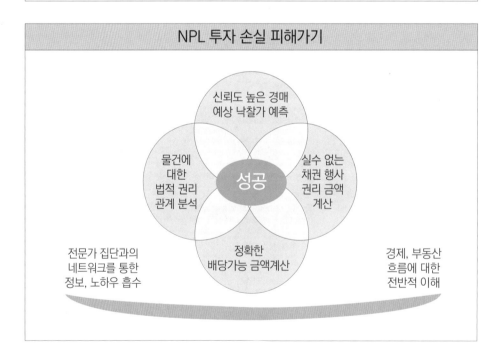

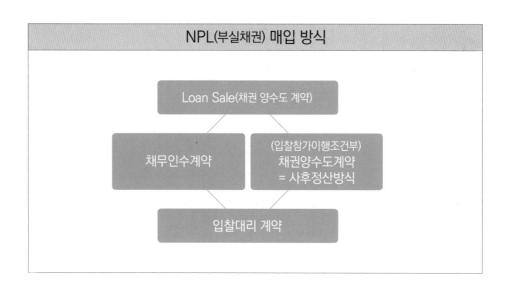

NPL(부실채권) 매입 방식

Loan Sale(채권 양수도 계약)

채무인수계약

(입찰참가이행조건부)
채권양수도계약
= 사후정산방식

입찰대리 계약

04 부실채권 매각 방식

1) Loan Sale=채권양수도계약

① 금융권의 부실채권을 할인하여 매입하고, (근)저당권을 이전하는 방식을 말한다.

② Loan(대출) Sale(판매), 말그대로 대출, 즉 채권을 판매(양도)한다는 뜻이다.

③ (근)저당권을 이전하는데, 채무자의 여신거래약정계약서상의 채권자의 지위를 동일한 조건으로 계약하여 승계 받는 것이다.

④ 부실채권 매입 후 채권을 재매각할 수 있고, 제3자가 낙찰을 받을 경우 배당을 받을 수 있으며, 채권양수인이 채권행사권리금액[2]으로 유입을 할 수 있다.

---

2) 채권의 원금과 총 연체이자를 합한 금액

■ 장점

- (근)저당권 이전을 한다.
- 근저당권부질권 설정을 하고 매입금액의 90%까지 대출을 받을 수 있다.
- 매입한 채권을 재매각 할 수 있다.
- 제3자가 낙찰을 받게 되면 배당을 받을 수 있다.
- 채권 재매각을 하여 남은 차액이나 배당을 받은 이익금에 대하여 세금이 없다.
  (소득세법 제16조1항)
- 채권행사 권리금액만큼 유입을 할 수 있다.
- 잔존채권에 대하여 부기 및 환부신청서[3]를 받아 추심을 할 수 있다.
- 낙찰 받을 경우 상계신청을 할 수 있다.
- 양도소득세를 절감할 수 있다.

■ 단점

- 입찰최저금액보다 채권매입가격이 높을 경우 방어입찰[4]을 해야 한다.
- 부실채권 매입이 등기부등본에 등재가 되므로 그 내용이 노출되어 경낙잔금 대출이 불리하다.
- 유입을 할 경우 취·등록세가 많다.

2) (입찰참가이행조건부)채권양수도계약=사후정산

① 채권자와 계약을 체결하면서 채권매입약정금액의 5~10%를 계약금으로 지불하고 직접 입찰에 참여하여 낙찰을 받는 방식이다.

② 계약을 체결하고 채권양수인이 법원 입찰에 응찰하여 채권행사권리금액의 범위 내에서 낙찰을 받은 후 대금을 완납한다.

---

3) 채권행사권리금액에서 배당금액을 제한 차액을 배당표와 같이 해당 경매계에 부기 및 환부신청서(민사신청과 양식)에 확인을 받으면 전환무담보부채권이 된다.
4) 뒤편 방어입찰 참조.

③ 채권양도인이 배당을 받게 되면 채권양도인과 채권양수인 간에 약정한 계약서의 내용대로 정산을 하는 방식이다.

※ 예를 들어 1억 원에 채권을 매입하기로 약정을 하고 계약금으로 1천만 원을 지불했고, 입찰보증금이 6백만 원 들어갔다면, 채권자가 배당받은 금액 중 8천4백만 원[5]을 채권양도인이 가지고 나머지는 채권양수인이 돌려받는 방법이다.

■ **장점**
- 계약 시 매입금액의 5~10%의 계약금만 지급하고 부실채권을 매입할 수 있다.
- 제3자 및 등기부등본에 NPL 매입 물건인지 노출이 되지 않는다.
- 채권양수인의 자격으로 입찰에 참가하면 99% 낙찰이 가능하다.
- 초기에 필요한 자금은 채권매입계약금과 경매입찰보증금인 최저매각금액의 10%이다.
- 유입 후 대출을 받기가 용이하다.
- 양도소득세가 절감된다.

■ **단점**
- 입찰에 직접 참가하여야 한다.
- (근)저당권 이전이 아니므로 경매에서 채권양수인, 즉 채권매입자는 배당을 받을 수 없다.
- 차액 약정보전금[6]을 지급하는 약정이 있을 수도 있다.
- 낙찰 받은 물건에 대하여 대출을 받고 나머지 금액은 자기자본으로 충당하여야 한다.
- 입찰에서 떨어질 수도 있다. (이럴 경우 물론 채권매입계약은 무효가 되고 채권매입시 지급한 계약금은 돌려받는다.)
- 채권양수인이 경매로 취득한 물건에 대하여 대금 납부한다. 그 금액을 채권양도인이 배당을 받은 후 채권매각계약서 상의 계약금액대로 재권양수인에게 돌려주기까지 시간이 많이 걸린다. 즉, 사후정산 방식이다.
- 취·등록세가 많다.

---

5) 1억에서 1천6백만월을 제외한 금액
6) 경매에서 차순위자의 금액이 채권매입금액보다 높을 경우 일정금액을 추가로 지급하는 약정.

3) 채무인수계약=채무자변경계약

① 대출금을 갚지 못하는 채무자를 능력 있는 채무자로 교체시켜서 새로운 채무자에게 채권을 회수하는 방식이다.
② 채권양도인과 부실채권을 매입하는 계약을 체결하면서 채권매입금액의 5~10%정도를 계약금으로 지불하고 직접 입찰에 참여하여 낙찰을 받는 방식이다.
③ 계약체결 시 상계신청동의서와 채무인수에 관한 승낙서를 받는다.
④ 최고가매수신고인으로 확정되면 해당 경매계에 상계신청동의서와 채무인수에 관한 승낙서를 제출한다.
⑤ 대금지급일과 배당일이 같은 날 정해지는데, 채권양수인(최고가매수신고인)은 촉탁등기로 명의 변경을 하게 되고, 채권양도인(채권자)은 배당을 받는다.
⑥ 채권양수인(최고가매수신고인) 명의로 등기가 된 후에도 (근)저당권은 소멸되지 않는다.
⑦ 배당 후 양도인(채권자)과 양수인간에 채권매입계약서 상 약정한 금액대로 정산을 한다.
⑧ 채권양수인은 채권매입계약금과 입찰보증금을 제외한 잔금을 채권매입계약서의 내용대로 채권양도인에게 지급하고, 채권양도인으로부터 (근)저당권 말소서류를 받아 근저당권을 해지한다.

※ 채무인수계약은 소유권 이전일로부터 통상 15일 전후로 인수한 채무를 채권양도인에게 상환하는 조건이다. 결국 낙찰자 입장에서는 채무인수계약으로 계약서를 작성하지만, 채권자나 채무자의 (근)저당권은 그대로 보존되기 때문에 채무인수자가 아니라 채권을 승계한 부동산 취득자가 되는 것이다.
※ 낙찰 받은 양수인이 채무변제를 하지 아니하면 채권자인 유동화회사는 저당권실현 목적으로 다시 경매 신청을 하여 회수를 한다.

■ **장점**

- 계약 시 채권매입금액의 5~10%의 계약금만 지급하고 채권매입계약이 성립된다.
- 채권매입계약금과 입찰보증금만으로 유입을 하므로 초기자금이 적게 들어간다.
- 채권양수인의 자격으로 입찰에 참가하면 99% 낙찰이 가능하다.
- 채권양수인은 최고가매수신고인으로 결정된 후 상계신청을 할 수 있다.
- 소유권이전 후 채권양도자와 채권양수인 간에 체결한 계약서의 내용대로 잔금을 정산하고 (근)저당권 말소 서류를 받아서 해지한다.
- 유입 후 대출이 용이하다.
- 양도소득세가 절감된다.

■ **단점**

- 입찰에 직접 참가하여야 한다.
- (근)저당권 이전이 아니므로 경매에서 채권양수인, 즉 채권매입자는 배당을 받을 수 없다.
- 차액 약정보전금[7]을 지급하는 약정이 있을 수도 있다.
- 소유권을 이전하고 약 15일 이내로 인수한 (근)저당권에 대한 대금을 지불하여야 한다. 이 기간 내에 대금을 지불하지 못하면 연20% 상당의 연체이자를 지불하고 한 달 정도를 유예할 수 있다. 하지만 그 기간이 지나면 위약자가 되어 채권양도인(유동화회사)은 채무인수 계약을 해지하고 다른 사람에게 채권을 매각하거나 직접 저당권실현 목적으로 경매신청을 한다. 따라서 채권매입계약금과 입찰보증금은 돌려 받을 수 없다.
- 입찰에서 떨어질 수도 있다. (이럴 경우 물론 채권매입계약은 무효가 되고 채권매입시 지급한 계약금은 돌려받는다.)
- 취·등록세가 많다.

---

7) 경매에서 차순위자의 금액이 채권매입금액보다 높을 경우 일정금액을 추가로 지급하는 약정.

4) 입찰대리계약

① 채권단위가 큰 금액에 대하여 채권매수인의 최소비용으로 채권을 매입하여 채권양도자가 채권매수인 명의로 위임장을 받아서 입찰대리를 하는 방식을 말한다.

② 가령 감정가격이 5백억 원이고 채권행사권리금액이 5백억 원인 경매사건이 유찰되어 입찰최저금액이 2백억 원이라고 할 때 채권을 250억 원에 매각하였다. 채권양도인은 채권매각계약금으로 20억 원을 받아서 그 돈으로 채권매수인 명의로 입찰에 참여하는 방식이다.

③ 채권매수인의 인감증명과 위임장을 받아서 채권양도자가 채권매수인을 대리하여 응찰을 한다.

④ 채권매수인이 최고가매수신고인으로 선정되면 대출을 받아서 대금을 납부한다.

⑤ 채권자(채권양도인)가 배당금을 수령한 후 채권양도인과 채권매수인 간의 채권매입계약서의 금액대로 정산을 한다.

⑥ 채권양도인은 채권매수인이 낙찰대금은 납부하지 못하더라도 손해가 없다. 만약 채권매수인이 최고가매수신고인으로 결정된 후 낙찰대금을 납부하지 못할 경우 입찰보증금은 몰수당하게 된다. 몰수당한 입찰보증금은 다음 차 낙찰대금과 합하여 채권자(채권양도인)에게 배당을 해주므로 결국, 채권매수인이 채권매입계약금으로 지불하고 입찰보증금으로 제출한 대금은 채권자가 배당을 받아가게 된다.

※ 채권매수인이 낙찰 후 잔금에 대한 대출을 사전에 승인 받지 않고 채권을 매입할 경우, 고액의 대금을 납부하지 못하는 곤란으로 보증금을 몰수당할 수 있는 점을 주의해야 한다.

■ 장점

- 채권양도자가 채권양수인 명의로 낙찰 받을 수 있는 위임장을 제시하고 입찰보증금 10% 를 채권매입계약금으로 정할 수 있다.
- 채권매입계약금을 입찰보증금으로 대신하므로 초기 비용이 적다.
- 대출이 용이하다.
- 채권양수인의 자격으로 입찰에 참가하면 99% 낙찰이 가능하다.
- 양도소득세가 절감된다.

■ 단점

- 가능성이 적긴 하지만, 채권양수인이 입찰에 참가하여 낙찰을 받지 못한 경우에는 소급 하여 채권매입 계약 자체를 무효로 한다.
- 대금납부 시 대출금과 잔금이 고액이다.
- 대금납부를 못할 경우 입찰보증금을 몰수당한다.
- 채권매입 계약금을 돌려받을 수 없다.
- 취·등록세가 많다.

05 부실채권 매입으로 성공한 사례

1) 'Loan Sale'(채권양수도계약)으로 배당받은 사례
(사건번호2014타경5295)

이 물건은 화성시 반송동에 있는 1층 상가이다. 침체된 경기로 빈 상가가 많고, 대출에 비하여 수익률이 저조하다. 이런 경우 소유자가 이자를 감당하지 못하면 십중팔구 경매가 진행되기 마련이다.

이 상가 또한 현재 미용실로 임대 중이나, 보증금 1천만 원에 월세 1백만 원을 받고 있다.

ㄱ은행 대출원금 4억 원[1]의 이자가 연 4%라고 가정을 해도 매월 1,333,333원의 이자를 부담해야 한다.

만약 임차인이 임료를 지체하여 소유자가 이자를 납입하지 못하면 연체료가 붙

---

1) 채권최고금액 4억8천만원

는다. 연11%로 연체료가 붙는다면 매월 3,666,666원이라는 엄청난 이자가 붙게 된다.

동탄이라는 신도시는 국내 대기업인 S전자가 위치하고 있는 지역이라 미래의 값어치가 있는 지역이다. 이 상가는 2008년도 당시 분양가가 약 7억 원이 넘었다. 동탄 중심 상업지역 중 남쪽 광장에 위치하고 건물 또한 동탄 신도시에서 유일한 사우나가 들어서있는 전문 상가이다.

처음 분양받은 소유자의 재무구조가 부실하여 1차 경매로 넘어갔고, 낙찰 받은 사람으로부터 매수한 소유자가 또 재경매 진행 중이었다.

감정가격 440,000,000원, 대출원금 400,000,000원, 채권최고금액 480,000,000원의 이 상가는 ㄱ은행에서 대출을 해주었고 채무자가 3개월 이상 이자를 미납하여 ㅇ에이엠씨로 넘어간 물건이었다. 2014년 6월 9일에 매입하였는데, 이 당시만 해도 상가에 대한 인식이 그다지 좋다고 할 수 없었다. 다만 이 물건의 최대 장점은 대출원금이 많고, 감정가격이 낮다는 점이다.

결국 280,000,000원에 채권을 매입을 하였는데, 협상의 핵심은 수익률이었다. 매수인이 3억이 들어갔다고 가정을 할 때 월 1백만 원을 받는다면 연2.8%의 수익률이 나온다. 이 정도 수익률로 채권을 매입한다면 실익이 없을 뿐만 아니라 투자액 대비 수익이 낮아서 매매가 어렵게 된다.

그러나 이 지역은 앞서 말한 바와 같이 S전자가 인접해있다는 메리트가 있는 지역이며 면적이 15평으로 여러 가지 입지가 보통은 되는 상가였다.

280,000,000원에 채권을 매입하고 ㅇ저축은행으로부터 매입금액의 80%인 224,000,000원의 근저당권부 질권 대출을 받아 근저당권을 이전하였다.

채권을 매입하는 경우는 채권자의 지위를 동일한 조건으로 승계 받는 것이다.

양도인의 위임을 받아서 채권양도통지서를 채무자에게 발송하였고, 해당 경매계에 채권자 변경신청 및 송달장소변경, 환급금 반환통장사본을 제출하고 매각기일을 기다렸다. 이 시기에 연일 상가에 대한 낙찰률이 사상 최대라는 기분 좋은 뉴스가 나왔다.

그래도 낙찰률을 높여야겠다는 생각이 들었다. 배당유도를 했다. 여러 가지 방법이 있지만, 이 상가를 중심으로 인근에 있는 부동산 사무실들을 방문하였다. 나름대로 멋지게 만든 홍보물을 돌리며 경매가 진행 중인 사실을 알렸다.

2014년 9월 5일 1차 매각기일에서 유찰이 되었다. 수원지방법원은 1회 유찰로 30%가 저감된다. 최저가격이 308,000,000원으로 2차 매각기일이 11월 5일이었다. 채권을 280,000,000원에 매입하였으므로 방어입찰[2]은 할 필요가 없었다. 응찰결과를 지켜보기로 했다.

때마침 상가가 경매에서 최고의 낙찰률로 올라가는 시기여서 높은 금액에 낙찰될 것으로 기대했다. 수원지방법원 경매법정은 응찰 마감 후 각 사건마다 몇 명이 응찰했는지를 알려주고 개찰을 진행한다. 순서대로 응찰자 수를 알려주는데, 사건번호 2014타경5295 사건은 1명이 응찰을 했다는 집행관의 목소리가 마이크를 통해서 법정에 들렸다. 실망이 컸다.

경매는 10명이 응찰하더라도 1명만 낙찰되고 나머지 2등부터 꼴등까지 동일하다는 식으로 생각하면 1명이라도 응찰한 것이 다행이라 생각되지만, 많은 사람이 응찰해야 높은 금액을 기대할 수 있는 만큼 여간 실망스러운 게 아니었다.

결과는 단독 응찰해서 335,812,000원에 낙찰이 되었다. 한편으로는 다행스럽

---

2) 입찰최저가격이 채권매입금액보다 낮으면 방어입찰을 해야 함.

고 또 한편으로는 후회가 들었다. 방심하지 말고 좀 더 배당유도를 하였다면 지금 입찰금액보다 월등히 높게 낙찰이 가능했을 거라는 생각이 들었다. 그래도 배당을 받을 수 있으니 성공한 셈이다. 자, 수익률을 계산해 보기로 하자.

[그림 1]

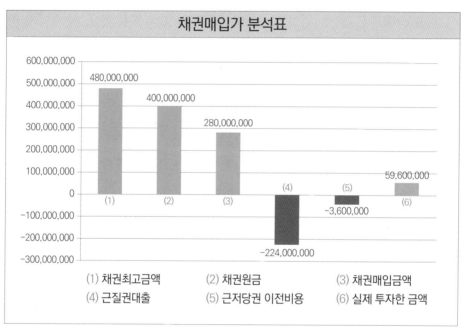

※ 원금 400,000,000원의 채권을 280,000,000원에 매입하였고 이중 근저당권부 질권대출을 224,000,000원 받았다. 실제 채권매입으로 투자된 금액은 59,600,000원이었다.

※ 위 채권 매입 당시는 금감원 규정에 의하여 유동화회사는 근저당권이전등록세를 50% 감면 받았다.

[그림 2]

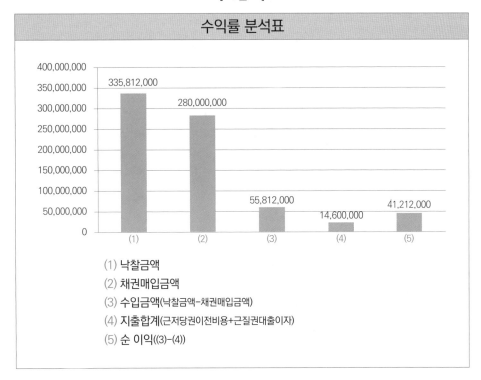

수익률 분석표

(1) 낙찰금액
(2) 채권매입금액
(3) 수입금액(낙찰금액-채권매입금액)
(4) 지출합계(근저당권이전비용+근질권대출이자)
(5) 순 이익((3)-(4))

※ 낙찰 받은 335,812,000원에서 채권매입금액이 280,000,000원을 제하면 수익금액이 55,812,000원이다. 여기에서 근저당권이전비용과 근질권대출이자를 제하면 순이익금이 41,212,000원이다.

채권매입의향서

사건번호: 2014타경5295

-경기도 화성시 반송동   1층 109호

1.채무자 겸 소유자 : 이

2.채권자 :   은행

3.채권원금 : 400,000,000원 (채권최고금액 480,000,000원)

4.채권매입희망금액 : 280,00,000원 (경매신청비용 포함)

5.채권매입형식 : Loan Sale (채권양수도계약)

6.계약체결일시 및 장소 : 승인 후, 귀사에서

귀사가 보유하고 있는 위 채권을 매수할 의사가 있으므로 채권매수의향서를 제출합니다.

2014년 5월 30일

채권매수희망자

성 명: 우

주 소: 성남시 분당구   로

주민등록번: -*******

동1 호

에이엠씨 백   차장님 귀하

채권매입의향서는 담당 AM과 협상을 하고 제출을 한다.

▶ 수원지방법원

나의관심메모 ★★★★★   ***** 배당 확실 가능

2014 타경 5295 (임의)		매각기일 : 2014-11-05 10:30~(수)		경매6계 031-210-1266
소재지	(4 -1) 경기도 화성시 반송동 1층 109호 [도로명주소] 경기도 화성시 동탄 길 8 (반송동)			
물건종별	상가(점포)	채권자	우	감정가 440,000,000원
대지권	9.99㎡ (3.02평)	채무자	이	최저가 (70%) 308,000,000원
전용면적	50.16㎡ (15.17평)	소유자	이	보증금 (10%)30,800,000원
입찰방법	기일입찰	매각대상	토지/건물일괄매각	청구금액 400,000,000원
사건접수	2014-02-05	배당종기일	2014-04-25	개시결정 2014-02-07

기일현황 ▶ ⊙ 입찰35일전

회차	매각기일	최저매각금액	결과
신건	2014-09-30	440,000,000원	유찰
2차	2014-11-05	308,000,000원	

▶ 물건현황/토지이용계획

초등학교 북동측 인근에 위치

주위는 아파트단지 및 근린생활시설 등이 소재

인근 간선도로변에 노선버스정류장이 소재

북측 폭 약 15m 포장도로와 접함

중심상업지역

이용상태(근린생활시설(미용실)로 이용중)

기본 위생설비 및 급배수 설비 승강기 설비 옥내소화전설비 등

철근콘크리트조

▶ 감정평가현황 세종감정

가격시점	2014-02-17
감정가	440,000,000원
토지	(20%) 88,000,000원
건물	(80%) 352,000,000원

▶ 면적(단위:㎡)

[대지권]

반송동 -2
1844.6㎡ 분의 9.99㎡
대지권 9.99㎡ (3.02평)

[건물]

1층109호 근린시설
50.16㎡ 전용
(15.17평)
9층 건중 1층

보존등기일 : 2007·06·07

▶ 임차인/대항력여부

배당종기일 : 2014-04-25

임 없음

사업 : 2013-07-19
확정 : 2013-12-24
배당 : 없음
보증 : 10,000,000원
차임 : 1,100,000원
점유 : 전부
(헤어)
현황조사 권리내역

▶ 등기부현황/소멸여부

소유권 이전
2013-03-13 집합
강
임의경매로 인한 매각

소유권 이전
2013-06-19 집합
이
(거래가) 460,000,000원
매매

(근)저당 소멸기준
2013-06-19 집합
은행
480,000,000원

임의경매 소멸
2014-02-07 집합
은행
청구 : 400,000,000원
2014타경5295
우

└ 채권총액 :
480,000,000원

건물열람 · 2014-02-17

명세서 요약사항 ▶ 최선순위 설정일시 2013.6.19.(근저당권)

매각으로 소멸되지 않는 등기부권리	해당사항 없음
매각으로 설정된 것으로 보는 지상권	해당사항 없음
주의사항 / 법원문건접수 요약	이용실로 이용중 ※미납관리비(공용)를 인수할수 있으니 입찰전에 확인 하시기 바랍니다.

부동산종합공부 요약

지번	-2	지목/면적	대 (1,844.6㎡)	공시지가	기준일 : 2014-05-30 → 5,050,000원 / ㎡

* 중심상업지역 * 특정용도제한지구 * 제1종지구단위계획구역 * 중로1류 * 성장관리권역

인근 통계

채 권 및 근저당권 양수도계약서

____아이____ 유동화전문 유한회사 (이하 "양도인"이라고 한다)와 우 (이하 "양수인" 이라고 한다)은 다음과 같은 조건으로 채권 및 근저당권 양수도계약(이하 "본건 계약"이라고 한다)을 체결한다.

제1조 (용어의 정의)

① "양도대상채권"이라 함은 양도인이 채무자에 대하여 가지는 별지 목록(1)에 기재된 채권의 원금과 그 이자 및 연체 이자를 말한다.

② "채무자"라 함은 양도대상채권의 채무자인   이   (약국) 을 말한다.

③ "담보권"이라 함은 양도대상채권을 담보하기 위하여 상기 채무에 담보로 제공된 별지 목록(2)에 기재된 담보권을 말한다.

④ "양도대상채권 및 담보권 관련 서류"라 함은 여신거래약정서, 근저당권 설정 계약서 등 양도대상채권 및 담보권의 발생과 관련된 서류를 말한다.

제2조 (채권의 양수도)

① 양도인은 양도대상채권 및 담보권과 이에 부수하는 모든 권리, 권한, 이자와 이익을 양수인에게 매도하고, 이전하고, 전달하며, 양수인은 이를 양도인으로부터 매수하고, 취득하고, 인수한다. 또한, 양수인은 양수인이 양도대상채권 및 담보권과 관련된 모든 의무를 부담하며 양도대상채권 및 담보권의 모든 조건들을 따를 것을 동의한다.

② 양수인이 본건 계약의 체결 후 양도대상 채권 및 담보권의 양도에 대한 대금(이하 "양도 대금"이라고 한다) 전부를 양도인에게 지급하는 경우에 양도인은 지체 없이 양도대상채권 및 담보권 관련 서류의 원본을

1

양수인에게 교부하며, 양수인은 양도인의 명의로 양도대상채권 및 담보권의 양도 사실을 채무자에게 지체 없이 내용증명 우편 기타 확정일자 있는 증서에 의하여 통지한다.

③ 양수인이 양도인에게 양도 대금 전부를 여하한 유보 없이 상계 기타 이와 유사한 것에 의하지 아니하고 지급하고, 양도인이 양수인에게 본 계약에 의한 의무를 이행하는 때에 본건 계약에 기한 거래는 종결되는 것으로 한다.

제3조 (양도 대금, 대금지급기일의 연장)

① 양도 대금은 총 金 이억팔천만원整(₩ 280,000,000)으로 한다.

② 양수인은 양도인에게 양도 대금을 다음과 같이 지급한다.

지급일자	내 역	금 액
2014. 06. 9	일시금	₩280,000,000
합 계		₩280,000,000

③ 양수인은 양도 대금을 양도인이 지정하는 은행 계좌(___ 은행, 1005-__-4__7__)에 현금으로 입금하거나 양도인이 별도로 지정하는 방식으로 지급한다.

④ 양수인이 제2항의 양도 대금을 각 약정기일에 지급하지 아니하는 경우 그 약정기일의 다음 날부터 실제로 지급하는 날까지 그 지연대금에 대하여 연17%의 연체이자율을 적용한 지연손해금을 가산하여 지급하기로 하되 총 지연일수는 30일을 초과할 수 없다. 이 경우 양수인은 제2항의 양도대금지급기일의 최소 3영업일 이전에 양도대금의 전부 또는 일부의 지급연기 의사를 서면으로 표시하여야 한다.

제4조 (승인 및 권리포기)

① 양수인은 자신이 직접 채무자들, 양도대상채권, 담보권, 양도대상채권 및 담보권 관련 서류에 대하여 실사를 한 후 본 계약을 체결한다.

2

위 계약서를 통해 280,000,000원에 매입하였음을 알 수 있다.

② 양수인은 양도인이 현재의 형식과 상태대로 양도대상채권 및 담보권을 양도함을 확인한다.

제5조 (양도인의 면책)

양수인은 본건 계약 체결과 동시에 양도대상채권 및 담보권과 관련한 모든 조치, 소송, 채무, 청구, 약정, 손해 또는 기타 청구로부터 양도인을 영구하게 면책시킨다.

제6조 (계약의 해제, 손해배상의 예정)

① 양수인이 제3조 제2항에서 정한 양도대금의 지급기일로부터 3영업일 이상 지체하는 경우 양도인은 양수인에 대하여 별도의 최고 없이 본건 계약을 해제할 수 있다.

② 제1항의 사유로 본건 계약을 해제하는 경우에는 양도인은 양수인으로부터 지급 받은 모든 금액(계약금 포함)을 약정 배상금으로 몰취하고, 그 지급 받은 금액을 양수인에게 반환할 의무를 부담하지 아니하며, 추가로 손해가 발생한 경우에는 그 배상을 구할 수 있다.

③ 양도인이 본건 계약을 중대하게 위반함으로써 본건 계약이 해제되는 경우에는 위약금으로 계약금의 배액에 해당하는 금액을 양수인에게 지급한다.

제7조 (비용의 부담)

양수인은 양도대상채권 및 담보권을 양도인으로부터 이전 받는 것과 관련된 모든 비용일체를 부담하며, 어떠한 경우에도 양수인은 양도인에 대하여 그 비용의 부담 또는 상환을 청구하지 못한다.

제8조 (계약 당사자 변경 등)

3

① 양수인은 양도인의 사전 서면 동의를 얻어 본건 계약에 의한 양수인의 권리와 의무를 제3자에게 양도할 수 있다. 다만 이 경우에 그 계약 당사자 변경과 관련하여 지출되는 모든 비용은 양수인이 부담하며, 제3자로의 계약 당사자 변경으로 인해 양도인에게 발생하는 모든 불이익은 양수인의 책임으로 한다.

② 제1항의 규정에 따라 양수인의 지위를 승계하는 자(아래에서 "계약 인수인"이라고 한다)가 다수인 경우에 양도대상채권 및 담보권의 양도는 양수인과 계약 인수인이 상호 합의하여 양도인에게 요청하는 방법으로 이루어진다.

제9조 (관할 법원)

본건 계약과 관련하여 분쟁이 발생하는 경우 서울중앙지방법원을 관할 법원으로 한다.

본건 계약의 체결을 증명하기 위하여 당사자들은 계약서 2통을 작성한다.

2014년 06월 09일

양도인   유동화전문유한회사 (-0142410)
서울특별시 종로구 청계천로   (동,   22층)
이사 노   (인)

양수인 우   (   )
경기도 성남시 분당구   로   마을   -1

4

[채권의 내역 및 담보권의 표시]

(별 지 목 록)

1) 양도대상채권 내역

(단위 : 원)

대출과목	대출일자	대출원금	현재잔액
시설자금대출	2013.6.19	370,000,000	370,000,000
자금대출	2013.6.19	30,000,000	30,000,000
가지급금		5,346,280	

● 상기 대출원금 잔액은 2014.6.9 현재 잔액이며, 이자는 별도로 가산
  (매각대상 채권에 포함됨).

2) 담보권의 표시

담보물권 소재지	경기도 화성시 반송동	1-109
담보권의 종류	한정근담보	
채 무 자	이	
근저당권 설정자	이	
관 할 등 기 소	수원지방법원 화성등기소	
접 수 일	2013. 6. 19	
접 수 번 호	제 95515 호	
근저당권 설정 금액	금 480,000,000원	

[채권매입 대상 부동산의 표시]

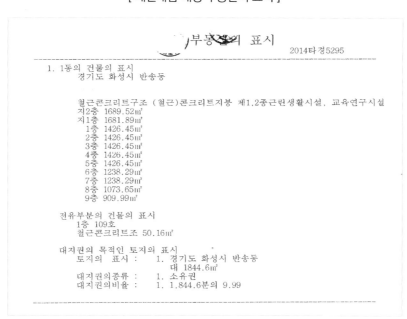

부동산의 표시

2014타경5295

1. 1동의 건물의 표시
   경기도 화성시 반송동

   철근콘크리트구조 (철근)콘크리트지붕 제1,2종근린생활시설, 교육연구시설
   지2층 1689.52㎡
   지1층 1681.89㎡
   1층 1426.45㎡
   2층 1426.45㎡
   3층 1426.45㎡
   4층 1426.45㎡
   5층 1426.45㎡
   6층 1238.29㎡
   7층 1238.29㎡
   8층 1073.65㎡
   9층 909.99㎡

   전유부분의 건물의 표시
   1층 109호
   철근콘크리트조 50.16㎡

   대지권의 목적인 토지의 표시
   토지의 표시 : 1. 경기도 화성시 반송동
                    대 1844.6㎡
   대지권의종류 : 1. 소유권
   대지권의비율 : 1. 1,844.6분의 9.99

채권 계산서 명세표

2014-06-03 오후 2:39:13
페이지번호 : 1

차주번호 : FI1403-R113
사건번호 :
채 권 자 : 유동화전문유한회사
채 무 자 : 약국
소 유 자 :

이자기산일 2014-06-09   거래기준일 2014-06-09

(단위 : 원)

대출과목	No	대출잔액	미수이자	가지급금	기산원금	기산일	종료일	일수	이율	이자금액	이자합계	합계
기업시설자원중소기업	001	370,000,000.00	14,336,638.00	0	370,000,000.00	2013-12-31	2014-06-09	160	11	17,841,095.00	32,177,733.00	402,177,733.00
기업시설자원중소기업	002	30,000,000.00	339,813.00	0	30,000,000.00	2014-03-17	2014-06-09	84	11	759,452.00	1,099,265.00	31,099,265.00
	L0	0.00	0.00	5,346,280	0.00		2014-06-09	0	0	0.00	0.00	5,346,280.00

합계	원화	400,000,000.00	14,676,451	5,346,280.00						18,600,547.00	33,276,998.00	438,623,278.00
	외화	0.00	0.00	0.00						0.00	0.00	0.00
	총계	400,000,000.00	14,676,451	5,346,280.00						18,600,547.00	33,276,998.00	438,623,278.00

채권 계산서 명세표는 채권매입일까지의 원금 및 총 연체이자를 합한 내역이 기재되어 있다.

[집합건물] 경기도 화성시 반송동   제1층 제109호   고유번호 1348-2007-017240

순위번호	등 기 목 적	접 수	등 기 원 인	권 리 자 및 기 타 사 항
	5번근저당권설정, 6번근저당권설정 등기말소	제38414호	임의경매로 인한 매각	
8	3번근저당권설정등기말소	2013년5월27일 제80598호	2013년5월27일 해지	
9	근저당권설정	2013년6월19일 제95515호	2013년6월19일 설정계약	채권최고액 금480,000,000원 채무자 이 인천광역시 부평구 로 번길 63(동) 근저당권자 은행 -0000903 서울특별시 중구 로 -50 (← 약자관→)
9-1	9번등기명의인표시변경	2014년6월9일 제88592호	2011년10월31일 도로명주소	은행의 주소 서울특별시 중구 문 (← 로 →)
9-2	9번등기명의인표시변경	2014년6월9일 제88593호	2014년3월27일 취급지점변경	은행의 취급지점 주식무소
9-3	9번근저당권이전	2014년6월9일 제88770호	2014년3월27일 확정채권양도	근저당권자 유동화전문유한회사 -0142410 서울특별시 종로구 로 ,92층 (← 동 →)
9-4	9번근저당권이전	2014년6월9일 제88771호	2014년6월9일 확정채권양도	근저당권자 우 -2****** 경기도 성남시 분당구 로 , 동 1 호 (동, 마을)
9-5	9번근저당권부질권	2014년6월9일	2014년6월9일	채권액 금224,000,000원

열람일시 : 2014년08월26일 14시19분51초   7/8

근저당권이 ○○은행에서 유동화회사로 변경됨과 동시에 복등기로 채권매수인 우○○씨 명의로
이전되었다. 근저당권을 담보로 채권매입금액의 80%인 224,000,000원을 대출 받았다.

[근저당권을 담보로 대출받은 은행과 금리의 내용]

[집합건물] 경기도 화성시 반송동   제1층 제109호   고유번호 1348-2007-017240

순위번호	등 기 목 적	접 수	등 기 원 인	권 리 자 및 기 타 사 항

		제88772호	설정계약	변제기 2015년 6월 9일
				이 자 연7푼5리
				이자지급시기 매월 9일
				채무자 우
				   경기도 성남시 분당구 로 , 동1 호
				   (동, 마을)
				채권자 주식회사 저축은행 -0182384
				   부산광역시 부산진구 로 , 4.5층 (동)
				   (지점)

-- 이 하 여 백 --

관할등기소 수원지방법원 화성등기소

* 본 등기사항증명서는 열람용이므로 출력하신 등기사항증명서는 법적인 효력이 없습니다.
* 실선으로 그어진 부분은 말소사항을 표시함. * 등기기록에 기록된 사항이 없는 갑구 또는 을구는 생략함. * 증명서는 컬러 또는 흑백으로 출력 가능함.
열람일시 : 2014년08월26일 14시19분51초

8/8

당시만 해도 연 7푼5리의 이자였지만 현재는 연 5%미만으로 근질권 대출이 가능하다.

경 매 물 건 안 내

사건번호:2014타경5295
주   소: 화성시 반송동   1층 109호

● 위 물건에 대한 장점
-인근 타 물건에 비하여 감정가격이 아주 낮게 잡혔음.
-면적이 15 으로 1층 치고는 비교적 큰 편임.
-현제 미용실로 임대 중이나 타 업종으로도 전환이 용이함.
-경낙 후 임대 시 **보증금3천에 월세150만원** 가능.

● 인근 낙찰 사례 비교
-2013타경43320 바로 옆   (타운) 107호(11)가 2014년6
 월13일 89%인 357,890,000원에 낙찰되어 잔금납부하고 등기 이전됨.
-2013타경67678 길 건너   (빌딩) 102호가(14) 2014년9월
 23일 7명 참여로 417,300,000원에 낙찰 됨

☆ 위 경매 물건은 감정가격이 적게 측정되어 이번에 경쟁이 높을
   것으로 예상됨.
☆입찰 예정금액을 80%로 볼 때, 3억5천2백인데, 안정적으로 낙찰을
   받을 려면 370,000,000원 이상으로 참여해야 함.

입찰 예상 가격 352,000,000원 ~ 400,000,000원

최근 수익형 상가가 경매에서 사상최대로 낙찰률이 높습니다.
은행의 저금리 관계로 앞으로는 더 높은 낙찰가가 예상됩니다.
이 물건은 분양당시 7억이 넘었습니다.
경매에 대한 모든 분석과 명도는 대행 해드립니다.

배당을 받기 위해서 배당유도를 하였다. 배당유도란 실소유자를 찾기 위하여 인근 공인중개사
사무실에 경매진행 내용을 안내하였다.

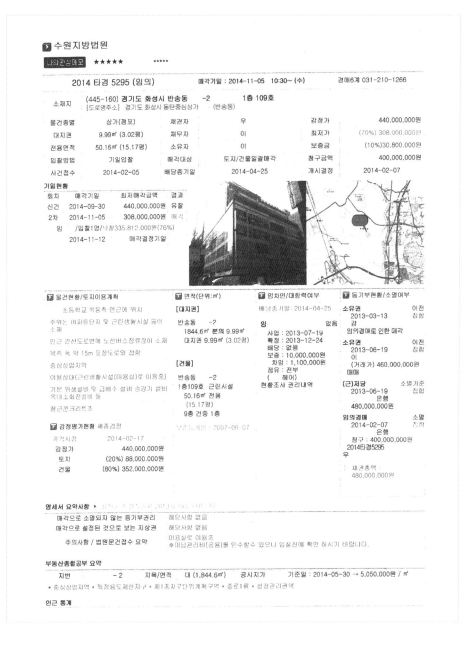

▶ 수원지방법원

나의관심메모 ★★★★★　　*****

2014 타경 5295 (임의)　　　매각기일 : 2014-11-05　10:30~ (수)　　　경매6계 031-210-1266

소재지	(445-160) 경기도 화성시 반송동　-2　1층 109호 [도로명주소] 경기도 화성시 동탄중심상가　(반송동)				
물건종별	상가(점포)	채권자	우	감정가	440,000,000원
대지권	9.99㎡ (3.02평)	채무자	이	최저가	(70%) 308,000,000원
전용면적	50.16㎡ (15.17평)	소유자	이	보증금	(10%)30,800,000원
입찰방법	기일입찰	매각대상	토지/건물일괄매각	청구금액	400,000,000원
사건접수	2014-02-05	배당종기일	2014-04-25	개시결정	2014-02-07

기일현황

회차	매각기일	최저매각금액	결과
신건	2014-09-30	440,000,000원	유찰
2차	2014-11-05	308,000,000원	매각
임	/입찰1명/낙찰335,812,000원(76%)		
	2014-11-12	매각결정기일	

▶ 물건현황/토지이용계획

초등학교 북동측 인근에 위치

주위는 아파트단지 및 근린생활시설 등이 소재

인근 간선도로변에 노선버스정류장이 소재

북측 녹 약 15m 포장도로와 접함

중심상업지역

이용상태(근린생활시설(미용실)로 이용중)

기본 위생설비 및 급배수 설비 승강기 설비 옥내소화전설비 등

철근콘크리트조

▶ 감정평가현황 세종감정

가격시점	2014-02-17
감정가	440,000,000원
토지	(20%) 88,000,000원
건물	(80%) 352,000,000원

▶ 면적(단위:㎡)

[대지권]

반송동　-2
1844.6㎡ 분의 9.99㎡
대지권 9.99㎡ (3.02평)

[건물]

반송동　-2
1층109호 근린시설
50.16㎡ 전용
(15.17평)
9층 건중 1층

보존등기일 : 2007-06-07

▶ 임차인/대항력여부

배당종기일: 2014-04-25

임	없음
사업 : 2013-07-19	
확정 : 2013-12-24	
배당 : 없음	
보증 : 10,000,000원	
차임 : 1,100,000원	
점유 : 전부	
(헤어)	

현황조사 권리내역

▶ 등기부현황/소멸여부

소유권	2013-03-13	이전 집합
강		
임의경매로 인한 매각		
소유권	2013-06-19	이전 집합
이		
(거래가) 460,000,000원		
매매		
(근)저당	2013-06-19	소멸기준 집합
은행		
480,000,000원		
임의경매	2014-02-07	소멸 집합
은행		
청구 : 400,000,000원		
2014타경5295		
우		
채권총액		
480,000,000원		

명세서 요약사항 ▶

매각으로 소멸되지 않는 등기부권리	해당사항 없음
매각으로 설정된 것으로 보는 지상권	해당사항 없음
주의사항 / 법원문건접수 요약	미용실로 이용중 ※미납관리비(공용)를 인수할수 있으니 입찰신에 확인 하시기 바랍니다.

부동산종합공부 요약

지번	-2	지목/면적	대 (1,844.6㎡)	공시지가	기준일 : 2014-05-30 → 5,050,000원 / ㎡

• 중심상업지역 • 특정용도제한지 구 • 제1종지구단위계획구역 • 종로1류 • 성상관리권역

인근 통계

2014년 11월 5일 매입한 채권을 제 3자가 낙찰을 받음으로 배당이 확정되었다.

채권자　　　　　　　동 1 호(　동,　　울)
　　　　　　　　　우 (양도인:　　　　화전문유한회사)

‖‖‖‖‖‖‖‖ 4 -
-186239-

(민사집행과 경매6계)
2014-013-5295-15-02-03-14-30-671

[경매6계]

수원지방법원
배당기일통지서

사　　　건　　2014타경5295 부동산임의경매

채 권 자　　우　　(양도인:　　　　　　유동화전문유한회사)

채 무 자　　이

소 유 자　　채무자와 같음

배 당 기 일　　2015.2.3. 14:30 경매법정

위와 같이 배당기일이 지정되었으니 이 법원에 출석하시기 바랍니다.

2015. 1. 2.

법원주사　　김　　　　　　　(직인생략)

◇ 유 의 사 항 ◇

1. 임차인을 제외한 채권자는 채권의 원금ㆍ배당기일까지의 이자, 그 밖의 부대채권 및 집행비용을 적은 계산서를 이 통지서를 받은 날로부터 1주 안에 법원에 제출하시기 바랍니다. 채권계산서 양식은 아래 1)과 같습니다(임차인은 아래 3.의 서류만 제출하시면 됩니다). 채권자가 채무자로부터 전부 변제받은 경우에도 채권계산서를 제출하여 주시기 바랍니다.(이 경우 채권 원금, 이자, 비용, 합계를 각 "0원"으로 기재합니다).
※ 경매신청서 작성 서기료를 집행비용으로 인정받기 위해서는 반드시 지출을 소명하는 해당 법무사 작성의 영수증 등 소명자료를 제출하여야 합니다.(경매신청서에 법무사 제출위임장이 첨부되어 있는 경우도 제출하여야 함.)

2. 계산서에는 채권원인증서의 사본을 첨부하고, 채권원인증서의 원본은 배당요구서에 첨부한 경우가 아니면 배당당일에 제출하셔야 합니다.

3. 임차인이 배당금을 수령하려면 ①임대차계약서원본, ②주택임차인은 주민등록등본, 상가건물임차인은 등록사항등의 현황서 등본 ③매수인의 인감이 날인된 임차목적물명도 (퇴거)확인서, ④매수인의 인감증명서를 각 1통씩 배당당일에 제출하셔야 합니다(단, 배당요구종기까지 배당요구한 임차인에 한하여 배당받을 수 있습니다.) 명도(퇴거)확인서 작성요령은 아래 2)에 있습니다.

4. 근로자가 집행법원에 「근로기준법」제38조에서 정한 임금채권 및 「근로자퇴직급여보장법」제11조에서 정한 퇴직금채권의 우선변제권에 기한 배당요구를 하는 경우에는, 판결이유 중에 배당요구 채권이 우선변제권 있는 임금채권이라는 판단이 있는 법원의 확정판결이나 노동부 지방사무소에서 발급한 체불임금확인서 중 하나와 다음에서 열거한 서면 중 하나를 소명자료로 첨부하여야 합니다.
　가. 사용자가 교부한 국민연금보험료원천공제계산서(국민연금법 제77조 참조)
　나. 원천징수의무자인 사업자로부터 교부받은 근로소득에 대한 원천징수영수증(소득세법 제143조 참조)
　다. 국민연금관리공단이 발급한 국민연금보험료 납부사실 확인서(국민연금법 제75조 참조)
　라. 국민건강보험공단이 발급한 국민건강보험료납부사실 확인서(국민건강보험법 제62조 참조)
　마. 노동부 고용지원센타가 발급한 고용보험피보험자격취득확인통지서(고용보험법 제14조

낙찰대금이 완납되면 법원에서는 채권자에게 배당기일 통지서와 채권 계산서를 제출하라는 통지서가 송달된다.

채 권 계 산 서

채권자:우

채무자:이

사건번호:2014타경5295

	채권원금	2014년6월9일까지 이자	이　자 (2014.6.9.~ 2015.2.3.)	경매신청비용	합　계
채권계산서	400,000,000원	5,346,280원	26,279,452원	3,328,483원	434,954,215원

위 금액 434,954,215원 중 질권권리자 224,000,000원을 선지급한 나머지 **210,954,215원**입니다.

배당신청금액:210,954,215원

2015년1월8일

채권자: 우　　◯　　010-　　-3663

수원지방법원 민사집행과 경매6계 귀중

채권계산서에는 채권의 원금 및 연체이자를 더하고 경매신청비용을 합해서 해당 경매계에 제출한다.

채권계산서를 입증할 채권계산서 명세표나 여신거래약정서의 사본을 첨부한다.

수원지방법원
배 당 표

사　　건　　2014타경5295　부동산임의경매

배 당 할 금 액	금	336,151,978		
명 세	매 각 대 금	금	335,812,000	
	지연이자 및 절차비용	금	0	
	전경매보증금	금	0	
	매각대금이자	금	339,978	
	항고보증금	금	0	
집 행 비 용	금	4,753,810		
실제배당할 금액	금	331,398,168		
매각부동산	별지와 같음			
채 권 자	주식회사　　　　　저축은행	우 (양도인: 유동화전문유한회사)		
채 권 금 액	원　　금	224,000,000	176,000,000	
	이　　자	0	31,625,732	
	비　　용	0	0	
	계	224,000,000	207,625,732	
배 당 순 위	1	2		
이　　유	근저당권부질권자	신청채권자		
채 권 최 고 액	0	480,000,000		
배 당 액	224,000,000	107,398,168		
잔 여 액	107,398,168	0		
배 당 비 율	100.00%	51.73%		
공 탁 번 호 (공 탁 일)	금제　　　호 (　.　.　)	금제　　　호 (　.　.　)	금제　　　호 (　.　.　)	

2015.　2.　3.

사 법 보 좌 관 　김

1-1

배당표의 금액이 맞으면 배당이의가 없다고 한다.

배당시간 전에 경매법정 법대 앞에 있는 배당표를 점검한다.

수원지방법원
집행비용계산서

사   건   2014타경5295   부동산임의경매

1.	첩 부 인 지 대	5,000 원
2.	서 기 료	441,000 원
3.	등록면허세(교육세 포함)	960,000 원
4.	송 달 료	113,350 원
5.	등 본 수 수 료	1,200 원
6.	등기촉탁수수료	3,000 원
7.	매 각 수 수 료	2,411,700 원
8.	신문공고수수료	50,000 원
9.	감정평가수수료	682,000 원
10.	현황조사수수료	86,560 원
11.	기 타	0 원
	합 계	4,753,810 원 정

집행기록에 의하여 위 계산을 하였습니다.

등 본 입 니 다
2015.2.3.
수원지방법원
법원주사 김

2015.   2.   3.

법원주사   김

집행비용계산서를 확인하고 0순위로 배당을 받는다.

(제7호 서식)

법원보관금 출급(환급)명령서

법원코드	과코드	재판부번호
000250		1006

사 건 번 호	2014타경5295			
진 행 번 호	출 급 금	원천징수세 금액		세금공제후
		소 득 세	주 민 세	지 급 액
2015-800206-[2]	107,058,190	0	0	107,058,190
출 급 금 종 류	배당금[36]			
출 급 청 구 일	2015.02.03			

청구자	성 명	우 (양도인: 유동화	전 화	
	주민등록번호 (사업자등록번호)		우편번호	4 -
	주 소	성남시 분당구 로 , 동 1 호(동, 마을)		
대리인	성 명		전 화	
	주민등록번호 (사업자등록번호)		우편번호	
	주 소			

출 급 구 분	원금만 지급	● 원금 및 이자지급
	원금 및 전체이자지급	이자만 지급

입금은행 및 계좌번호	해당없음

위의 보관금을 출급(환급)하시기 바랍니다.

2015 년 02 월 03 일

수원지방법원

법원주사 김

※ 법원보관금 출급(환급)지시서 작성시 실명확인을 위하여 필요하오니 다음 서류를 지참하시기 바랍니다.
1. 본인 : 주민등록증, 인장
2. 대리인 : 위임장, 인감증명, 대리인의 주민등록증, 인장
3. 법인 : 법인등기사항증명서, 위임장, 법인인감, 대리인의 주민등록증, 인장

경매계로부터 출금명령서를 받아서 보관계에 제출하고, 환급명령서를 받아서 법원에 있는 은행에

받고자하는 계좌로 입금 받는다.

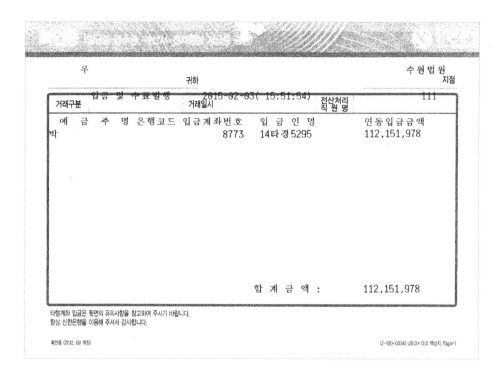

거래구분	입금 및 수표 발행	거래일시	2015-02-03(15:51:54)	전산처리 직 원 명	111

예 금 주 명	은행코드	입금계좌번호	입 금 인 명	연동입금금액
박	8773		14타경5295	112,151,978

합 계 금 액 :　　112,151,978

타행계좌 입금은 뒷면의 유의사항을 참고하여 주시기 바랍니다.
항상 신한은행을 이용해 주셔서 감사합니다.

확인증 (2012. 09 개정)　　　　　　　　　　　　　　　　(2-100-0034) (20.0×13.0 백상지 70g/㎡)

2014년 6월 9일 채권을 매입하여 근저당권이전을 하였고 2015년 2월 3일 수원지방법원에서 배당을 받은 전표이다. 배당금은 본인이나 대리인이 지정하는 계좌로 입금할 수 있고, 현금이나 수표로 수령할 수도 있다.

※ 위 입금내용은 실제로 투자한 금액인 채권매입금액과 근저당권이전비용, 권질권이자를 합하여 약6,900만원을 투자하여 약11,200만원을 배당받으므로 4,200만 원 정도의 순이익이 발생된 사례이다.

2) 채권매입 후 소유권이 변경되어 대위변제로 수익이 발생된 사례
- 채권양수도계약 (사건번호 2014타경24060) = 채무자 대위변제[1]

갑오년이 저물어가는 2014년 12월 24일 부실채권으로 매입가능한 아파트가 나왔다.

사건번호 2014타경24060 성남시 분당구 동판교로 ㅂ마을 ㅍ아파트 ○○○동 13○○호이다. 면적은 82.794㎡로 32평형이다. 1순위로 ㅎ은행 채권최고금액 374,400,000원이고 원금은 312,000,000원이다. 2순위로 ㅁ저축은행 채권최고금액 325,000,000원이며 원금은 250,000,000원이였다.

결론을 미리 적어보면 2순위 ㅁ저축은행 채권이 ㄱ대부업체로 넘어갔고, 또 재매각하여 주 모씨의 명의로 넘어간 것을 3번째로 P여사에게 필자가 225,000,000원에 매입하여 주었다.

소유자겸 채무자가 3개월 이자를 미납하자 2014년 11월 3일 경매로 사건접수가 되어 진행 중이었다.

P여사에게 이 물건이 매입된 것은 행운이라 할 수 있다.

왜냐하면 2순위 ㅁ저축은행 채권최고금액 325,000,000원, 원금 250,000,000원의 채권을 매입했는데, 비용이 적게 들어갔기 때문이다. 만약 1순위 채권자와 2순위 채권자가 한 군데였다면 수입은 같으면서 원금만 562,000,000원이 되므로 할인을 한다고 해도 5억 이상 투자가 되었을 터니 말이다.

우선 급한 마음에 분석을 했다. 관리사무실을 방문하자 미납관리비가 950만

---

1) 실제 연 860% 수익률을 올린 사례

원 정도였고, 단지 내 부동산에서는 시세가 6억5천이면 바로 매매가 된다는 것이다. 소유자가 1순위와 2순위 및 미납관리비를 합해도 약 6억 미만이라 매매를 하고도 남는 금액이 있는데 왜 처리를 못했나 의심이 들기도 했다. 다음으로 ㅁ저축은행의 근저당설정일이 2011년 6월 16일이므로 그 이전에 주민등록전입이 되었는지 ㅅ동 주민센터에서 세대열람을 하였다. 주거용이면서 경매가 진행 중인 물건(사건)은 주민등록법 시행규칙 제14조 제1항의 규정에 의하여 세대열람을 할 수 있다. 등록자는 2011년 7월 25일 박모씨 한 사람이다. 소유주로 생각이 되며 일단 매입하고자한 채권보다는 후 순위이니 대항력에 대하여는 신경 쓸 필요가 없다. 채권매입금액을 225,000,000원으로 협상을 끝냈다. 계약금으로 30,000,000원을 지급하고 채권매입 계약을 했다. 수중에 돈이 없는 P여사는 잔금 중 2억 원을 근저당권부질권대출을 받지 않고 지인으로부터 차입을 하여 채권매입 잔금을 지불[2]했다.

등기부 등본에 ㅁ저축은행은 근저당권이 ㄱ대부업체로 이전되었고, 다시 주모씨 명의로 넘어간 것을 P여사 명의로 이전하였다. 채권이 매각되면 먼저 근저당권이전을 하고, 채권자가 채권양도통지서를 안 할 경우 채권자의 위임을 받아서 채권양도통지를 해야 한다. 다음으로 해당 경매계에 채권자변경신고와 송달장소변경신고 및 환급금 반환통장사본을 접수했다.

채권매입 전 정확히 분석을 하여야 하건만 일단, 손실은 나지 않는다는 계산이 나왔기 때문에 계약을 체결하고 상세한 분석을 해보았다.

2014년 11월에 경매가 접수되었으므로 2015년 4월에 매각기일이 잡히고 한 번 유찰되어 5월에 낙찰되면, 약 40일이 후 대금이 완납되고 30일 정도가 지나

---

2) 2015년 1월 6일.

서 배당을 해주므로 7월에 배당을 받을 것을 예상하고 배당표작성을 해보았다. 계산은 간단하다. 근저당권을 2015년 1월 6일에 이전하였으니 6개월 후에 배당을 받는다고 치면 원금 250,000,000원의 연체이자가 25%이므로 1년이면 62,500,000원이고 이분의 일인 31,250,000원이다. 여기에 원금 250,000,000원과 2014년 11월 경매가 접수되기까지의 이자 및 경매접수 후 2015년 1월 6일까지의 이자도 포함해야 하니까 약 304,900,000원[3]이라는 채권행사권리금액이 나왔다. 그 금액에 가지급금[4] 약 4백만 원을 포함하면 채권계산서[5]의 금액이 나온다. 6억 5천만 원에 낙찰이 된다고 가정을 해도 1순위 ㅎ은행이 먼저 배당받는 341,000,000원을 제외하고 100% 배당을 받는다는 계산이 나왔다.

더구나 배당을 확실하게 받을 수 있는 경우에는 미납관리비와 상관이 없다. 미납관리비는 배당과 상관없이 낙찰자가 해결을 해야 하기 때문이다.

P여사는 참으로 복이 많은 사람인가보다. 채권을 매입하고 근저당권변경을 한 이튿날 언론에서 판교 제2테크노밸리가 확정되었다는 뉴스가 나왔다. 그것도 이 아파트 경계부분부터 시작해서 약 600여개의 기업이 입주한다는 소식이 TV와 신문에 보도되었다. 2, 3일 후 판교 ㅍ아파트 단지 내 부동산이라고 하면서 전화가 왔다. 아파트가 매매되어 소유권이 넘어갔고 새로운 취득자가 대위변제를 하겠다는 것이다.

2015년 1월 6일 이전한 근저당권을 대위변제로 2015년 3월 2일 상환 받고 근저당권 말소 및 경매를 취하했다. 수익률 분석표를 보면 다음과 같다.

---

3) 채권행사권리금액+경매신청비용=채권계산서
4) 경매신청비용
5) 채권계산서(채권원금+연체이자+경매신청비용)

[그림 3]

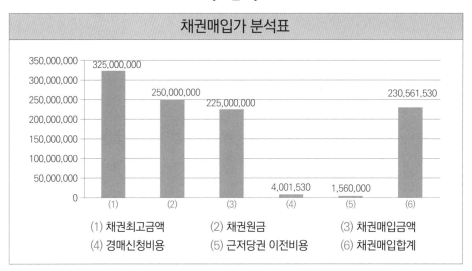

채권매입가 분석표

(1) 채권최고금액 (2) 채권원금 (3) 채권매입금액
(4) 경매신청비용 (5) 근저당권 이전비용 (6) 채권매입합계

※ 채권최고금액 325,000,000원에 채권원금 250,000,000원의 채권을 225,000,000원에 매입
하였다. 추가로 들어간 금액이 경매신청비용 4,001,530원과 근저당권이전비용 1,560,000원
을 합하여 230,561,530원이다.

[그림 4]

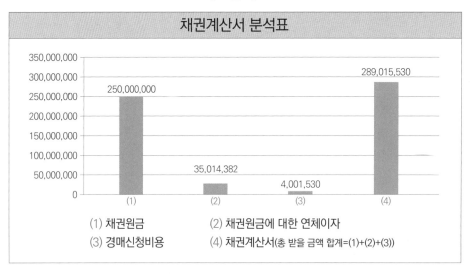

채권계산서 분석표

(1) 채권원금 (2) 채권원금에 대한 연체이자
(3) 경매신청비용 (4) 채권계산서(총 받을 금액 합계=(1)+(2)+(3))

※ 대위변제로 받은 채권계산표이다.

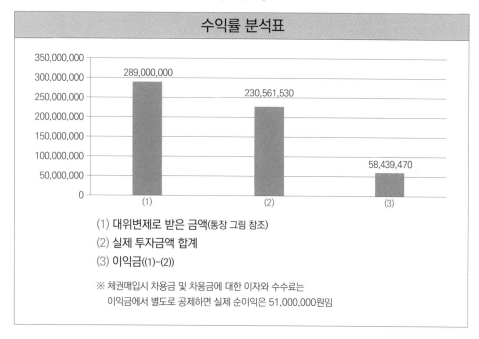

[그림 5]

수익률 분석표

(1) 대위변제로 받은 금액(통장 그림 참조)
(2) 실제 투자금액 합계
(3) 이익금((1)-(2))

※ 체권매입시 차용금 및 차용금에 대한 이자와 수수료는
   이익금에서 별도로 공제하면 실제 순이익은 51,000,000원임

※ P여사는 225,000,000원에 채권을 매입하여 약 2개월 만에 58,439,470원이라는 수익을 올렸다. 여기에서 지인들로부터 차입한 높은 이자를 지급하고도 51,000,000원 이상 순이익이 남았다. 본인 자금은 3천만 원에 불과했다.

아래 채권매입과정과 대위변제로 입금 받은 통장을 참조하면 이해에 도움이 될 것이다.

■ 2014타경24060 실제사례 소개

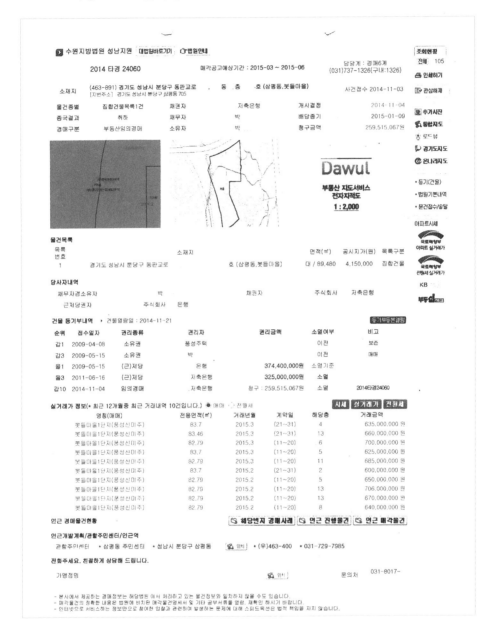

경매예정물건을 NPL로 매입하였다.

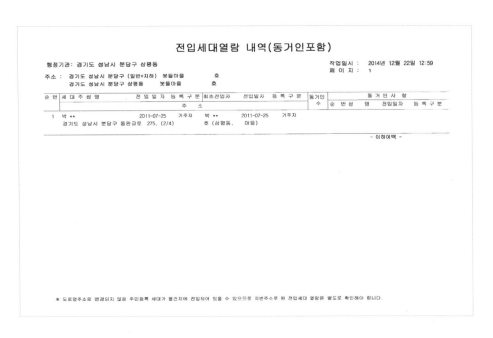

경매가 진행 중인 주거용 건물은 대항력 유무를 알아보기 위하여 세대열람 내역을 발급받아야 한다. 주민등록시행규칙 14조 1항의 규정에 따라서 경매정보지와 신분증을 제시하면 구청 동사무에서 세대열람발급을 받을 수 있다.

채권매입 시 채권계산서 명세표나 원금/이자 상환조회표에서 매입하고자 하는 채권의 정확한 금액을 알아야 한다.

성남 판교신도시 15-1B/L

발코니확장계약서

■ **공급장소** : 경기도 성남시 판교택지개발지구 15-1 B/L　　아파트 _____동 _____호

■ **공급금액**

(단위 : 원)

구 분		공급금액	V A T	총 금 액	계 약 금	중 도 금		잔 금 입주시	선택
						1차 2007. 2. 10	2차 2008. 8. 10		
33A	일반	16,350,000	1,635,000	17,985,000	1,800,000	3,597,000	8,992,000	3,596,000	
	고급	18,350,000	1,835,000	20,185,000	2,020,000	4,037,000	10,092,000	4,036,000	
33B	일반	13,630,000	1,363,000	14,993,000	1,500,000	2,998,600	7,496,000	2,998,400	
	고급	15,630,000	1,563,000	17,193,000	1,720,000	3,438,600	8,596,000	3,438,400	
33C	일반	12,550,000	1,255,000	13,805,000	1,390,000	2,761,000	6,902,000	2,752,000	
	고급	14,550,000	1,455,000	16,005,000	1,610,000	3,201,000	8,002,000	3,192,000	
33D	일반	12,550,000	1,255,000	13,805,000	1,390,000	2,761,000	6,902,000	2,752,000	
	고급	14,550,000	1,455,000	16,005,000	1,610,000	3,201,000	8,002,000	3,192,000	

– 일반 : 외부 샤시 시공 : 22mm 페어 글라스 2중창 시공/ 고급 : 일반사항 외 거실 22mm SYSTEM 2중 창 시공
– 발코니 확정 공급계약의 70% 융자 가능
– 융자이자는 매월 "을"이 부담한다

■ **발코니 확장면적**

(단위 : ㎡)

구 분	거 실	보조주방	방 1	방 2	방 4	합 계	선 택
33A	8.379	6.465	4.445	1.881	5.986	27.156	
33B	8.851	5.025	3.547	4.562	–	21.985	
33C	8.379	6.139	4.445	1.881	–	20.844	
33D	8.379	6.139	4.445	1.881	–	20.844	

위 표시 발코니 확장시공을 함에 있어 공급자를 "갑"이라 칭하고 위 공급장소의 분양계약자(공급받는자)를 "을"이라 칭
하여 다음과 같이 선택품목 공급계약을 체결한다.

2006 년 5 월 13일

■ **공급자 "갑"**

서울특별시 중구 무교동　번지
　　　　　주 시 회 사
대표이사 고

■ **공급받는자 "을"**

주민등록번호	
연 락 처	
성 명	박

매입 대상 채권이 발코니가 확장되었으므로 예상 회수률이 높다는 참고가 된다.

근저당권부 채권 매매계약서

201 4. 12. 22.

양도인	주	◯
양수인	앙	◯
채무자	박	

저축은행에서 채권이 매각되고 개인에게 매각된 채권을 재매입하는 계약서를 수기로 작성하였다.

[양도인]

법 인 명	주
주 소	경기도 김포시 북변동 청구한라아파트 동 호
법인등록번호	-2815217

[양수인]

성 명	강
주 소	경기도 화성시 병점동 동 호
법인(주민)등록번호	연 락 처

[채무자]

성 명	박
주 소	경기도 성남시 수정구 태평동
법인(주민)등록번호	

위 양도인 **주** _____ (이하 '양도인'이라 함)과 양수인 _**강**___ (이하 '양수인'이라 함)은 채무자 **박**___ 에 대하여 가지는 근저당권부 채권원리금 전액에 대하여 다음과 같이 채권매매 계약을 체결한다.

- 다   음 -

[근저당의 목적이 된 부동산 및 양도 할 채권]

구 분	내 역	비 고
부동산의표시	경기도 성남시 분당구 삼평동 봇들마을 제 동 제 층 제 호	
설정계약일자	2011 년 06 월 16 일	
설정접수번호	제 40881 호	
설정채권최고액	일금 삼억이천오백만 원정 / (₩ 325,000,000)	
근저당권자	주	

채권을 재매각하는 개인 명의의 근저당권을 개인이 매입한 내용이다.

근저당권부 채권 매매계약서 6

[양도채권내역] [20   년   월   일 기준, 단위: 원]

대출과목	대출일	대출원금	대출잔액	이 자	비 고

[채권양도가격]

구 분	내 역	비 고
채권양도가격	일금 이억이천오백만 원정 / (₩ 225,000,000)	최고조액도
계 약 금	일금 삼천만 원정 / (₩ 30,000,000)	
잔 금	일금 일억구천오백만 원정 / (₩ 195,000,000)	잔금 2015년 1월8일 지급하기로함
수 수 료	일금 육백일십팔만팔천오백 원정 / (₩ 6,188,500)	양도대금의 2.75%
입금계좌	은행 216- -04-016 예금주 주	

[수수료]
위에서 정한 수수료는 잔금완납일에 잔금과 함께 납입한다

위와 같은 채권매매계약을 명확히 하기 위하여 이 계약서를 작성하고
양도인과 양수인은 아래에 각 기명날인 한다.

2014년 12 월 23 일

채권양도인 :   주   ( )

채권양수인 :   박   ( )

채권원금 2.5억 원 채권최고금액 3.25억 원의 채권을 2.25억 원에 매입하였다.

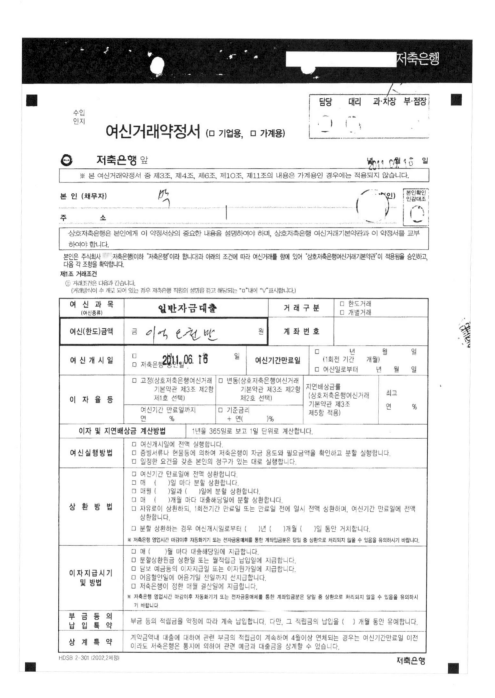

담당	대리	과·차장	부·점장

여신거래약정서 (□ 기업용, □ 가계용)

수입인지

저축은행 앞   2011. 06월 16일

※ 본 여신거래약정서 중 제3조, 제4조, 제6조, 제10조, 제11조의 내용은 가계용인 경우에는 적용되지 않습니다.

본 인 (채무자)   (인)   본인확인 인감대조

주   소

상호저축은행은 본인에게 이 약정서상의 중요한 내용을 설명하여야 하며, 상호저축은행 여신거래기본약관과 이 약정서를 교부하여야 합니다.

본인은 주식회사 저축은행(이하 "저축은행"이라 합니다)과 아래의 조건에 따라 여신거래를 함에 있어 "상호저축은행여신거래기본약관"이 적용됨을 승인하고, 다음 각 조항을 확약합니다.

제1조 거래조건

① 거래조건은 다음과 같습니다.
(거래방식이 수 개로 되어 있는 경우 저축은행 직원의 설명을 듣고 해당되는 "□"내에 "∨"표시합니다.)

여 신 과 목 (여신종류)	일반자금대출		거 래 구 분	□ 한도거래 □ 개별거래		
여신(한도)금액	금 이억 은천만 원		계 좌 번 호			
여 신 개 시 일	□ □ 저축은행 2011.06.16 일		여신기간만료일	□ 년 개월 일 (1회전 기간 개월) □ 여신일로부터 년 월 일		
이 자 율 등	□ 고정(상호저축은행여신거래 기본약관 제3조 제2항 제1호 선택)	□ 변동(상호저축은행여신거래 기본약관 제3조 제2항 제2호 선택)	지연배상금률 (상호저축은행여신거래 기본약관 제3조 제5항 적용)		최고 연 %	
	여신기간 만료일까지 연 %	□ 기준금리 + 연( )%				
이자 및 지연배상금 계산방법	1년을 365로 보고 1일 단위로 계산합니다.					
여 신 실 행 방 법	□ 여신개시일에 전액 실행합니다. □ 증빙서류나 현물등에 의하여 저축은행이 자금 용도와 필요금액을 확인하고 분할 실행합니다. □ 일정한 요건을 갖춘 본인의 청구가 있는 대로 실행합니다.					
상 환 방 법	□ 여신기간 만료일에 전액 상환합니다. □ 매 ( )일 마다 분할 상환합니다. □ 매월 ( )일과 ( )일에 분할 상환합니다. □ 매 ( )개월 마다 대출해당일에 분할 상환합니다. □ 자유로이 상환하되, 1회전기간 만료일 또는 만료일 전에 일시 전액 상환하며, 여신기간 만료일에 전액 　　상환합니다. □ 분할 상환하는 경우 여신개시일로부터 ( )년 ( )개월 ( )일 동안 거치합니다. ※ 저축은행 영업시간 마감이후 자동화기기 또는 전자금융으로를 통한 계좌입금분은 당일 중 상환으로 처리되지 않을 수 있음을 유의하시기 바랍니다.					
이 자 지 급 시 기 및 방법	□ 매 ( )월 마다 대출해당일에 지급합니다. □ 분할상환원금 상환일 또는 월적립금 납입일에 지급합니다. □ 담보 예금등의 이자지급일 또는 이자원가일에 지급합니다. □ 어음할인일에 어음기일 전일까지 선지급합니다. □ 저축은행이 정한 매월 결산일에 지급합니다. ※ 저축은행 영업시간 마감이후 자동화기기 또는 전자금융매체를 통한 계좌입금분은 당일 중 상환으로 처리되지 않을 수 있음을 유의하시기 바랍니다					
부 금 등 의 납 입 특 약	부금 등의 적립금을 약정에 따라 계속 납입합니다. 다만, 그 적립금의 납입은 ( ) 개월 동안 유예합니다.					
상 계 특 약	계약금액내 대출에 대하여 관련 부금의 적립금이 계속되어 4월이상 연체되는 경우는 여신기간만료일 이전 이라도 저축은행은 통지에 의하여 관련 예금과 대출금을 상계할 수 있습니다.					

HDSB 2-301 (2002.2개정)   저축은행

채권을 매입하면 채권자의 지위를 동일한 조건으로 승계 받는데, 여신거래약정서의 원본을 채권매입인이 가져온다.

② 제1항의 거래방식에 있어서 한도거래라 함은 약정금액 및 거래기한 범위내에서 대출과 상환을 자유롭게 하기로 하는 것을, 개별거래라 함은 대출한 금액을 여신기간만료일에 일시 상환하거나 거래기한까지 분할하여 상환하기로 하는 것을 말합니다.
③ 한도거래의 경우는 제1항의 여신기간만료일 이내에서 1회전기간으로 정하여 운용할 수 있습니다.

제2조 (지연배상금)
① 이자·분할상환누금·분할상환원리금을 그 기일에 지급하지 아니한 때에는 지급하여야 할 금액에 대하여, 곧 지연배상금을 지급하기로 합니다.
② 여신기간 만료로에 채무를 이행하지 아니하거나, 상호저축은행여신거래기본약관 제7조에 의하여 기한의 이익을 상실한 때(상호저축은행여신거래기본약관 제9조에 의하 할인어음의 환매채무 발생 포함)에는, 그때부터 여신잔액에 대하여, 곧 지연배상금을 지급하기로 합니다.
③ 계약당내대출의 경우 상계전일까지는 지급하여야 할 이자에 대하여, 상계후에는 대출금 잔액에 대하여, 곧 지연배상금을 지급하기로 합니다.
④ 종합통장대출의 경우 이자원금 등으로 한도금액을 초과한 금액에 대하여 곧 지연배상금을 지급하기로 합니다.

제3조 (차용총액 확정 및 분할상환기일표 통지)
① 분할 실행하는 여신의 경우, 채무총액은 최종의 실행후에 확정되며, 확정방법은 분할 상환기일표 및 영수증 기타 증빙자료에 의합니다.
② 계약당내내대출과 급부누금을 제외한 분할상환 여신의 경우, 저축은행은 확정된 채무총액에 대한 분할상환기일표를 작성하여 채무관계약에게 통지하여야 합니다.

제4조 (감액·정지)
① 한도거래 및 분할 상환하는 여신의 경우, 국가경제·금융사정의 급격한 변동 또는 본인의 신용상태의 현저한 악화 등으로 여신거래에 중대한 지장을 초래한다고 판단될 때에는, 저축은행은 통지에 의하여 제1조의 여신한도금액을 줄이거나, 거래기간에 불구하고 여신실행을 일시 정지 할 수 있습니다. 이 경우 본인은 감액으로 미비않은 한도초과 금액은 곧 갚기로 합니다.
② 제1항에서 정한 사유가 해소되어 정상적 여신거래가 가능한 경우에는 저축은행은 곧 감액·정지를 해소하기로 합니다.

제5조 (종합통장대출에 대한 약정)
① 이 약정에 의한 채무가 있는 때에는 종합통장기본계좌와 "모계좌"라 합니다)에 입금된 자금(증권류의 금액은 결제됨때까지 이 자금에서 제외하며, 입금된 증권 류은 이 약정에 의한 채무의 담보로서 저축은행에 양도된 것으로 합니다)는 자동적으로 대출금채무에 충당하기로 합니다.
② 모계좌에 대해 그 잔액을 초과해서 지급청구하거나, 정기적 지급 및 가종 요구 등의 자동납부 청구가 있는 때에는 모계좌를 통하여 대출금을 지급하거나 자동납 부하는 것으로 합니다.
③ 저축은행은 이자의 원가 등을 위하여 필요한 경우에는 본인에게 사전통지를 하지 않더라도 제1조의 여신한도를 초과하여 지급할 수 있습니다. 이 경우 본인은 초과 된 금액을 곧 갚기로 합니다.
④ 이자 및 지연배상금은 모계좌에서 빼가나 제1조의 한도금액 초과여부에 불구하고 대출금에 대하기로 하며, 이 경우 한도를 초과한 금액은 곧 갚기로 합니다.
⑤ 대출의 이자계산은 매일의 마감잔액을 기준으로 계산합니다. 다만, 담보물의 최고자액이 담보종의 개시잔액 또는 마감잔액보다 클 경우에는 개시잔액과 마감잔액에 중 큰 금액을 최고잔액에서 차감하여 그 차액을 마감잔액에 가산한 남액을 기준으로 하며, 연체액에 대하여는 매일의 최고잔액을 기준으로 합니다.
⑥ 종합통장대출의 경우 1회전기간 만료된 1개월 전까지 당사자 어느쪽에서도 다른 의사표시가 없는 경우에는 여신기간만료일 이내에서 자동적으로 직전의 1회전기 간 만큼 거래기간이 연장되는 것으로 합니다.

제6조 (약정한도 미사용수수료)
한도거래의 경우 제1조의 여신한도금액 중 미사용금액에 대하여 따로 정한 약정이 있는 때에는, 약정으로 정한 기준에 의한 수수료를 지급하기로 합니다.

제7조 (인지세의 부담)
① 이 약정서 작성에 따른 인지세는 (□본인, □저축은행, □각 50%씩 본인과 저축은행)이 부담합니다.
② 제1항에서 본인이 부담기로 한 인지세를 저축은행이 대신 지급한 경우에는, 상호저축은행여신거래기본약관 제4조에 준하여 곧 갚기로 합니다.

제8조 (담보·보험)
본인과 저축은행의 다른 의사표시가 없는 한, 이 약정에 의해 실행된 여신으로 건설 또는 설치된 시설물을 그것이 설치된 토지·건물 및 그 안의 기타 시설과 함께 저축은행에 담보로 제공하기로 하며, 저축은행이 요청하는 경우 저축은행이 동의하는 종류와 금액의 보험에 가입하고 그 보험금 청구권에 저축은행을 위하여 질권을 설정하기로 합니다.

제9조 (담보권 설정)
① 이 약정에 의한 채무를 담보하기 위하여 아래에 표시한 예금 등에 질권을 설정하고 저축은행앞으로 그 증서(통장)의 인도를 마칩니다.
② 제1항의 질권의 효력은 원금·수익권이 계약 이후에 적립되는 금액에 포함합니다)와 이에 부수하는 이자·수익의 수익권, 특별장려금, 법정장려금 등에 미칩니다.
③ 제1항의 질권은 그 목적인 예금등이 기한연장·개서·갱신·분할·병합·감액 또는 이자결가된 경우에도 그 위에 질권의 효력이 미침을 승인합니다.
④ 저축은행은 제1항에 의한 질권을 행사하지 아니하고 상호저축은행여신거래기본약관의 정하는 바에 따라 저축은행의 채권과 아래 표시의 예금등을 상계 또는 대리 환급(변제충당)을 할 수 있습니다.

✤ 질권의 목적인 예금등의 표시 ✤
(단위:원)

종 별	증서(계좌) 번호	명의인	금액(계약액)	입금누계액 까지	증서일자	지급기일

제10조 (상환자력 유지의무 등)
① 본인은 이 거래약정으로 미비않은 채무의 상환자력유지를 위하여 다음과 같이 적정한 재무비율을 유지하기로 합니다. 그 밖에 재무구조개선약정 등이 따로 있는 경우에는 이 거래약정의 겸부분에 이나 붙이고 그 내용은 이 거래 약정의 일부로 봅니다.

구 분	20 .	20 .	20 .	20 .	20 .
부채비율	%	%	%	%	%
자기자본비율	%	%	%	%	%
( )비율	%	%	%	%	%
( )비율	%	%	%	%	%

여신거래약정서의 내용이다.

② 본인이 다음 각 호의 행위를 하고자 할 때에는 사전에 저축은행과 협의하기로 합니다.
　　1. 합병, 영업양수도 및 중요한 재산의 매각·임대
　　2. 이 거래약정에 따른 자금용도 외의 고정자산에 대한 투자
　　3. 타인의 채무를 위한 보증
　　4. 신규사업 진출 또는 해외투자
　　5. 기업구조 개선 작업(Work Out) 또는 사적화의 신청 등 경영상 중대한 변화가 생길 우려가 있는 경우
③ 본인은 저축은행이 이 거래약정의 사후관리상 그 필요성이 현저하다고 인정하여 다음 각 호의 행위를 청구하는 경우 그에 응하기로 합니다.
　　1. 보유 부동산 및 유가증권 매각
　　2. 지배주주의 출자
　　3. 유상증자 또는 기업공개
④ 제1항 내지 제3항의 규정은 본인과 저축은행간에 각 항별로 별도의 특약이 있는 경우에만 적용합니다.

제11조 (자료의 제출 등)
본인은 저축은행이 상호저축은행여신거래기본약관 제17조 및 제19조에 근거하여 매 시기별로 요청하는 다음 각 호의 자료 기타 여신의 사후관리를 위하여 필요한 자료를 저축은행의 요청이 있는 대로 제출하기로 합니다.
　　1. 매분기: 부가가치세 과세표준 증명원, 합계잔액시산표, 부채현황표, 판매처 및 제품별 매출예상표 등
　　2. 매반기: 반기결산보고서, 부가가치세 과세표준증명원, 합계잔액시산표, 부채현황표, 판매처 및 제품별 매출예상표 등
　　3. 매 년: 공인회계사 감사보고서(결산재무제표), 연결재무제표, 법인등기부등본, 주주명부, 정관, 근로소득세징수액집계표, 사업계획서, 추정재무제표(3개년), 주요거래처현황, 각종 인허가 및 기술인증관련 서류사본(KS, ISO, 특허권 등), 노사분규확인서, 기타 제품설명서, 동업계 참고자료 등
　　4. 수 시: 합계잔액시산표, 부채현황표, 자금용도확인서류 등

제12조 (기타 특약사항)

※ 지연배상금의 산정

1) 여신거래약정서 제1조 제1항의 지연배상금율은 약정이자율에 연체기간별 연체가산이자율을 가산하여 적용하되, 연체기간별 지연배상금율은 연체기간이 3개월 미만인 경우 (23)%, 3개월이상 6개월 미만인 경우 (24)%, 6개월 이상인 경우 (25)%를 적용 합니다.

2) 위에 따라 추가하는 연체가산이자율은 연체기간에 따라 각각 구분하여 적용하지 않고 연체발생일부터 기산한 연체기간에 대하여 적용하며, 연체대출금의 일부 정리하여 연체원리금이 남아있는 경우에도 당초 연체발생일로부터 기산한 전체 연체기간에 대하여 적용합니다.

3) 최초 약정이자율이 변동금리일 경우에는 약정이자율의 변동에 따라 연체기간이자율도 변동되어 적용 합니다.

※ 지연배상금율(연체이자율) = 약정이자율 + 연체가산이자율

본　　인	叭	

인지금액	금 이십만 ──── 원정

본인은 상호저축은행여신거래기본약관과 上 약정서 사본 및 핵심설명서를 확실히 수령하고, 주요내용에 대하여 충분한 설명을 듣고 이해하였음.

본　　인	叭	

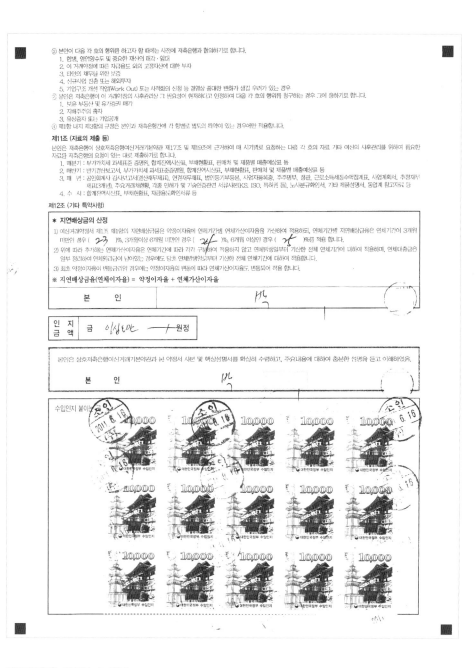

수입인지 붙이는

연체이율을 살펴볼 수 있다.

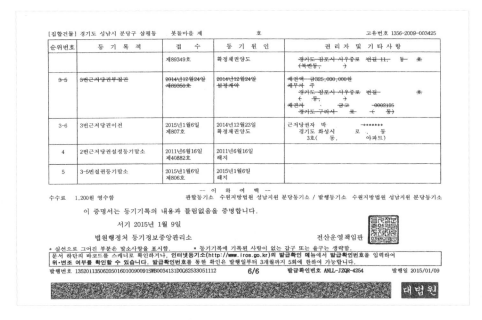

[집합건물] 경기도 성남시 분당구 삼평동   붓들마을 제   호   고유번호 1356-2009-003425

순위번호	등기목적	접수	등기원인	권리자 및 기타사항
				서울특별시 중구 로 가 101-1 (분당 지점)

2	근저당권설정	2011년3월28일
		제20150호
			2011년3월28일
			설정계약
				채권최고액 금75,000,000원
				채무자 박
				  경기도 성남시 수정구 태평동
				근저당권자 김 -*******
				  경기도 김포시 고촌읍 마 - 마을

3	근저당권설정	2011년6월16일
		제40881호
			2011년6월16일
			설정계약
				채권최고액 금325,000,000원
				채무자 박
				  경기도 성남시 수정구 동
				근저당권자 주식회사 저축은행 -0000331
				  인천광역시 남구 동
				(지점)

3-1	3번등기명의인표시변경		2011년10월31일 도로명주소	주식회사 저축은행의 주소 인천광역시 남구 로 2013년8월26일 부기
3-2	3번등기명의인표시변경	2014년12월24일 제89347호	2014년12월24일 취급지점변경	주식회사 저축은행의 취급지점 본점
3-3	3번근저당권이전	2014년12월24일 제89348호	2014년12월24일 확정채권양도	근저당권자 대부주식회사 110111- 서울특별시 서초구 로 초 (서초동, 빌딩)
3-4	3번근저당권이전	2014년12월24일	2014년12월24일	근저당권자 주 -*******

발행번호 1352011350620501601009009151WB0034131D0G52533051112   5/6   발급확인번호 ANLL-JZQR-4254   발행일 2015/01/09

대법원

○○저축은행에서 ○○○대부업체로 채권이 매각되었다.

[집합건물] 경기도 성남시 분당구 삼평동   붓들마을 제   호   고유번호 1356-2009-003425

순위번호	등기목적	접수	등기원인	권리자 및 기타사항
		제89349호	확정채권양도	경기도 김포시 사우중로 변길 11, 동 호 (북변동)

3-5	3번근저당권부질권	2014년12월24일
		제89350호
			2014년12월24일
			설정계약
				채권액 금325,000,000원
				채무자 주
				  경기도 김포시 사우중로 변길 호
				(동,)
				채권자 금고 -0002195
				  경기도 구리시 로 동)

3-6	3번근저당권이전	2015년1월6일 제807호	2014년12월23일 확정채권양도	근저당권자 박 -******* 경기도 화성시 로 동 3호(동, 아파트)
4	2번근저당권설정등기말소	2011년6월16일 제40882호	2011년6월16일 해지	
5	3-5번질권등기말소	2015년1월6일 제806호	2015년1월6일 해지	

─ 이 하 여 백 ─

수수료 1,200원 영수함   관할등기소 수원지방법원 성남지원 분당등기소 / 발행등기소 수원지방법원 성남지원 분당등기소

이 증명서는 등기기록의 내용과 틀림없음을 증명합니다.

서기 2015년 1월 9일

법원행정처 등기정보중앙관리소   전산운영책임관

* 실선으로 그어진 부분은 말소사항을 표시함.   * 등기기록에 기록된 사항이 없는 갑구 또는 을구는 생략함.
문서 하단의 바코드를 스캐너로 확인하거나, 인터넷등기소(http://www.iros.go.kr)의 발급확인 메뉴에서 발급확인번호를 입력하여
위·변조 여부를 확인할 수 있습니다. 발급확인번호를 통한 확인은 발행일부터 3개월까지 5회에 한하여 가능합니다.
발행번호 1352011350620501601009009151WB0034131D0G625533051112   6/6   발급확인번호 ANLL-JZQR-4254   발행일 2015/01/09

대법원

○○○대부업체의 채권을 주○○씨 명의로 이전한 다음 채권이 재매각되어 박○○씨 명의로 근저

당권이 이전되었다.

채권자 변경신고서

사 건 번 호: 2014타경24060   부동산임의경매
채 권 자: 주
채 무 자: 박
소 유 자: 박
채권양수인: 박

위 사건은 채권자가 2014년12월23일 확정채권양도의 사유로 주   에서
박   으로 변경되었기에 신고하오니 이 후 경매절차의 모든 송달 등은
변경된 채권자(근저당권자)에게 하여 주시기 바랍니다.

첨부서류:-부동산등기부등본   -채권양도통지서

2015년 1월 12일

위 신고인
성명: 박   주민등록번호:
주소: 경기도 화성시   로   호(동.   아파트)

채권을 매입하고 근저당권을 이전한 다음 해당 경매계에 채권자변경신고를 하였다.

[집합건물] 경기도 성남시 분당구 삼평동 못들마을 제   호   고유번호 1356-2009-003425

순위번호	등 기 목 적	접 수	등 기 원 인	권 리 자 및 기 타 사 항
6	압류	2013년4월10일 제22038호	2013년4월10일 압류(징수부-902022)	권리자 국민건강보험공단 111471-0008863 서울특별시 마포구 독막로 311(염리동-168-9) (성남남부지사)
7	압류	2013년6월5일 제36342호	2013년4월10일 압류(징수부-902022)	권리자 국민건강보험공단 111471-0008863 서울특별시 마포구 독막로 311(염리동-168-9) (성남남부지사)
8	6번압류등기말소	2013년6월10일 제37056호	2013년6월5일 해제	
9	7번압류등기말소	2013년6월11일 제37248호	2013년6월10일 해제	
10	임의경매개시결정	2014년11월4일 제73577호	2014년11월4일 수원지방법원 성남지원의 임의경매개시결정(2014 타경24060)	채권자 주식회사 자축은행 -0000331 인천 남구 장안로 (동) (소판 지점)
11	1-2번금지사항등기말소	2015년1월22일 제5494호	2015년1월22일 기간만료	
12	소유권이전	2015년1월22일 제5495호	2015년1월22일 매매	공유자 지분 2분의 1 김 -******* 경기도 성남시 분당구 동판교로 , 동 호 (삼평동,못들마을) 지분 2분의 1

열람일시 : 2015년05월12일 11시08분10초   4/8

위 채권매입 건은 경매 매각기일 전에 매매가 되어 소유권이 이전 되었다.

[집합건물] 경기도 성남시 분당구 삼평동 못들마을 제   호   고유번호 1356-2009-003425

순위번호	등 기 목 적	접 수	등 기 원 인	권 리 자 및 기 타 사 항
				김 -******* 경기도 성남시 분당구 동판교로 동 호 (삼평동,못들마을) 거래가액 금675,000,000원
13	10번임의경매개시결정등기말소	2015년3월11일 제19127호	2015년3월3일 취하	

【 을 구 】			(소유권 이외의 권리에 관한 사항)	
순위번호	등 기 목 적	접 수	등 기 원 인	권 리 자 및 기 타 사 항
1	근저당권설정	2009년5월15일 제38036호	2009년5월15일 설정계약	채권최고액 금374,400,000원 채무자 박 경기도 성남시 수정구 태평동 근저당권자 주식회사 은행 -001567 서울특별시 중구 로1가 (분당 지점)
2	근저당권설정	2011년3월28일 제20150호	2011년3월28일 설정계약	채권최고액 금75,000,000원 채무자 박 경기도 성남시 수정구 태평동 근저당권자 김 -******* 경기도 군포시 군촌읍 과 - 마을
3	근저당권설정	2011년6월16일 제40681호	2011년6월16일 설정계약	채권최고액 금325,000,000원 채무자 박

열람일시 : 2015년05월12일 11시08분10초   5/8

부부 공동명의로 소유권이 이전된 후 대위변제를 하고 근저당권을 말소시킨 후 경매를 취하하였다.

원금 및 이자 상환조회표

고객명: 박

상환원금:250,000,000원
2014년10월13일 까지의 연체이자:8,364,382원
2014년10월14일부터 2015년1월13일까지의 이자(23%):17,250,000원
2015년 1월14일부터 2015년3월일까지의 이자(24%):9,400,000원

경매신청비용:4,001,530원

합계:289,015,912원

상기 금액은 성남시 분당구 삼평동   봇들마을 제   동 제   호
소유자겸 채무자 박   의 대출금상환 및 경매취하 상환금조로 영수하며
입금자는 '   채권자 박   협   -73
으로 입금하면 채권자는 지체 없이 성남지원 경매계에 취하서를 제출하기로
한다.(경매취하 반환금은 '   계좌로 입금한다.)

    2015년3월2일   채권자: 박

                      채무자: 박

2부를 작성하고 각1부씩 보관한다.

225,000,000원에 매입한 채권을 289,015,912원에 대위변제 받기 위한 계산서.

년 월 일	찾으신 금액	맡기신 금액	남은 잔액	거래내용	적요	거래점포
계좌번호: 352-0003-****-** 거래일: 2015.05.12					취급점: 103406	페이지수: 1 / 2
20150302	*300,000	*0	*528,052		현금	협000578
20150302	*0	*700,000	*1,228,052	16-19424148	수표입금	협221110
20150302	*0	*80,000,000	*81,228,052	김 폰	은행	은행081393
20150302	*0	*50,000,000	*131,228,052	김 E-	은행	은행026329
20150302	*0	*50,000,000	*181,228,052	김 E-	은행	은행026329
20150302	*0	*50,000,000	*231,228,052	김 E-	은행	은행026329
20150302	*0	*9,000,000	*240,228,052	김 E-	은행	은행026329
20150302	*0	*50,000,000	*290,228,052	김 E-	은행	은행026329
20150302	*23,452,000	*0	*266,776,052	사장님 E-	은행	협179630
20150302	*700,000	*0	*266,076,052	사장님 E-	은행	협179630

수수료: 0원

원장잔액: 471,130원

2014타경24060 투자 내역서

양수도금액:225,000,000원
가지급금 :4,001,530원
수수료 :6,187,500원
이전비용 :2,864,550원
계약금 :30,000,000원
잔금 :208,053,580원

합계   :238,053,580원

-이 사건을 매입할 당시 매수인은 현금이 전혀 없었다. 계약금은 친구에게 빌려서 자신의 적금을 해약하여 상환하였으며, 잔금조로 친언니에게 2억원을 빌렸다.

-결론적으로 289,000,000원을 받음으로 투자합계 238,053,580원을제하면, 정확히 50,946,420원이 순이익으로 남았다.

-언니에게 빌린 2억원과 이자를 주더라도 본인의 자금 약3천만원으로 2개월만에 5천만원의 수입을 올린 셈이다.

2015년 3월 2일 대위변제로 입금된 통장의 내역과 투자내역서.

3) (입찰참가이행조건부)채권양수도계약=사후정산방식으로 상가를 유입한 사례 (사건번호 2013타경21559)

2014년 2월이었다.

당시만 해도 NPL 물건을 골라가면서 매입을 했던 시절이었다.

모든 사람들이 그렇듯 필자도 1층 상가를 찾고 있었다. 채권을 골라서 매입하던 시기였지만, 원하는 지역에 1층 상가는 나오는 게 별로 없었다.

때마침 부실채권(NPL) 매입이 가능한 1층 상가가 나왔다. 동탄 신도시에 있는 상가였다. 물건 정보는 다음과 같다.

사건번호 2013타경21559 화성시 반송동 ○○프라자 107호, 면적 56.97㎡(약17.23평)에 감정가격 750,000,000원, 입찰최저금액 34%인 257,250,000원이였다. 여기에 ㅅ중앙회 채권최고금액 494,000,000원의 채권이 이자가 미납되면서 NPL로 나왔고 할인된 가격으로 매각을 한 것이다.

필자가 매입을 원했으나 계약금이 부족했다. 이런 물건을 추천하면 소정의 수수료를 받을 수 있기에 지인 P씨에게 매입할 만한 사람들을 추천해 줄 것을 요청하였고 P씨의 직장 후배들이 임장을 왔다. 쌀쌀한 날씨에 감자탕과 소주를 대접하고 물건에 대해 있는 그대로 설명을 하였다. 1~2년만 지나면 엄청 변화가 될 것을 설명하고 돌아간 후 들리는 답변은 "오죽하면 나한테까지 그 상가가 돌아오겠느냐"는 것이다.

참으로 기가 막히고 어이가 없었다. P씨에게 이 상가를 부실채권(NPL)으로 매입 할 것을 권했다.

P씨 역시 의심의 눈초리로 하루에도 몇 번씩 했던 조사를 날마다 여러 번 더 반복하더니 본인이 매입한다는 결론을 내렸다.

○에이엠씨의 담당자도 필자와 여러번 거래를 한 ○○○차장이었다.

(입찰참가이행조건부) 채권양수도계약[1]으로 370,000,000원에 계약을 체결하면서 계약금으로 37,000,000원을 지불했고, 차액약정보전금[2]을 100%로 정하는 특약을 넣었다.

[그림 6]

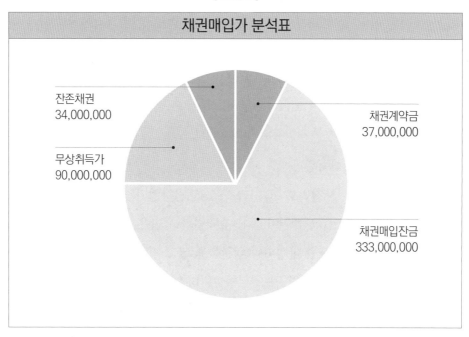

채권매입가 분석표

잔존채권
34,000,000

무상취득가
90,000,000

채권계약금
37,000,000

채권매입잔금
333,000,000

이상의 내용을 초보 수강생을 위하여 간략히 보충설명을 하면 다음과 같다.

원래 이 건물의 이 정도 면적은 분양당시 12억이 넘었고 S전자라는 대기업과 인접해 있으므로 미래의 값어치는 기대되는 곳이다.

신도시의 특성상 처음에는 상권이 미약하고 통상 6~7년, 길게는 10년이 지나

---

1) 입찰참가이행조건부채권양수도계약=사후정산방식=채권매입금액의 약10%만 계약금으로 지불하고 입찰에 참여하여 낙찰을 받은 후 매입채권을 정산하는 방식.
2) 차순위매수인이 370,000,000원보다 높을 경우 그 금액을 추가로 지불하는 조건부 계약

야 안정세로 돌아오는 이치를 우리는 이미 알고 있다.

따라서, 경매가 진행 중이기도 하지만, 빈 상가가 있었고 임대료는 최저가격을 형성하고 있었다.

처음 분양시점에는 보증금 1억 원에 월세가 390만 원인 한우고기 전문 식당이었다고 같은 건물에 입주한 부동산을 통해서 들었다. 하기야 분양가격이 12억이 넘을 정도면 월세 390만 원도 싸다는 생각이 들었다. 하지만 현실적으로 지금은 보증금 3천만 원에 월세 180만 원이 가능하다는 것이다. 이 가격에 임대가 된다면 더할 나위 없이 성공하는 것이다. 왜냐하면 필자의 생각으로는 그야말로 바닥을 친 것이라 생각되었기 때문이다. 더 이상 임대료가 내려갈 걱정은 없고, 올라갈 일만 기대할 수 있기 때문이다.

드디어 매각기일이 다가왔다.

2014년 3월 19일. 사건번호 2013타경21559, 감정가격 750,000,000원에, 입찰최저가격은 257,250,000원이었다. 경매법정은 많은 사람들로 북적거렸다. 460,000,000원에 입찰표를 작성하여 입찰함에 넣고 기다리는 동안 온몸이 땀으로 흥건했다. 다름 아닌 차액약정보전금을 100%[3]로 정했기 때문에 차순위의 금액이 궁금했던 것이다. 만약 차순위가 459,000,000원이 된다면 채권매입원금인 370,000,000원과의 차액인 89,000,000원을 채권매입가격으로 더 지불해야 하기 때문에, 솔직히 말하자면 필자는 그전날 밤 한숨도 자지 못했다.

짧고도 긴 시간이 흘러서 개찰이 진행되었다. 집행관의 목소리가 투박한 음성으로 스피커를 통해서 나왔다. "2013타경21559에 입찰하신 아홉 분 법대 앞으로 나오세요" 정말 떨리는 순간이었다. 하나 하나 개찰이 진행될 때마다 느닷없이 4억 몇 천만 원이 나올 것 같아 숨이 막힐 지경이었다.

---

3) 차액약정보전금은 차순위가 응찰한 금액이 채권매입금액보다 높을 경우 그 차액만큼 더 지급하기로 약정한 것을 말함.

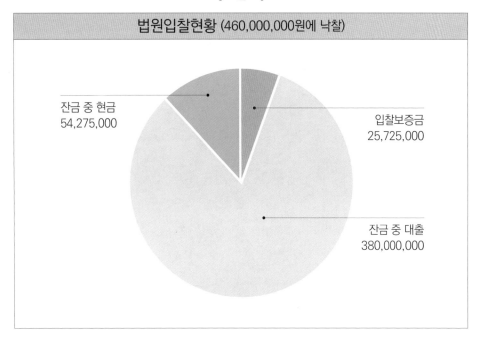

[그림 7]

법원입찰현황 (460,000,000원에 낙찰)

잔금 중 현금
54,275,000

입찰보증금
25,725,000

잔금 중 대출
380,000,000

    결국 9명이 응찰하여 460,000,000원에 입찰한 P씨가 낙찰이 되었고 차순위
는 371,000,000원이였다. 따라서 차액약정보전금은 1,000,000원만 더 지불하
면 되는 것이니 최종 채권매입금액은 371,000,000원이 된 것이고 유입에 성공
한 것이다.

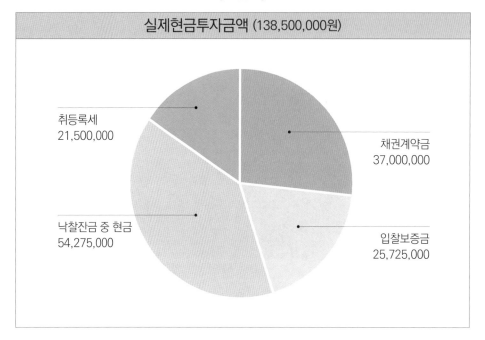

[그림 8]

실제현금투자금액 (138,500,000원)

취등록세
21,500,000

채권계약금
37,000,000

낙찰잔금 중 현금
54,275,000

입찰보증금
25,725,000

2014년 4월 30일 낙찰대금 460,000,000원 중 380,000,000원(채권최고금액 456,000,000원)의 대출을 ㄱ은행으로부터 받았고, 낙찰대금 460,000,000원에서 입찰보증금 25,725,000원과 대출금 380,000,000원을 제외한 잔금 54,275,000 원과 취등록세(등기비용) 21,500,000원을 지불하고 소유권 이전등기를 마쳤다.

대금완납 후 ○에이엠씨에서 배당받은 460,000,000원 중 채권매각을 370,000,000원에 하였으나 차순위가 371,000,000원이라 이 금액이 매입 금액이 되었다. 이 중에서 계약금으로 37,000,000원을 주었으며 입찰보증 금 25,725,000원을 합하여 62,725,000원을 ○에이엠씨가 가져간 것이므로 371,000,000원에서 62,725,000원을 제한 308,275,000원을 주면 채권매입금 액을 완불하는 것이다. 바꾸어 말하면 ○에이엠씨는 배당받은 460,000,000원 중 308,275,000원만 가지고, P씨는 나머지 151,725,000원을 돌려받은 것이다.

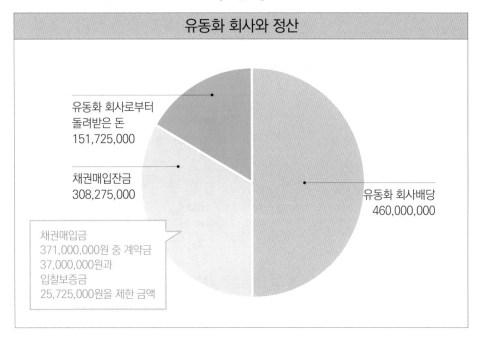

[그림 9]

유동화 회사와 정산

유동화 회사로부터
돌려받은 돈
151,725,000

채권매입잔금
308,275,000

채권매입금
371,000,000원 중 계약금
37,000,000원과
입찰보증금
25,725,000원을 제한 금액

유동화 회사배당
460,000,000

결론으로 이 상가를 취득하는데 있어서 채권매입대금 371,000,000원과 취득록세(등기비용) 21,500,000원을 합하면 총 392,500,000원이 들어갔다.

이 중 대출이 380,000,000원 나왔으니 실제 들어간 금액은 12,500,000원이다.

[그림 10]

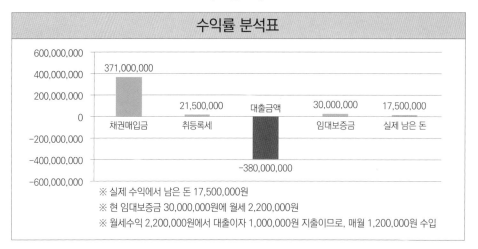

수익률 분석표

※ 실제 수익에서 남은 돈 17,500,000원
※ 현 임대보증금 30,000,000원에 월세 2,200,000원
※ 월세수익 2,200,000원에서 대출이자 1,000,000원 지출이므로, 매월 1,200,000원 수입

현재 보증금 30,000,000원에 월세 2,200,000원을 받으니 실제로 남은 돈이 17,500,000원이며 매월 2,200,000원의 임대료를 받아서 이자조로 1,000,000원을 지출해도 매월 1,200,000만원씩 남는다.

만약 대출을 437,000,000원[4]을 받았다면 상가를 이전하면서 당장 43,307,000원이 남고 보증금 30,000,000원을 받았으니 73,307,000원이 남게 되며 그래도 매월 1,000,000원 이상 수입이다.

P씨는 (입찰참가이행조건부)채권양수도계약[5]으로 부실채권(NPL)을 매입하여 '내 돈 한 푼 안 들이고' 동탄신도시 중심상업지역 1층에 17평의 상가를 마련했다.

올림픽에서 동메달을 획득하면 평생 1,000,000원인가를 빈는다는데, P씨는 평생 임대료를 받으면서 물가의 상승률에 따라서 올려 받을 수도 있고, 사후에는 자식들에게 상속까지 시킬 수 있으니 금메달을 딴 것이나 다름없다.

---

4) 95%, 이 당시만 해도 가능한데 이자가 조금 높아서 3.8억으로 받았음.
5) 사후정산방식

■ 2013타경21559 실제사례 소개

채권매입의향서

사건번호: 2013타경21559
-경기도 화성시 반송동   스타프라자 107호

1.채무자 겸 소유자 : 노

2.채권자 :   중앙회

3.채권원금 : 380,000,000원 (채권최고금액 494,000,000원)

4.채권매입희망금액 : 370,000,000원 (차액약정보전금 100%)

5.채권매입형식 :   (입찰참가이행조건부)채권양수도계약=사후정산

6.계약체결일시 및 장소 : 승인 후, 귀사에서

귀사가 보유하고 있는 위 채권을 매수할 의사가 있으므로 채권매수의향서를
제출합니다.
                    2014년 3월 10일

채권매수희망자
성 명: 박   (인)   주민등록번: -*******
주 소: 용인시 수지구 만현로 번길 ,   동1302호

      에이엠씨 백   차장님 귀하

(입찰참가이행조건부)채권양수도계약, AM과 협의 후 의향서 제출.

[계약서 표지]

채 권 양 수 도 계 약 서

양도인 　　　　제37차유동화전문유한회사 (　　　-0130796)

양수인 박　　(　　　　)

채 권 양 수 도 계 약 서

████████████ 제37차유동화전문유한회사 (이하 "양도인" 이라고 한다)와
박████ (이하 "양수인" 이라고 한다)은 다음과 같은 조건으로 채권양수
도계약(이하 "본건 계약" 이라고 한다)을 체결한다.

제1조 (용어의 정의)

① "양도대상채권" 이라 함은 양도인이 채무자에 대하여 가지는 별지 목
록(1)에 기재된 채권의 원금과 그 이자 및 연체 이자를 말한다.

② "채무자" 라 함은 양도대상채권의 채무자인 노████ (개명후 노████)
을 말한다.

③ "담보권" 이라 함은 양도대상채권을 담보하기 위하여 채무자 소유의
별지 목록(2)에 기재된 담보권을 말한다.

④ "양도대상채권 및 담보권 관련 서류" 라 함은 여신거래약정서, 근저
당권설정계약서 등 양도대상채권 및 담보권의 발생과 관련된 서류를 말
한다.

⑤ "매매기준일" 은 매매계약의 효력이 발생하는 날을 의미하며, 2014년
3월 17일로 한다.

⑥ "계약일" 은 2014년 3월 18일로 한다.

⑦ "잔금지급기한" 본건 경매절차의 배당일로부터 5영업일을 의미한다.

⑧ "회수금" 은 양도대상채권과 관련하여, 매매기준일(당일 불포함)
이후 잔금지급일(당일 포함)까지의 기간 중에 양도인이 회수한 금액의
총액을 의미한다.

⑨ "경매절차" 는 수원지방법원 2013타경21559호 부동산임의경매를 의미
한다.

2

제2조 (채권의 양수도)

① 양도인은 양도대금을 지급받는 것을 대가로 계약일 현재 존재하는 양도대상채권 및 담보권과 이에 부수하는 모든 권리, 권한, 이자와 이익을 양수인에게 매도하고, 이전하고, 전달하며, 양수인은 이를 양도인으로부터 매수하고, 취득하고, 인수한다. 또한, 양수인은 양수인이 양도대상채권 및 담보권과 관련된 모든 의무를 부담하며 양도대상채권 및 담보권의 모든 조건들을 따를 것을 동의한다. 양도대상채권에 대한 양수인의 모든 권리, 자격 및 이익은 잔금지급과 동시에 매매기준일에 효력이 발생한다.

② 양수인이 본건 계약의 체결 후 양도대상 채권 및 담보권의 양도에 대한 대금(이하 "양도 대금"이라고 한다) 전부를 양도인에게 지급하는 경우에 양도인은 지체 없이 양도대상채권 및 담보권 관련 서류의 원본을 양수인에게 교부하며, 양수인은 양도인의 명의로 양도대상채권 및 담보권의 양도 사실을 채무자에게 지체 없이 내용 증명 우편 기타 확정일자 있는 증서에 의하여 통지한다.

③ 본 계약의 양도인이 매매기준일까지 추심한 모든 금원은 양도인에게 귀속되고, 잔금지급일 전 양도인이 채무자로부터 수령한 회수금은 양수인에게 귀속한다.

④ 양수인이 양도인에게 양도 대금 전부를 여하한 유보 없이 상계 기타 이와 유사한 것에 의하지 아니하고 지급하고, 양도인이 양수인에게 본 계약에 의한 의무를 이행하는 때에 본건 계약에 기한 거래는 종결되는 것으로 한다.

제3조 (양도 대금, 대금지급기일의 연장)

① 양도 대금은 총 금 삼억칠천만원(₩370,000,000)으로 한다.

② 계약금은 금 삼천칠백만원(₩37,000,000)으로하며 계약시 지급한다.

3

삼억칠천만원에 채권매입을 하면서 삼천칠백만원을 계약금으로 지급한다는 내용이 있다.

③ 잔금은 금 삼억삼천삼백만원(₩333,000,000)으로 하며 잔금지급일까지 지급하도록 한다.

④ 양수인은 양도 대금을 양도인이 지정하는 은행 계좌(은행,   -902-   )에 현금으로 입금하거나 양도인이 별도로 지정하는 방식으로 지급한다.

제4조 (양도대금의 정산)

① 양도인이 채권회수를 위하여 지출한 법적 절차 비용(경매집행비용확정액)은 양도대금과 별도로 양수인이 부담한다.

② 양도인은 잔금지급일에 양수인에게 양도대금 미지급금 및 법적 절차 비용(경매집행비용확정액)을 회수금과 정산한 후 정산금을 지급한다.

제5조 (승인 및 권리포기)

① 양수인은 자신이 직접 채무자, 양도대상채권, 담보권, 양도대상채권 및 담보권 관련 서류에 대하여 실사를 한 후 본 계약을 체결한다.

② 본 계약조항과 상치되는 여하한 것에도 불구하고, 양도인은 채무자의 채무 상태 및 변제 자력 또는 양도대상채권 및 담보권과 관련된 조건, 양도가능성, 집행가능성, 완전함, 대항요건, 양도대상채권 및 담보권 관련 문서의 정확성 및 그 양도가능성을 포함하여 양도대상채권에 대한 여하한 진술 및 보장도 하지 아니한다.

③ 양수인은 양도인이 현재의 형식과 상태대로 양도대상채권 및 담보권을 양도함을 확인한다.

④ 양도인은 양도대상채권 및 담보권의 양도와 관련하여 어떠한 보증 또는 담보 책임을 지지 아니한다.

제6조 (양도인의 면책)

4

양수인은 본건 계약 체결과 동시에 양도대상채권 및 담보권의 양수 및 보유
와 관련하여 양도인에게 발생하는 모든 조치, 소송, 채무, 청구, 약정,
손해 또는 기타 청구로부터 양도인을 영구하게 면책시킨다.

제7조 (제3자 낙찰 등)

양수인이 본건 경매절차에서 입찰대금을 금 370,000,000원이상으로 정하여
입찰에 참가하였으나 제3자가 위 금액 이상으로 입찰에 참가하여 최고가매
수인이 된 경우 및 채무자의 채무변제 등으로 경매절차가 취소된 경우,
양도인은 계약을 해제할 수 있다. 이 경우 양수인이 계약체결 시 양도인에
게 지급한 금 삼천칠백만(37,000,000)원은 양수인에게 반환하여야 한다. 단,
양도인이 위 금원을 수령한 날로부터 반환하는 날까지의 이자는 지급하지
아니한다.

제8조 (계약의 해제 및 손해배상의 예정)

① 다음 각 호의 경우 양도인은 계약을 해제할 수 있다.

   1. 양수인이 양도대금의 지급을 지체하는 경우

   2. 양수인이 본 계약에서 약정한 본건 경매절차의 입찰에 참가하지
     아니한 경우

   3. 양수인이 본 계약에서 약정한 본건 경매절차의 입찰에 참가하였
     으나 입찰대금을 금 470,000,000원 이상의 금액 또는 금
     370,000,000원 이하의 금액으로 기재한 경우

   4. 양수인이 본건 경매절차의 대금납부기일까지 낙찰대금을 납부하
     지 아니한 경우

② 전항 각 호의 사유로 양도인이 계약을 해제하는 경우 양도인은 양수인
  에 대한 별도의 통지 없이 본건 계약을 해제할 수 있다.

5

③ 제①항의 사유로 계약을 해제하는 경우 양수인이 계약체결 시 양도인에게 지급한 계약금, 양수인이 본건 경매법원에 납부한 입찰보증금은 "위약벌"로서 전액 양도인에게 귀속되며 양수인은 위 금원의 반환을 청구할 수 없다.

④ 제①항의 사유에도 불구하고 양수인의 기한연장요청에 의해 계약을 해제하지 아니하는 경우 양수인은 사유발생일 다음 날부터 연장기한일까지의 잔금에 대하여 연17% 연체이율에 의하여 계산된 지연이자를 우선 지급하여야 한다.

제9조 (비용의 부담)

각 당사자는 본건 계약의 협상을 위하여 지출한 변호사보수 기타 일체의 비용을 각자 부담한다. 그 외에 양수인은 양도대상채권 및 담보권의 실사에 소요된 변호사보수 기타 일체의 비용, 양도대상채권 및 담보권을 양도인으로부터 이전받는 것과 관련된 모든 비용 일체를 부담하며, 어떠한 경우에도 양수인은 양도인에 대하여 그 비용의 부담 또는 상환을 청구하지 못한다.

제10조 (계약 당사자 변경 등)

① 양수인은 양도인의 사전 서면 동의를 얻어 본건 계약에 의한 양수인의 권리와 의무를 제3자에게 양도할 수 있다. 다만 이 경우에 그 계약 당사자 변경과 관련하여 지출되는 모든 비용은 양수인이 부담하며, 제3자로의 계약 당사자 변경으로 인해 양도인에게 발생하는 모든 불이익은 양수인의 책임으로 한다.

② 제1항의 규정에 따라 양수인의 지위를 승계하는 자(아래에서 "계약인수인"이라고 한다)가 다수인 경우에 양도대상채권 및 담보권의 양도는 양수인과 계약 인수인이 상호 합의하여 양도인에게 요청하는 방법으로 이루어진다.

6

제11조 (관할 법원)

본건 계약과 관련하여 발생하는 분쟁에 관한 소송의 제1심 관할 법원을 서울지방법원으로 정한다.

※특약사항

1. 양수인은 수원지방법원 2013타경21559호 부동산임의경매절차("본건 경매절차"라함.)에서 2014년 3월 19일로 예정된 매각기일에 입찰대금을 물건번호 금370,000,000원 이상 금470,000,000원 이하의 금액 으로 입찰에 참가하여야 한다.(만일, 매각기일이 변경될 경우 차회 매각기일에 참여하여야 한다.)

2. 양수인은 수원지방법원 2013 타경 21559 호 부동산 임의경매 사건에 대하여 충분히 인지하고 계약하는 것으로 임차인,유치권,등 기타 경매관련사항을 책임진다.

3. 선순위 조세 및 임금채권은 양수인이 전액 부담하며 (권 ,최임금 채권 제외)본 경매사건에 양도인이 지급한 집행비용확정액 및 법원지연납부금은 본 계약금액과 별도로 양수인이 부담하는 조건으로 잔금일에 정산한다.

4. 양도대상채권과 관련하여 경매법원의 배당기일에 배당이의가 있게 되는 경우 그 위험은 양수인이 부담하기로 하며 배당이의 된 금액을 제외한 나머지 회수금으로 정산한다.

5. 본건 경매절차에서 제 3 자가 신고한 매수가격이 금 삼억칠천만 (370,000,000)원 보다 높은 경우 양수인은 제 3 자가 신고한 매수가격과 금 삼억칠천만원(370,000,000)원과의 차액을 잔금지급일에 양도인에게 추가 지급한다

7

[원본 계약서]

본 계약의 양당사자는 계약서의 내용을 충분히 숙지하고 이에 합의하였으며
본 계약의 체결을 증명하기 위하여 당사자들은 계약서 2통을 작성한다.

2014 년   3 월   18 일

양도인   제37차유동화전문유한회사 (-0130796)
                 서울특별시 종로구 서린동   번지   빌딩 층
                 이사 노   (인)

양수인 박   (   )
       경기도 용인시 수지구   로 번길 , 동   호

8

[양도대상채권과 부동산의 표시]

(별 지)

1) 양도대상채권

(단위 : 원)

대출과목	대출일자	대출원금잔액	비 고
가계일반자금대출	2010.04.30	380,000,000	

● ㈜ 상기 대출원금 잔액은 2014.3.18 현재 잔액이며, 미수이자는 별도로 가산됨(매각대상 채권에 포함됨)

2) 담보권의 표시

담보물권 소재지	경기도 화성시 반송동 프라자제1층107호
담보권의 종류	한정근담보
채 무 자	노 (개명후 노)
근저당권 설정자	노 (개명후 노)
관 할 등 기 소	수원지방법원 화성등기소
접 수 일	2010년 4월 30일
접 수 번 호	제 60940 호
근저당권 설정 금액	금 494,000,000원

9

부동산의 표시

2013타경21559

----

1. 1동의 건물의 표시
   경기도 화성시 반송동
   프라자

   철근콘크리트구조 (철근)콘크리트지붕 12층 제1,2종근린생활시설
   지하1층 1654.430㎡
   지하2층 1649.750㎡
   지하3층 1640.320㎡
    1층 1210.220㎡
    2층 1307.460㎡
    3층 1307.460㎡
    4층 1307.460㎡
    5층 1307.460㎡
    6층 1307.460㎡
    7층 1307.460㎡
    8층 1307.460㎡
    9층 1307.460㎡
   10층 1307.460㎡
   11층   981.480㎡
   12층   756.390㎡

   전유부분의 건물의 표시
    1층 107호
    철근콘크리트구조 56.97㎡

   대지권의 목적인 토지의 표시
    토지의 표시 :   1. 경기도 화성시 반송동
                       대 1838.7㎡

    대지권의종류 :   1. 소유권
    대지권의비율 :   1. 1,838.7분의 9.821

수원지방법원

2013 타경 21559 (임의)		매각기일 : 2014-03-19 10:30~ (수)		경매9계 031-210-1269	
소재지	(445-160) 경기도 화성시 반송동 -7 프라자 1층 107호				
	[도로명주소] 경기도 화성시 로 (반송동)				
물건종별	상가(점포)	채권자	제37차유동화전문 유한회사	감정가	750,000,000원
대지권	9.821㎡ (2.97평)	채무자	노	최저가	(34%) 257,250,000원
전용면적	56.97㎡ (17.23평)	소유자	노	보증금	(10%)25,725,000원
입찰방법	기일입찰	매각대상	토지/건물일괄매각	청구금액	386,044,554원
사건접수	2013-04-12	배당종기일	2013-06-28	개시결정	2013-04-15

기일현황 ∨전체보기

회차	매각기일	최저매각금액	결과
신건	2013-09-05	750,000,000원	유찰
4차	2013-12-10	257,250,000원	변경
4차	2014-01-09	257,250,000원	변경
4차	2014-03-19	257,250,000원	매각
박성택/입찰9명/낙찰460,000,000원(61%)			
	2014-03-26	매각결정기일	허가
	2014-05-07	대금지급기한	납부
	2014-06-12	배당기일	완료
배당종결된 사건입니다.			

물건현황/토지이용계획

한국토지주택공사 동단직할사업단 서측 도로 월편에 위치

부근은 상업용 및 업무용 빌딩 아파트단지 근린생활시설 등이 혼재

인근에 노선버스정류장이 소재

대체로 인접도로 대비 등고 평탄 본건 동측 왕복 6차선 포장도로와 남측 왕복 5차선 포장도로와 서측 왕복 4차선 포장도로와 3면이 접함

중심상업지역

이용상태(제2종근린생활시설)(일반음식점) 이나 현황 공실 상태)

공동 위생 및 급배수설비 화재탐지 및 옥내 소화전설비 스프링쿨러 승강기설비 지하주차장설비 등

철근콘크리트조

감정평가현황 선진감정

가격시점	2013-04-25	
감정가	750,000,000원	
토지	(20%) 150,000,000원	
건물	(80%) 600,000,000원	

면적(단위:㎡)

[대지권]

반송동 -7
1838.7㎡ 분의 9.82㎡
대지권 9.82㎡ (2.97평)

[건물]

1층107호 근린시설
56.97㎡ 전용
(17.23평)
12층 건중 1층

보존등기일 : 2007-12-18

임차인/대항력여부

배당종기일: 2013-06-28

- 매각물건명세서상 조사된 임차내역이 없습니다

등기부현황/소멸여부

소유권	이전 집합
2007-12-18 산업개발 보존	
소유권	이전 집합
2007-12-18 한국 신탁	
소유권	이전 집합
2008-08-28 산업개발 신탁재산의 귀속	
소유권	이전 집합
2009-06-03 노 (거래가) 740,000,000원 매매	
(근)저당	소멸기준 집합
2010-04-30 중앙회 494,000,000원	
(근)저당	소멸 집합
2011-08-18 오 150,000,000원	
압류	소멸 집합
2013-03-18 국민건강보험공단 (징수부-1174)	
가압류	소멸 집합
2013-04-01 권 51,522,951원	
가압류	소멸 집합
2013-04-01 최 6,800,000원	

9명이 응찰하여 최고가 매수신고인으로 낙찰 받음.

순위번호	등 기 목 적	접 수	등 기 원 인	권 리 자 및 기 타 사 항
		제79055호	수원지방법원 오산시법원의 가압류 결정(2013카단510)	채권자 (선광당사자) 김 -2●●●●●● 경기 화성시 동탄 로 -10, 동 호(7 동탄 마을 아파트) 박 -2●●●●●● 경기 수원시 장안구 로 번길 (동) 광 -2●●●●●● 경기 수원시 권선구 로 - 동 호(권선동, 아파트)
17	가압류	2013년11월22일 제177794호	2013년11월21일 수원지방법원 안상지원의 가압류결정(2013카단100 0227)	청구금액 금258,246,580 원 채권자 근로복지공단 107-82-05603 서울 영등포구 영등포동2가 근로복지공단
18	소유권이전	2014년4월30일 제69625호	2014년4월30일 임의경매로 인한 매각	소유자 박 -1●●●●●● 경기도 용인시 수지구 로 번길 , 동 호 (동, 단지 빌)
19	9번압류, 10번가압류, 11번가압류, 12번임의경매개시결정, 13번가압류, 14번압류, 15번가압류, 16번가압류, 17번가압류 등기말소	2014년4월30일 제69625호	2014년4월30일 임의경매로 인한 매각	

열람일시 : 2014년08월26일 14시19분37초   8/11

채권매입 후 입찰에 참여하여 최고가매수인이 되고 소유권을 이전했다.

순위번호	등 기 목 적	접 수	등 기 원 인	권 리 자 및 기 타 사 항
		제61911호	일부포기	
5	1번근저당권설정등기말소	2010년5월6일 제63359호	2010년5월6일 해지	
6	근저당권설정	2011년2월24일 제26890호	2011년2월24일 설정계약	채권최고액 금320,000,000원 채무자 노 경기도 안양시 동안구 동 -7 아파트 근저당권자 중앙화 -0000014 서울특별시 송파구 동 -6 (동판지점)
7	6번근저당권설정등기말소	2011년6월2일 제86466호	2011년6월2일 해지	
8	근저당권설정	2011년6월18일 제127981호	2011년6월17일 설정계약	채권최고액 금150,000,000원 채무자 노 경기도 안양시 동안구 동 -7 아파트 근저당권자 오 -1●●●●●● 경기도 안양시 동안구 동 - 타위
9	3번근저당권설정, 8번근저당권설정 등기말소	2014년4월30일 제69625호	2014년4월30일 임의경매로 인한 매각	
10	근저당권설정	2014년4월30일 제69626호	2014년4월30일 설정계약	채권최고액 금456,000,000원 채무자 박

열람일시 : 2014년08월26일 14시19분37초   10/11

채권매입금액보다 대출금이 더 많이 나왔다. 채권최고금액 456,000,000원에 실제 대출 원금은 380,000,000원이다.(위 내용 중 수익률 분석표 참조)

투자내역서

1) 채권 매입 :

370,000,000원

\+ 차액 약정보전 1,000,000원

\+ 당해세 500,000원

\+ 미납 관리비 1,500,000원

\+ 취등록세 21,500,000원

= **합계 394,500,000원**

2) 초기자금 : (낙찰 460,000,000원)

채권 계약금 37,000,000원

\+ 입찰 보증금 25,725,000원

\+ 잔금 54,275,000원 (434,725,000 원 중 대출 380,000,000원)

\+ 취등록세 21,500,000원

= **합계 138,950,000원**

3) 유동화 회사로부터 : (정산한 금액)

유동화 회사 배당 460,000,000원

– 채권 매입금 371,000,000원

\+ 계약금 37,000,000원

\+ 입찰보증금 25,725,000원

= **받은 돈 151,725,000원**

4) 정산내역 :

대출 380,000,000원

\+ 보증금 30,000,000원

= 합계 410,000,000원

– 실투자금 394,500,000원

= **잉여금 15,500,000원**

월세 2,200,000원 – 이자 1,000,000원 = 매월 1,200,000원 수입

4) 채무인수계약으로 상가를 인수한 사례=채무자변경
(사건번호 2013타경6980)

2014년 2월경, 필자의 지인 허모씨가 NPL로 매입할 적당한 상가를 찾고 있다고 연락이 왔다.

당시만 해도 상가뿐만 아니라 아파트도 NPL물건을 골라서 할 만큼 NPL시장이 잘 알려지지도 않았고 낙찰률도 저조하여 매수인에게는 아주 좋은 기회였다.

필자는 그에게 채무인수계약으로 괜찮은 상가를 하나 추천해주었다.

사건번호 2013타경6980 경기도 성남시 분당구 수내동 ○○프라자 201호이며 면적은 199.08㎡(60평)이였다.

감정가격 900,0000,000원에 채권원리금[1]이 최고금액인 910,000,000원이었다.

허모씨에게 이 사건의 내용과 매입방법, 절차, 사후처리 등 방법을 자세하게 설명을 하니, 즉시 매입을 해달라는 요청을 해왔다.

2014년 2월 5일 채권매수의향서를 ○에이엠씨에 제출했다.

2014년 2월 10일, 채권원리금을 900,000,000원으로 정하고 733,000,000원에 채권을 매입하기로 했다. 계약금조로 70,000,000원을 지불했고, 차액약정보전금은 없는 것으로 계약을 체결했다.

계약서의 첨부서류로 상계신청동의서[2] 및 채무인수에 관한 승낙서[3]를 유동화

---

1) 채권의 원금 및 이자
2) 상계신청동의서: 민사집행법 제143조(특별한 지급방법)매각대금의 한도에서 채권자의 승낙이 있으면 대금의 지급에 갈음하여 채무를 인수할 수 있다.
3) 채무인수에 관한 승낙서: 경낙대금의 일부지급에 대신하는 것을 승낙한다는 뜻.

회사의 인감증명서를 첨부하여 교부 받았다.

채무인수계약은 낙찰 후 해당 경매계에 첨부 받은 서류[4]를 제출하고 낙찰 허가를 받아야 대금을 납부하지 않고 상계처리로 촉탁등기를 할 수 있기 때문이다.

[그림 11]

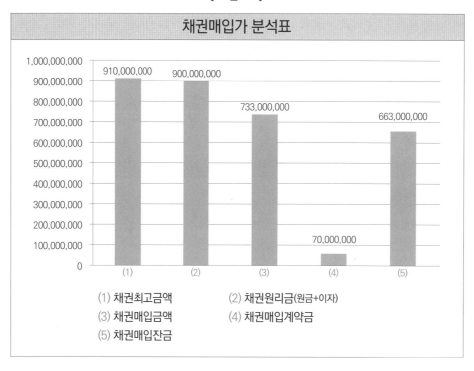

이 채권의 매입가격이 결정되게 된 동기는 두 번 유찰이 되어서 최저가격이 576,000,000원이라는 점도 있지만, 미납관리비가 80,000,000원이라는 점도 응찰인에게는 부담스러운 일이었다.

그러나 상가의 위치와 면적, 시세, 상권 등을 고려할 때 감정가격이 무척 낮게

---

4) 상계신청동의서 채무인수에 관한 승낙서

잡혔다는 것이 필자의 오랜 경험으로 보아 눈에 띈 장점 중 장점이었다.

2014년 2월 24일 매각기일이었다.

성남지원 경매법정에는 이른 아침부터 많은 사람들이 북적거렸다. 필자는 채권매수자인 허모씨의 부인 채모씨 명의로 입찰표 작성을 도와주었다.

과연 오늘 사건번호 2013타경6980의 입찰에 몇 명이나 참가하여 차순위가 얼마에 응찰했는지에 대하여 나름 입찰금액을 점쳐보기로 했다.

감정가격 900,000,000원, 입찰최저가격 576,000,000원. 개찰이 진행되고 참가한 5명이 법대 앞으로 나갔다.

당연히 900,000,000원에 응찰한 채모씨가 낙찰을 받았고 차순위는 채권매입원가인 733,000,000원이 훨씬 넘는 금액으로 사건은 종결되었다.

낙찰 받는 순간, 경매법정을 술렁거렸다. 64%의 최저가격에 미납관리비가 80,000,000원인데, 100%인 900,000,000원에 낙찰 받아 태연히 웃으면서 영수증을 받고 법정을 퇴장했으니 말이다. (이 당시만 해도 NPL을 대부분 몰랐다.)

경매계로 가서 상계신청동의서와 채무인수에 관한 승낙서를 제출했다.

원래는 경매로 낙찰을 받게 되면 약40일 후 매각대금을 납부하고 대금이 완납되면 약 30일 후 배당을 하여준다. 하지만 채무인수계약은 대금납부기일과 배당일이 같다.

2014년 4월 28일 성남지원 제31085호[5]로 낙찰자 채모씨는 촉탁등기를 했다.

당연히 유동화회사는 입찰보증금과 남은 경매신청비용을 배당받았다.

---

5) 분당등기소 접수번호

채무인수계약[6]은 낙찰자가 소유권이전을 해도 근저당권은 그대로 남아 있다. 만약 채권매수인(낙찰자인 채모씨)이 채권매입금액과 입찰보증금만으로 소유권을 이전받았기 때문에 잔금을 이행하지 않으면 채권자인 유동화회사로서는 권리를 확보가 되지 않기 때문에 근저당권은 말소되지 않고 소유권만 이전되는 것이다. 〈그림 12〉는 다음날 유동화회사와 정산을 한 내용이다.

[그림 12]

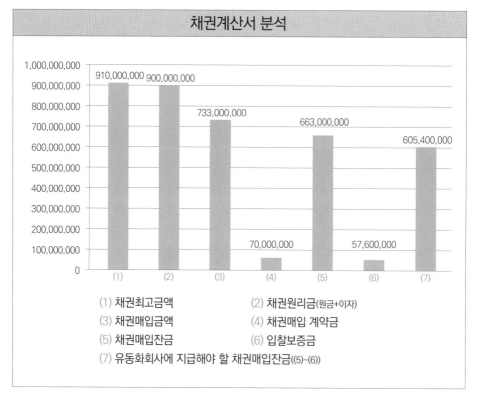

채권계산서 분석

(1) 채권최고금액
(2) 채권원리금(원금+이자)
(3) 채권매입금액
(4) 채권매입 계약금
(5) 채권매입잔금
(6) 입찰보증금
(7) 유동화회사에 지급해야 할 채권매입잔금((5)~(6))

---

6) 채무인수계약은 채권매입자가 소유권이전을 해도 근저당권은 말소되지 않고 그대로 남아있다.
  유동화회사와 채권매입대금 정산을 한 후 해지서류를 받아서 말소하면 된다.

정산내역
채권최고금액 910,000,000원 채권원리금 900,000,000원 채권매입금액이 733,000,000원이었고 계약금으로 70,000,000원을 지불하였으니 잔금으로 663,000,000원만 지불하면 되는데, 입찰보증금 57,600,000원을 유동화회사가 받아갔으므로 잔금에서 공제하면 605,400,000원을 다음날 유동화회사에 납부하고 9억1천만 원의 근저당권말소서류를 받아 2014년 4월 29일 해지하였다. ※ 위 〈그림 12〉 중 (4)채권매입계약금 + (6)입찰보증금, 그리고 나중에 취등록세(43,400,000원)가 포함될 경우 총 171,000,000원이 초기 투자금액이 된다.

■ 투자내역 분석

1) 유동화 회사와 정산 : 채권매입액 733,000,000원에서 채권계약금 70,000,000원과 입찰보증금 57,600,000원을 제하고 나면 605,400,000원을 지급하고 9억 1천만 원의 근저당권 말소서류를 받아 해지하였다.

2) 총 들어간 금액

채권매입금액	733,000,000원
취등록세	43,400,000원
미납관리비[7]	9,500,000원
합계	785,900,000원

---

7) 미납관리비 80,000,000원을 9,500,000원으로 해결함.

■ 수익률 분석(가정)

1) 매매의 경우 시세 차익 : (예상)매매가격 (①)-총 투자비용 (②+③+④)=시세차익(⑤)

① 예상 매매 가격	1,350,000,000원
② 채권매입가	733,000,000원
③ 취등록세	43,400,000원
④ 미납 관리비	9,500,000원
⑤ 시세 차익	564,100,000원

2) 임대의 경우 예상 수입: 총 투자금 (①) – 대출금 (②) – 임대보증금 (③) – 상가를 취득하고 현금으로 남는 금액(④)

총 투자금	785,900,000원
대출※	810,000,000 (당시 예상 이자 3.6%=2,430,000원)
임대보증금	100,000,000원 (당시 예상 월세 6,000,000원)
수익 예상금	125,000,000원 (임대를 놓을 경우 본인 돈 한 푼도 없이 이 금액이 남는다.)

※ 대출 : 당시 낙찰금액 (900,000,000원)의 90%까지 대출이 가능.

　이 경우 현금 125,000,000원 남고, 매월 3,570,000원씩 수입으로 들어온다.

　(월세수익 6,000,000원 – 이자 2,430,000원 = 매월 3,570,000원)

※ 요즘 시세로 1,500,000,000원 이상으로 매매가 가능함.

■ 다음은 위 사건의 미납관리비 해결 사례이다.

채모씨가 소유권을 이전하고 필자가 위임장을 받아서 관리사무소를 방문했다. 관리소장은 새로운 매수인이 낙찰 후 왜 여태까지 방문이 없었느냐며 언짢은 표정이었고, 매수인이 죄인이나 되는 것처럼 미납관리비를 납부할 것을 종용하였다. 관리소장은 매수인의 이야기도 듣기 전에 만약 미납관리비가 납부가 되지 않으면 문도 잠그고 전기도 끊는다고 으름장을 놓는 것이다. 참으로 어처구니가 없고 협박 투의 어조에 기분이 좋지 않았다.

필자는 분명하게 말했다. "지금 미납관리비를 납부하기 위하여 협상을 하러 왔습니다. 문을 잠그고 전기를 끊는다고 말씀하셨는데 그렇게 할 수 있으면 해보시죠."

관리소장이 관리단 회장이라는 사람을 불렀다. 그 회장 또한 불같은 성격으로 큰소리를 치는 터라 더 이상 협상을 못하고 돌아왔다.

참으로 기가 막힌 일이다. 경매로 소유권을 취득한 소유자에게 윽박지르고 협박을 하는 것이 도대체 무슨 배짱이란 말인가?

전 소유자와 명도는 두 번째 치고 관리사무소와 대화가 안 되니 고민이 되었다.

내용증명을 보냈다.

관리소장이 분명히 문을 잠그고 전기를 끊는다고 큰소리를 쳤으니 우선 그런 조치를 하라고 적었고 소송을 통하여 관리비를 납부하겠다는 의사표시를 했으며 동시에 형사고소도 하겠다는 취지의 내용이었다.

며칠 후 관리사무소로부터 전화가 왔다. 사과를 받았다. 관리비의 내역도 받았다. 미납관리비 80,000,000원 중 약 27,000,000원이 공용관리비라는 것이었다.

결론은 미납관리비를 9,500,000원에 종결하였다. 어렵게 풀리려던 일이 상상 외로 쉽게 해결 되었다.

■ 다음은 위 사건의 명도 사례이다.

2014년 4월 28일 촉탁등기를 하면서 인도명령 신청을 같이 했다. 아직 결정
본을 받지는 못했지만, 인도명령결정을 받았다고 199.08㎡(60평)의 면적에 가계
집기와 주방설비 등을 집행할 수는 없는 노릇이다.

더구나 상대가 변호사의 도움을 받는 중이어서, 방어를 한다면 몇 개월이 걸릴
지 예측을 할 수 없는 상황이었다.

일단 전 소유자를 만났다.

필자는 낙찰 받은 매수인의 대리인으로서 명함을 건넸다. 본인도 회생절차 등
의 이유로 변호사를 선임했다며 다음날 같이 만날 것을 약속했다.

권리금이 1억도 넘는 상가여서 전 소유자는 임대를 해 줄 것을 요청해 왔다. 필
자는 매수인이 직접 사용하기 위해서 낙찰을 받았음을 분명하게 이야기했다. 전
소유자와 변호사사무장과의 협상 끝에 한 달이라는 시간과 이사비용 5백만 원을
주기로 하고 합의서를 작성했다.

모든 일이 순조롭게 진행되었다.

만약 인도명령결정을 받아서 강제집행을 한다고 가정을 하면 3개월에서 길게는
12개월이 걸린다. 비용으로 계산하면 우선 한 달에 최소한 월세를 5백만원~6백
만원 정도 받을 수 있고, 강제집행비용으로 약 3천만원정도 들어간다는 견직이
나왔다. 여기에다가 미납관리비는 쌓이고 가스 요금이며 재산세까지 매수인이
납부해야 하고, 정신적으로 그리고 물질적으로 실제로 감당해야 할 부담감은 돈
으로 예측 할 수가 없다.

명도에 대한 협상을 서면으로 작성하고 안도의 한숨을 쉬었다. 필자의 경험으

로는 경매나 NPL유입 시에도 가장 난해한 부분이 명도이기 때문이다. 통상 점유자는 사업을 실패함으로써 이사 갈 곳이 없는 경우가 대부분이고, 설사 갈 곳이 정해져 있다 하더라도 고액의 이사비용을 요구하며 최악의 단계까지 버티며 새로운 취득자에게 무력으로 대항함으로써 물질적 정신적으로 고통스러울 수 밖에 없다. 강제집행을 하는 비용과 시간을 감안해서 그 금액으로 협상을 하는데 수월하게 명도협상이 합의되었으니 미납관리비 문제와 명도가 동시에 끝나고 말았다. 심심한 위로를 건네며 이사비용을 주었고, 전 소유자는 정확히 한 달 후 짐을 빼고 이사를 갔다. 모든 일이 종결되었다.

부실채권(NPL)의 위력에 또 한 번 놀랐던 사건이다.

그 후 허씨 부부는 그 곳에 ㅂ순두부라는 간판을 내고 개업을 했다.

ㄹ백화점이 있는 전철역세권에 주변의 높은 빌딩들은 S기업, ○○기업 등의 회사 건물들이며, 상권이 잘 형성되어 있다. 특히 맞은편 건물이 최근 리모델링을 마치고 입주를 했다. 상주인구만 8,000여명이나 된다고 들었다.

이 집은 분당 ㅅ동에서는 대박집으로 소문이 났다. 줄을 서지 않고서는 자리를 잡기 어렵다.

■ 2013타경6980 실제사례 소개

[채무인수계약으로 협상된 채권매입의향서]

채 권 매 입 의 향 서

1.사건번호: 2013타경6980
-주소: 경기도 성남시 분당구 수내동   프라자 2층   호

2.근저당설정액:910,000,000원

3.채권매입금액:733,000,000원(경매신청비용 제외)

4.채무인수방식
-차액약정보전: 없음

5.-계약일자:2014년2월10일 오전10시   에이엠씨

귀사가 보유중인 채권을 위의 내용대로 매입할 의사가 있기에 의향서를
제출합니다.

2014년 2월 15일

매수 희망자: 채
주   소: 경기도 용인지 수지구   동   동   호
주민등록번호: ******-*******
전   화: 010-   -3663 펙스:031-   -2225

에이엠시   차장님 귀하

[채무인수계약서 원본]

채 무 인 수 계 약 서

제15차유동화전문유한회사(주소: 서울시 종로구　　　로　,22층, 이하 "갑"이라고 한다)와 채　(주소: 경기도 용인시 수지구　　동　　　1차　동　호, 이하 "을"이라고 한다)은 다음과 같은 조건으로 계약(이하 "본건 계약"이라고 한다)을 체결한다.

제1조 (용어의 정의)

① "채무인수대상채권"이라 함은 갑이 채무자에 대하여 가지는 별지 목록(1)에 기재된 채권의 원금과 그 이자 및 연체 이자를 말한다.

② "채무자"라 함은 채무인수대상채권의 채무인인 "이　(　　-2　　)"을 말한다.

③ "담보권"이라 함은 채무인수대상채권을 담보하기 위하여 "이　(　　-2　　)" 소유의 별지 목록(2)에 기재된 담보권을 말한다.

④ "채무인수대상채권 및 담보권 관련 서류"라 함은 여신거래약정서 등 및 근저당권설정계약서 등 채무인수대상채권 및 담보권의 발생과 관련된 서류를 말한다.

⑤ "채무인수금액"이라 함은 민사집행법 제143조 제1항의 규정(특별한 지급방법)에 의하여 확정된 금액, 즉 을이 본건 경매절차에 있어서 위 규정에 의하여 매각대금의 지급에 갈음한 금액을 말한다.

제2조 (합의내용)

① 을은 수원지방법원 성남지원 2013타경6980호(이하 "본건 경매절차"라고 한다)에서 예정된 매각기일에 입찰대금을 금구억원정(₩900,000,000)으로 정하여 참가하기로 한다(만약 매각기일이 변경될 경우 차회 매각기일에 위 조건으로 참가하기로 한다).

② 을은 채무인수대상채권의 채무인수인이 되어 채무자가 부담하고 있는 채무에 대하여 다음의 조건에 따라 갑에게 채무이행의 책임을 부담한다.

　가. 약정지급액 : 금칠억삼천삼백만원(₩733,000,000)

　나. 지급시기

　　a. 을은 갑에게 본건 계약 체결시 금칠천만원(₩70,000,000)을 지급하기로 한다.

　　b. 을은 본건 경매절차의 배당기일로부터 14일 이내(이하 "잔금지급일"이라 한다)에 금칠억삼천삼백만원(₩733,000,000)에서 금칠천만원(₩70,000,000) 및 갑이 본건 경매절차의 배

당기일에서 갑보다 선순위 금액을 공제하고 실제 현금으로 배당받은 금액(선순위 금액이 입찰보증금보다 많을 경우 을이 경매법원에 납부한 금액)을 차감한 금액(이하 "잔금"이 라 한다)을 갑에게 지급하기로 한다.

③ 갑은 을이 민사집행법 제143조 제1항의 규정(특별한 지급방법)에 의하여 매각대금을 납부할 수 있도록 을에게 "채무인수에 관한 승낙서"를 교부하기로 하고, 을은 본건 경매사건의 매각대금을 민사집행법 제143조 제1항의 규정(특별한 지급방법) 또는 경매법원에서 허가하지 않을 경우 법원에 서 허가한 납부방법에 따라 대금을 납부하기로 한다.

④ 갑은 제2항에서 정한 약정지급액(이자 포함) 전액 수령시 을에게 담보권 해지에 필요한 서류를 교부하기로 하며, 이 경우 담보권의 해지 등에 관련하여 발생되는 모든 책임 및 비용은 을이 부담 한다.

⑤ 을은 갑에게 제2항에서 정한 약정지급액(이자 포함) 전부를 여하한 유보 없이 상계 기타 이와 유사한 것에 의하지 아니하고 현금으로 지급하고, 을이 갑에게 본건 계약에 의한 의무를 모두 이행 하는 때에 본건 계약에 기한 거래는 종결되는 것으로 하기로 한다.

⑥ 을은 본건 경매절차의 소유권이전등기촉탁일로부터 5일 내에 근저당권변경(채무자변경)등기를 경료하기로 하며, 갑의 요청시 위 변경등기에 필요한 서류 일체를 교부하며, 이 경우 변경등기 등 에 관련하여 발생되는 모든 책임 및 비용은 을이 부담한다.

⑦ 을은 본건 경매절차의 소유권이전등기촉탁에 있어서 본건 계약상 담보권에 대하여 말소촉탁을 하여서는 아니된다.

제3조 (지연손해금 및 경매신청)

① 을이 제2조 제2항에서 정한 잔금(이자 포함) 지급을 지연하는 경우, 이에 대하여 잔금지급일이 경과한 날로부터 실제 납부일까지 연19%의 비율에 의한 지연손해금을 가산하여 납부하도록 하되, 그 납부기한은 잔금지급일로부터 14일을 초과하지 못한다.

② 제1항에서 정한 기한이 경과하도록 을이 잔금(이자 포함)을 납부하지 못할 경우 갑은 을에게 별도의 통보 없이 채무인수금액 및 이에 대하여 배당기일로부터 연19%의 비율에 의한 지연손해금을 청구금액으로 정하여 경매신청할 수 있고, 이러한 경우 을이 본건 계약체결시 갑에게 지급한 금칠천만원(₩70,000,000) 및 갑이 본건 경매절차의 배당기일에서 갑보다 선순위 금액을 공제하고 실제 현금으로 배당받은 금액은 전액 갑에게 위약금으로 귀속하며, 을은 갑에게 위 금원의 반환을 요구하지 못한다.

제4조 (위약금)

① 다음 각 호의 경우 갑은 본건 계약을 해제할 수 있다.

 a. 을이 제2조 제1항의 본건 경매절차에서 입찰대금을 금구억원정(₩900,000,000)으로 정하여
   참가하였으나, 제3자가 위 금액 이상으로 입찰에 참가하여 최고가매수인이 된 경우.

 b. 을이 제2조 제1항에서 정한 본건 경매절차의 입찰에 참가하지 않은 경우.

 c. 을이 위 입찰에 참가하였으나 입찰대금을 금구억원정(₩900,000,000) 미만으로 기재한 경우.

 d. 본건 경매절차에서 갑보다 선순위 금액이 입찰보증금보다 많음에도 불구하고 을이 이를
   납부 하지 않은 경우

② 제1항 b. 호 내지 d. 호의 사유로 인하여 갑이 본건 계약을 해제한 경우, 을이 본건 계약 체결
시 갑에게 지급한 금칠천만원(₩70,000,000)은 전액 갑에게 위약금으로 귀속하며, 을은 어떠한
사유로든 갑에게 위 금원의 반환을 요구하지 못한다.

③ 한편, 제1항 a. 호의 사유로 인하여 갑이 본건 계약을 해제한 경우, 갑은 본건 계약 체결시 을
이 갑에게 지급한 금칠천만원(₩70,000,000)을 을에게 반환하기로 하되, 다만 갑이 위 금원을
수령한 날로부터 반환하는 날까지의 이자는 그러하지 아니하다.

제5조 (면책)

을은 본건 계약체결과 동시에 채무인수대상채권 및 담보권의 해지 및 보유와 관련하여 갑에게 발생
하는 모든 조치, 소송, 채무, 청구, 약정, 손해 또는 기타 청구로부터 갑을 영구하게 면책시킨다.

제6조 (비용의 부담)

각 당사자는 본건 계약의 협상을 위하여 지출한 변호사보수 기타 일체의 비용은 각자 부담한다. 그
외에 을은 채무인수대상채권 및 담보권의 실사에 소요된 변호사보수 기타 일체의 비용, 갑으로부터
채무인수 받는 것과 관련된 모든 비용 일체를 부담하며, 어떠한 경우에도 을은 갑에 대하여 그 비
용의 부담 또는 상환을 청구하지 못한다.

제7조 (계약 당사자 변경 등)

① 을은 갑의 사전 서면 동의를 얻어 본건 계약에 의한 을의 권리와 의무를 제3자에게 양도할 수
있다. 다만 이 경우에 그 계약 당사자 변경과 관련하여 지출되는 모든 비용은 을이 부담하며, 제3
자로의 계약 당사자 변경으로 인해 갑에게 발생하는 모든 불이익은 을의 책임으로 한다.

② 제1항의 규정에 따라 을의 지위를 승계하는 자(아래에서 "계약 인수인"이라고 한다)가 다수인
경우에 채무인수대상채권 및 담보권의 해지 등은 을과 계약 인수인이 상호 합의하여 갑에게 요청하

는 방법으로 이루어진다.

제8조 (관할 법원)

본건 계약과 관련하여 발생하는 분쟁에 관한 소송의 제1심 관할 법원을 갑의 본점 소재지 관할법원인 서울중앙지방법원으로 정한다.

> ※특약사항
> 1. 을은 본건 경매사건 관련 선순위 금액 및 기타 권리관계 등을 모두 확인하였으며, 본건 계약체결 전에 인지한 선순위 금액 및 기타 권리관계는 물론 본건 계약 이후에 새로이 발생 또는 인지하는 법률적, 물리적 하자 등에 대한 일체의 책임은 을의 부담으로 한다.
> 2. 채무인수계약서 제2조 3항의 낙찰대금을 현금납부 했을 경우 약정된 금원을 제외한 금원을 을이 지정하는 계좌로 반환한다.

본건 계약의 체결을 증명하기 위하여 당사자들은 계약서 2통을 작성한다.

2014년 02월 10일

갑   제15차유동화전문유한회사
          서울특별시 종로구   로 ,22층 (동,   빌딩)
          대표이사 노   (인)

을   채   (인)
          경기도 용인시 수지구   동   1차   동   호

특약사항에 차액약정보전금은 없음

[채권 계산서 명세표]

별지목록 1 : 채무인수대상채권   (단위: 원)

대출과목	대출일자	대출원금(잔액)	미수이자
기업운전일반자금대출	2011-04-18	74,257,451	별도계산
기업운전일반자금대출	2011-04-18	650,000,000	별도계산
기업운전일반자금대출	2011-04-18	249,099,887	별도계산
가지급금		5,912,130	
합계		979,269,468	

상기 금액은 2014.02.10.기준이며 미수이자 별도 계산에 의하여 포함됨.

[담보권의 표시, 부동산의 표시]

별지 목록 2

■ 담보권의 표시

담보물권 소재지	경기도 성남시 분당구 수내동 - 프라자 제2층 제 호
담보권의 종류	포괄근담보
채 무 자	이
근저당권 설정자	이
관 할 등 기 소	수원지방법원 성남지원 분당등기소
등 기 일	2007년 10월 17일
등 기 번 호	제61706호
근저당권 설정금액	금구억일천만원(₩910,000,000)

■ 부동산의 표시

1동의 건물의 표시
     경기도 성남시 분당구 수내동 -
     프라자

전유부분의 건물의 표시
     건물의 번호 : 2-
     구   조 : 철근콘크리트조
     면   적 : 2층   호   199.08㎡

대지권의 목적인 토지의 표시
     토지의   표시 : 경기도 성남시 분당구 수내동 - 대741㎡
     대지권의 종류 : 소유권
     대지권의 비율 : 741분의 63.95

- 이상 -

낙찰인의 채무인수에 의한 낙찰대금 상계신청서

사   건   2013타경6980 부동산임의경매
채 권 자   제15차유동화전문유한회사
채 무 자   이
소 유 자   이

위 사건에 관하여 매수인은 귀 법원으로부터 2014.   .   . 매각기일에 최고가 매수신고인이 된 바, 매수인은 제 1순위 근저당권자인   제15차유동화전문유한회사의 별지 채무인수 승낙서와 같이 매각대금 중 제 1순위 근저당권자인   제15차유동화전문유한회사가 지급받을 금 910,000,000원(채권최고액) 한도에서 지급에 갈음하여 채무자에 대한 채무를 인수하여 인수한 채무에 상당한 매각대금의 지급의무를 면하고자 신청을 하오니 허가하여 주시기 바랍니다.

첨 부 서 류

1. 채무인수에 관한 승낙서   1통.
1. 인감증명서   1통.

2014년   월   일

최고가 매수인   채
경기도 용인시 수지구   동   1차   동   호

수원지방법원 성남지원 경매 4계   귀중

최고가매수인으로 결정된 후 경매계에 제출해야 함

채무인수에 관한 승락서

수원지방법원 성남지원   귀중

채권자   제15차유동화전문유한회사, 채무자 이   간의 <u>수원지방법원 성남지원</u>
<u>2013타경6980 부동산임의경매사건</u>에 관하여 낙찰인이 된 귀하가 그 경락대금을 채권자
        제15차유동화전문유한회사에 대해서 채무자가 부담하고 있는 다음 채무를 인수하
여, 경락대금의 일부지급에 대신하는 것을 승낙합니다.

= 다   음 =

1. 채권의표시

원채무자 :   산업개발(주)   (단위 ; 원)

대출과목	대출일자	대출원금(잔액)	미수이자
기업운전일반자금대출	2011-04-18	74,257,451	별도계산
기업운전일반자금대출	2011-04-18	650,000,000	별도계산
기업운전일반자금대출	2011-04-18	249,099,887	별도계산
합계		973,357,338	

상기 원리금은 2014.02.10.기준이며 미수이자는 별도 계산됩니다.

2. 채무인수의 조건
수원지방법원 성남지원 2013타경6980 부동산임의경매사건의 배당절차에서 채권자
    제15차유동화전문유한회사에 배당되는 현금 배당금 및 경매집행비용 등 일체의 금원은
채권자가 배당받아 위 채권의 변제에 충당한다.

첨부 : 인감증명 1부.

2014년   월   일

승낙인(채권자)   제15차유동화전문유한회사

    대 표 이 사   노

최고가매수인으로 결정된 후 경매계에 제출해야 함

수원지방법원 성남지원

나의관심메모 ★★★ 채권 가능

2013 타경 6980 (임의)		매각기일 : 2014-02-24 10:00~ (월)		경매4계 031-737-1324	
소재지	(463-825) 경기도 성남시 분당구 수내동 - 프라자 2층 호 [도로명주소] 경기도 성남시 분당구 로 천길 -7 (수내동)				
물건종별	상가(점포)	채권자	제15차유동화전문유한 회사	감정가	900,000,000원
대지권	63.95㎡ (19.34평)	채무자	이	최저가	(64%) 576,000,000원
전용면적	199.08㎡ (60.22평)	소유자	이	보증금	(10%)57,600,000원
입찰방법	기일입찰	매각대상	토지/건물일괄매각	청구금액	910,000,000원
사건접수	2013-03-18	배당종기일	2013-05-24	개시결정	2013-03-19

기일현황 ▼전체보기

회차	매각기일	최저매각금액	결과
신건	2013-06-24	800,000,000원	변경
신건	2013-10-28	900,000,000원	유찰
2차	2013-11-25	720,000,000원	유찰
3차	2013-12-23	576,000,000원	변경
3차	2014-02-24	576,000,000원	매각
최	/입찰5명/낙찰900,000,000원(100%)		
	2014-03-03	매각결정기일	허가
	2014-04-17	대금지급및 배당기일	
배당종결된 사건입니다.			

정정공고 ▶ 정정일자 : 2013-06-20

정정내용	관리사무소로부터 연체된 관리비가 약 8천만 원이라는 신고서 제출 됨

🔲물건현황/토지이용계획

지하철 수내역 북동측 인근에 위치

부근은 상업용·업무용 부동산이 밀집 있는 지하철 역세권상업지대 상가 의 제반 주위 환경 양호함

시내버스정류장 및 지하철 수내역이 인근 에 위치 제반교통상황 양호

북서측 폭 약 15m의 도로 남동측 폭 약 20m의 보행자도로에 접함

중심상업지역

이용상태(근린생활시설(음식점))

위생설비 및 급배수설비 화재탐지 및 발신 설비 옥내소화전 엘리베이터 지하 주차장

철근콘크리트조

❈-참초-감정시점 변경으로 금액이 변경 되어 진행합니다.

🔲감정평가현황 두림감정

가격시점	2013-09-12
감정가	900,000,000원
토지	(50%) 450,000,000원
건물	(50%) 450,000,000원

🔲면적(단위:㎡)

[대지권]

수내동 -
741㎡ 분의 63.95㎡
대지권 63.95㎡ (19.34
평)

[건물]

2층 호 근린시설
199.08㎡ 전용
(60.22평)
5층 건중 2층

보존등기일 : 2003-09-08

🔲임차인/대항력여부

배당종기일 : 2013-05-24
- 채무자(소유자)점유

🔲등기부현황/소멸여부

소유권	이전
2003-09-08	집합
임 외 1명	
보존	
소유권	이전
2003-09-22	집합
이	
매매	
(근)저당	소멸기준
2007-10-17	집합
은행	
910,000,000원	
가압류	소멸
2011-11-10	집합
경기 재단	
9,984,000원	
임의경매	소멸
2013-03-19	집합
제15차유동화	
전문유한회사	
청구 : 910,000,000원	
2013타경6980(배당종결)	

▶ 채권총액 :
919,984,000원

건물열람 : 2013-04-01

렴세서 요약사항 ▶ 최선순위 설정일자 2007.10.17.(근저당권)

매각으로 소멸되지 않는 등기부권리	해당사항 없음
매각으로 설정된 것으로 보는 지상권	해당사항 없음

채무인수계약으로 채권을 매입하고 감정가격 100%인 9억 원에 최고가 매수인이 되었음.

[집합건물] 경기도 성남시 분당구 수내동 -   프라자 제2층 제 호   고유번호 1356-2003-

순위번호	등 기 목 적	접 수	등 기 원 인	권 리 자 및 기 타 사 항
			성남지반와 임의경매개시결정(2013 타경6980)	서울 종로구 로 ,22층 (동, 빌딩)
8	소유권이전	2014년4월28일 제31085호	2014년4월17일 임의경매로 인한 매각	소유자 채 -2****** 경기도 용인시 수지구 로 , 동 호(동, 마을 1차아파트)
9	3번보전처분, 4번가압류, 5번회생절차개시, 6번회생계획인가, 7번임의경매개시결정 등기말소	2014년4월28일 제31085호	2014년4월17일 임의경매로 인한 매각	

【 을   구 】   (소유권 이외의 권리에 관한 사항)

순위번호	등 기 목 적	접 수	등 기 원 인	권 리 자 및 기 타 사 항
1	근저당권설정	2003년9월22일 제68398호	2003년9월22일 설정계약	채권최고액 금432,000,000원 채무자 아 성남시 분당구 동 - 마을 - 근저당권자 주식회사 은행 -0023393 서울 중구 동 가 (분당지점)
2	근저당권설정	2004년3월3일 제17142호	2004년3월3일 설정계약	채권최고액 금60,000,000원 채무자 아 성남시 분당구 동 - 마을 - 근저당권자 주식회사 은행 -0023393

열람일시 : 2014년08월26일 14시20분02초   4/7

2014년 4월 28일 상계신청으로 소유권을 이전함.

[집합건물] 경기도 성남시 분당구 수내동 -   프라자 제2층 제 호   고유번호 1356-2003-

순위번호	등 기 목 적	접 수	등 기 원 인	권 리 자 및 기 타 사 항
				서울 중구 동 가 (분당지점)
3	1번근저당권설정, 2번근저당권설정 등기말소	2005년11월10일 제94754호	2005년11월10일 해지	
4	근저당권설정	2005년11월10일 제94755호	2005년11월10일 설정계약	채권최고액 금700,000,000원 채무자 성남시 분당구 동 - 마을 - 근저당권자 중앙화 -0000014 서울 송파구 동 -6 (신촌지점)
5	근저당권설정	2006년10월19일 제76396호	2006년10월19일 설정계약	채권최고액 금65,000,000원 채무자 성남시 분당구 동 - 마을 - 근저당권자 중앙화 -0000014 서울 송파구 동 -6 (신촌지점)
6	4번근저당권설정, 5번근저당권설정 등기말소	2007년10월17일 제61705호	2007년10월17일 해지	
7	근저당권설정	2007년10월17일 제61706호	2007년10월17일 설정계약	채권최고액 금910,000,000원 채무자 아 경기도 성남시 분당구 동 - 마을 - 근저당권자 주식회사 은행 -0015671 서울특별시 중구 로 가 (쌍배지점)

열람일시 : 2014년08월26일 14시20분02초   5/7

등기부등본 원본과 같은 내용

[집합건물] 경기도 성남시 분당구 수내동 -   프라자 제2층 제 호   고유번호 1356-2003-

순위번호	등 기 목 적	접 수	등 기 원 인	권 리 자 및 기 타 사 항
8	근저당권설정	2008년2월29일 제10551호	2008년2월29일 설정계약	채권최고액 금130,000,000원 채무자 양 성남시 분당구 동 - 마을 - 근저당권자 주식회사 은행 -0303539 서울특별시 중구 동 (본점) 공동담보 건물 경기도 성남시 분당구 동 - 마을 - 제 동-제 층-제 호
9	근저당권설정	2009년7월29일 제60984호	2009년7월29일 설정계약	채권최고액 금260,000,000원 채무자 양 경기도 성남시 분당구 동 - 마을 - 근저당권자 손 1****** 서울특별시 성북구 동 -35
10	9번근저당권설정등기말소	2010년3월8일 제13410호	2010년3월8일 해지	
11	8번근저당권설정등기말소	2010년4월12일 제20757호	2010년4월12일 해지	
12	7번근저당권설정등기말소	2014년4월29일 제31761호	2014년4월29일 해지	
13	근저당권설정	2014년5월22일 제36657호	2014년5월22일 설정계약	채권최고액 금360,000,000원 채무자 채 경기도 용인시 수지구 로 , 동 호(동, 마을 1차아파트) 근저당권자 주식회사 은행 -2365321

열람일시 : 2014년08월26일 14시20분02초   6/7

순위번호 12번에 보면 2014년 4월 29일 OO은행 근저당권이 말소되었다. 소유권이전은 하루 전인 4월 28일 이었고 다음날 채권매입 정산 절 차를 그치고 근저당권 해지 서류를 받아서 말소하였다.

※ 위 사건은 채무인수계약으로 부실채권(NPL)을 매입하여 대표적으로 성공한 사례이다. 지금 양도를 한다면 2배 이상의 차액을 남기고 매매가 가능하다. (7억~8억 정도 양도차액이 생긴다)

5) '(입찰참가이행조건부)채권양수도계약'으로 유입 후 매각하여 성공한 사례 (사건번호 2012타경20216)

2014년 9월경이었다.

사건번호 2012타경20216, 서울시 서초구 서초동 S플래티넘 1층 ○○○호 남부터미널역 ○번 출구 앞 상가였다.

서초동의 지하철 역세권이면서 1층이고 면적도 40.95㎡(12평)으로 적당하고 상권도 안정된 자리였다. 감정가격은 1,000,000,000원인데, 2012년도 사건이라 저평가된 것으로 판단되었다.

인근 공인중개사 사무실을 통해서 이 경매물건을 알아본 결과 그 가치가 상상을 초월했다. 보증금 1억 원에 월세가 500만원 가능하며, 매매는 11억 정도 받을 수 있다는 것이었다. 그럼 어떻게 저런 물건이 감정가격 1,000,000,000원에서 현재 최저가격 64%인 640,000,000원까지 유찰되었을까?

상가를 전문으로 취급하는 공인중개사 사무실 한 곳을 방문하여 탐문을 하였다. 다행히 대화가 잘 통했고 이 물건에 대하여 처음부터 상세한 이력을 알 수 있었다. 문제는 소유자와 점유자간의 다툼인데, 그 공방이 치열하여 개입하고 싶지 않다는 이야기였다. 그들 사이에 소송이 열 건도 넘는다는 이야기를 들었다. 아는 사람들은 다 아는 사실이고 그 속에 휘말리고 싶지 않아서 관심을 갖지 않는다고 했다.

이상으로 탐문을 끝내고 권리관계를 분석해보았다. 유치권권리신고 331,490,000원을 채권자인 유동화회사에서 부존재 소송을 제기하여 1심에서 패소하고 2심에서 원고 승소하였다. 불구경을 하듯 당연히 유치권권리자는 대법원에 상고할 것을 짐작할 수 있었다. 또 하나는 1층 상가 내부를 복층으로 개조하여 서초구청에 불법건축물로 등제되어 과태료가 부과되고 있었다.

필자는 속으로 '만세'를 불렀다. 애초에는 여러 명이 공동투자를 하기로 하고 단체임장을 갔었다. 조사를 하는 과정에서 너도 나도 싫다고 떨어져 나가는데, 필자는 오히려 구미가 당기었다. 옛 말에 '위험한 장사가 마진이 좋고 좋은 약은 입에 쓰다'라고 하는 것처럼, 속을 알면 알수록 더 마음에 들었다. 그러한 사정과 이유가 있기 때문에 서초동 역세권에 위치한 1층 상가가 64%까지 유찰된 것이 아닌가.

ㄷ에이엠씨에 전화를 걸었다.

데스크의 안내원이 조00차장이 담당이라며 전화를 돌려주었다. 너무 마음이 편했다. 조00 차장과는 초면이 아니기 때문이다. 반갑게 인사를 했다. 필자는 2012타경20216 사건의 부실채권을 매입하고 싶다는 의사를 밝혔다.

"역시 원장님은 다르시군요." 특별한 문제도 없는데 사람들이 기피하여 자체적으로 유입하기 위하여 준비하고 있다는 설명을 들었다.

2014년 9월 16일 매수의향서를 경쟁자 없이 단독으로 제출했다.

2014년 9월 22일 사건번호 2012타경20216 경매진행건을 '(입찰참가이행조건부) 채권양수도계약'으로 계약서를 작성했다.

감정가격 1,000,000,000원, 채권최고금액 1,170,000,000원 중 채권행사권리금액[1] 997,983,351원[2]의 채권을 채권매입금액 810,000,000원으로 정하고, 차액약정보전금은 20,000,000원으로 했다. 계약금 80,000,000원을 지급하고 계약을 체결했다.

---

1) 채권원금+총연체이자
2) 첨부한 채권 계산서 명세표 참조

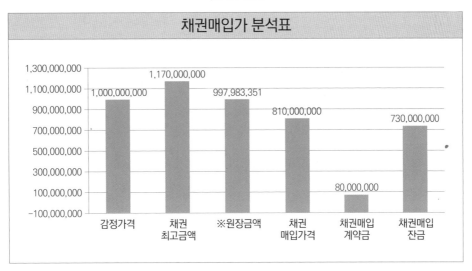

[그림 13]

채권매입가 분석표

※ 원장금액 : 채권행사권리금액 (채권을 매입하는 일자까지의 금액 : 2014년 9월 22일까지의 채권행사 권리금액)

이 시점에서 점유자 남00씨 채권을 매입하기 7일 전 2014년 9월 15일 2014다222558[3]이라는 사건으로 대법원에 상고를 했다.

버스가 남산 1호 터널을 통과할 때 머릿속에는 행복한 상상[4]의 세계가 펼쳐졌다. '상가를 유입한 후 모든 것[5]'을 정리한 다음, 대출을 7억 원~7억5천만 원 정도 받고 임대보증금 1억 원에 한 달 월세 5,000,000원을 받게 되면, "내 돈 한 푼 안 들이고 상가를 취득하게 되어 월세를 받아서" 대출받은 이자를 매월 1,800,000원 정도 지출한다 해도 매월 3,200,000원 정도의 고정 수입이 된다'는 상상으로 꿈에 부푼 생각을 하는 동안 버스는 분당의 학원[6] 근처에 진입했다. 사무실로 들

---

3) 대법원에 '유치권부존재확인' 의 상고를 접수함. 대법원 전자소송문서 참조.
4) 최종 정리가 되면 내 돈 한 푼 안들이고 상가를 유입했으며, 매월 고정 임대료를 받는다는 상상.
5) 유치권과 명도 해결.
6) 분당NPL경매학원

어오자 직원들은 2012타경20216 경매진행 건을 NPL로 계약했느냐고 묻는다. "그렇다"고 대답했다. 돌아오는 말들은 "이 사건은 대법원에 상고까지 했고 소송 관계가 너무 복잡하니 해약해라"였다. 독자 여러분도 아시는 사실이지만 계약은 돈을 지불하면 이미 성립이 된 것이다. 철회방법은 없고 계약금을 포기하는 것뿐이다.

NPL 물건을 찾다보면 종종 이런 경우가 있기는 하다. 그러나 필자의 경험으로 이 경우에는 해결이 가능하다는 결론을 내렸다. 왜냐하면 유치권 분쟁에서 1심은 패소하고 항소심에서 원고가 승소를 했는데, 유치권의 내용이 소유자와 점유자 간의 매매계약 후 해약을 하면서 발생된 손해배상관계 및 임료에 관련된 금액을 유치권으로 청구했기 때문에 성립되기 힘들다고 판단한 것이다.

지금 생각해 보아도 이런 일에는 어느 정도 담력이 있어야 일을 추진할 수 있다. 모든 사람들이 NPL 매입을 기피하고 유치권이 대법원에 상고된 줄 알면서 태연히 계약을 체결했으니 말이다. '아니, 이렇게 좋은 물건을 매입하였는데, 해약이라니' 참 어처구니없지만 큰소리 칠 일도 아니다 싶어서 "좀 걱정은 되지만 어쩔 수 없는 일 아니요?" 라고 답하고 말았다.

2014년 10월 8일.[7]

서울중앙지방법원 경매 법정은 한산했다. 언뜻 살펴보니 소유자 박OO씨와 점유자 남OO씨도 결과를 지켜보기 위하여 법정에 참석하였다. 미리 계산해 놓은 입찰가격 1.010.000.000원에 입찰표를 작성하여 응찰을 하고 결과를 기다렸다.

드디어 개찰이 되었다. 필자가 위임장을 받아서 필자의 처(妻) 명의로 응찰하여

---

7) 2012타경20216 매각기일

최고가 매수인으로 낙찰되었다. 총 여섯 명이 응찰하였는데 애초부터 유입을 하기 위해서 채권을 매입했기 때문에 차순위에는 관심이 없었다.

정말 기분이 좋았다.

절차에 의하여 2014년 10월 13일 낙찰허가가 났다. 대금지급기일에 맞추어서 대출을 신청했다. 2014년 11월 17일 대출[8]을 받아 부족한 낙찰대금의 잔금을 납부하고 경낙대금완납증명[9]을 받았다. 민사집행법 제135조[10]에 의하여 소유권을 취득한 것이다.

돌이켜보면 NPL 매입 물건의 장점이 대출이었는데, 낙찰금액이 1,010,000,000원이지만 입찰최저가격이 640,000,000원이라는 이유로 대출이 666,000,000원밖에 나오지 않아 입찰보증금 6천4백만 원을 더해서 잔금 2억8천만 원과 취등록세 48,554,850원을 납부를 했다.

그날이 2014년 11월17일이었다.

* 실제 사례에서 수익 분석 내역을 볼 수 있다.

---

8) 대출은 낙찰금액의 67%를 받음.
9) 경매낙찰대금을 납부하고 경낙대금완납증명을 민사집행과에서 발급받아 해당경매계에 제출함.
10) (소유권의 취득시기)=매수인은 매각대금을 다 낸 때에 매각의 목적인 권리를 취득한다.

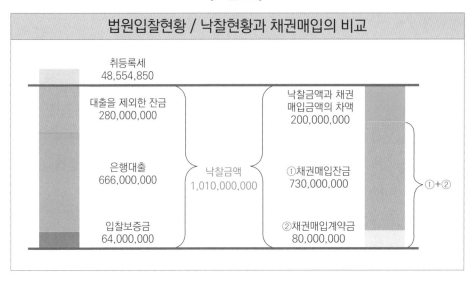

[그림 14]

법원입찰현황 / 낙찰현황과 채권매입의 비교

취등록세
48,554,850

대출을 제외한 잔금
280,000,000

낙찰금액과 채권
매입금액의 차액
200,000,000

은행대출
666,000,000

낙찰금액
1,010,000,000

①채권매입잔금
730,000,000

①+②

입찰보증금
64,000,000

②채권매입계약금
80,000,000

위의 〈그림 14〉을 참조하여 보면, 법원으로부터 유동화회사가 받은 배당금 1,010,000,000원 중 채권매입계약금, 입찰보증금, 그리고 낙찰금액과 채권매입 금액의 차액의 합계 344,000,000원은 낙찰자가 돌려받았다. 즉, 상가를 취득한 금액은 채권매입금액인 810,000,000원인데, 은행대출금 666,000,000원을 제하고 취등록세 48,554,850원을 더하면 실제로 들어간 금액은 192,554,850원이다.

■ 위 사건 명도에 대하여

대금납부일에 인도명령신청을 겸하였다.

채권을 매입하면 모든 권리를 동일한 조건으로 매수인이 승계받기 때문에 지금부터는 모든 소송도 남은 과제도 본인이 처리를 해야 한다.

우선 몇 백 장이나 되는 서류를 검토했다. 워낙 분쟁에 대한 소송서류가 많은 사건이라 머리에 들어오지 않았다. 일요일 날 시간을 내어서 꼼꼼히 정리를 해보니 어느 정도는 감이 잡히었다. 가장 큰 문제는 유치권을 대법원에 상고했다는 것인데, 점유 근원에 의해서 판결문이 나올 때까지 명도를 할 수 없다는 것이다. 그 다음 문제는 어설프게 소유자나 점유자[11]를 접촉했다가 사건에 휘말릴 수도 있다는 점이다.

낙찰을 받고 이 물건의 점유자를 만나본 적이 있었다. 일체의 이야기는 하지 않았고 앞으로 어떻게 할 것이냐고만 물은 적이 있다. 점유자는 이에 "명도합 의만 잘되면 나갑니다." 라는 말을 했다. 그가 말하는 '명도합의'의 의도는 사실 고액의 이사비용 등을 요구하는 것이었다. 하지만 필자는 "그럼 나는 내 방식대 로 할테니 그렇게 아시오."라고 한 마디만 했다. 필자의 경험으로 볼 때 상대방 으로 하여금 전문가 다운 인상을 보여주고, 분명한 의사표시를 하여 웬만해서 는 합의를 하지 않고 법적으로 한다는 강력한 의지를 보임으로써 상대방은 포 기를 하는 경우를 여러 번 경험했기 때문이다.

특히 상대방이 이런 경우는 유치권부존재소송에 대한 대법원 판결을 기다리 는 수밖에 없다. 소유자가 초조해하거나 조급하여 자주 전화를 하거나 찾아가 게 되면 지는 것이다. 위기를 기회로 생각하며 점유자가 사정을 하는 기회가 올 때 까지 기다려야 한다. 그동안 명도를 할 때 까지 임차인도 알아보고 또 모든 게 해결될 경우를 대비해서 매수인을 알아보는 시간으로 생각해야 한다. 섣불 리 건드려서는 안된다는 생각을 마음속으로 다짐했다. 필자가 이런 속편한 말 을 한 데는 실제로 법적인 근거가 있다 판결을 받은 다음 명도소송을 하고 강제 집행을 한 후 점유자에게 부당이득반환청구소송을 하고 그에 대한 모든 비용을 청구할 수 있기 때문이다. 다만 명도를 하는 날까지 많은 시간과 소송에 대한

---

11) 이 경우의 점유자는 매매계약으로 입주한 후 해약을 당한 상태였다. 따라서 임차인도, 소유자도 아니었다.

비용 및 대출금에 대한 이자가 들어가는 것을 감내해야 한다.

이제 잔금도 납부했으니 명도를 할 차례인데, 유치권이 해결되지 않았으니 어떻게 한다는 말인가?

점유자는 2014년 9월 15일 2014다***558로 대법원에 상고를 한 상태이다. 일반적으로는 합의가 안 되면 부당이득반환청구소송을 할 것이라는 전제로 합의를 도출하려고 점유자에게 명도비용(이사비용)을 일부 준다든지 하면서 회유를 한다. 하지만 이 경우는 쉽게 끝날 것 같지 않아서 여러 가지 생각을 했다. 우선 인도명령신청을 법원에 접수했다. 예상대로 유치권에 의한 점유근원이 있으므로 항고가 들어왔다. 그러던 중 11월27일 대법원에서 '심리 불 속행 기각' 이라는 판결[12]이 떨어졌다. 절차에 따라 대법원으로부터 받은 판결문을 이 사건을 담당하고 있는 서울중앙지방법원에 제출했다. 정말 하늘이 도운 것이다. 너무 운이 좋았다. 2014년 12월 22일 인도명령 결정이 되었다. 나흘 후 12월 26일 서울중앙지방법원 2014타기 4355 부동산인도명령 결정에 의한 강제집행 주문을 집행관 사무실에 접수했다.

다음 날 점유자로부터 전화가 왔다. "저는 대표님께 아무런 감정이 없습니다. 감정이 있으면 전 소유자 박○○에게 감정이 있지 대표님과는 전혀 감정이 없습니다." 라며 만나기를 원했다. "드디어 일이 해결되는구나" 필자는 속으로 만세를 부르며 상대방의 마음속을 훤히 꿰뚫고 있으면서도 냉정하게 말했다. 우선 전화상으로 무슨 일 때문이냐고 물었다. 이사 가는 일 때문이라는 말을 듣고 여러 번 만날 것 없이, 지체하지 않고 이사만 나가면 강제집행을 철회할 테니 각서에 서명할 것을 요구했다. 인감증명서를 첨부하고 신분증을 복사해서 아래와 같이 각서를 받았다. 각서의 내용은 물론 필자가 작성한 것이다.

---

12) 첨부한 판결문 참조.

상가 인도 각서

주소 : 서울시 서초구 서초동 S플래티넘 1층 OOO호

위 상가는 2012타경20216 경매사건으로 낙찰이 되었는바, 현점유자 OOO은
낙찰 인이 대금을 완납한 2014년 11월 17일부터 현재까지 불법으로 점유하고 있었음.
점유자 OOO은 2015년1월16일부로 아무런 조건 없이 위 상가를 낙찰 인에게
인도하여 주기로 한다.
단,　①관리비는 사용자가 인도일까지 납부하기로 한다.
　　　②이사 시 모든 물품은 남김없이 가져가기로 한다.
　　　③인도 후 미회수 물품은 포기하기로 한다.
　　　④이사는 낙찰 인의 입회하에 끝내고 열쇠는 넘겨주기로 한다.
　　　⑤불법건축물은 관련규정에 따르기로 한다.[13]
　　　⑥이상 합의된 내용 외에는 관례에 따른다.

상기 내용을 성실히 이행할 것을 각서하며 불이행 시 민, 형사상 어떠한 처벌도
이의를 제기하지 않기로 한다.

2014년 12월 30일

각서인
성명 : OOO (인) 주민등록번호:******-*******
주소 : 서울시 강남구 개포동 660-1 개포OO아파트 ***-***

첨부서류 : 인감증명서, 신분증사본

우 ○ ○ 귀하

---

13) 불법건축물은 점유자가 설치하였으므로 후일 문제를 일으키면 불법건축물에 대한 손해배상 및 원상복구 비용을 청구할 수 있는
여지를 남겨두었는데 의미가 있음.

이로써 점유자는 이사하는 날까지의 관리비도 완납을 했고, 필자는 관리비완납 영수증을 받았다.

이사 당일 점유자에게서 열쇠를 받고 미리 불러놓았던 열쇠수리공을 시켜 도어락(door lock)을 교체했다.

이 때가 위의 각서에 명시한대로 2015년 1월 16일이었다.

필자가 예측한대로 명도대상자(임차인도 아니고, 매매 계약 해약자 신분임)는 이미 모든 것을 포기하고 이사 갈 곳을 정해 놓은 것을 나중에 알았다.

설날을 보름 남겨둔 겨울, 느긋한 마음으로 사무실에 있는데, 부동산 중개인인 수강생으로부터 전화가 왔다. 서초동 상가를 내일 계약하자는 것이다.

이제 그 상가의 소유자가 된 필자의 처(妻)는 이를 듣고 좋은 기회인데 매수인이 계약을 안하면 어떻게 하느냐고 물었다.

필자는 장담을 했다. "오히려 매수를 하려는 사람이 매도인이 마음 변해서 안 팔면 어떻게 하지?"를 걱정하며 잠을 못 이룰 테니 걱정하지 말라고 했다.

2015년 2월 4일 11억 5천만 원에 계약이 체결되었다.

잔금을 받고 소유권이전 등기 서류를 넘겨주었다. 한편의 드라마처럼 일이 마무리되었다.

잔금 후 2개월 마지막 날 양도소득세[14]를 납부하였다.

아래 표를 참고하시기 바란다.

---

14) 양도소득세 납부 전표 및 통장사본 참조.

수익률 분석표

- 채권매입금액 : 810,000,000원 　　• 계약금 : 80,000,000원
- 입찰보증금 : 64,000,000원
- 잔　　　금 : 946,000,000원(대출666,000,000원+잔금280,000,000원)
- 합　　　계 : 1,010,000,000원

실제투자한 금액

- 채권 계약금 : 80,000,000원
- 입찰 보증금 : 64,000,000원
- 잔　　　금 : 280,000,000원
- 취　등록세 : 46,554,850원
- 철거　비용 : 10,000,000원
- 합　　　계 : 480,554,850원

정산 내역

- 낙찰　금액 : 1,010,000,000원(채권매입액810,000,000원)
- 매도　금액 : 1,150,000,000원(양도차액 140,000,000원)
- 취　등록세 : 46,554,850원(양도차액에서 공제)
- 철거　비용 : 10,000,000원(양도차액에서 공제)
- 기타　비용 : 15,000,000원(양도차액에서 공제)
- 양도　차액 : 68,445,150원
- 양도소득세 : 38,076,610원(주민세 10%포함)

순 이익

- NPL 차액 : 200,000,000원
  　　　　　　(채권매입8억1천 ~~~ 낙찰10억1천=차액2억은 양도세 없음.)
- 양도　차액 : 30,368,540원(양도세 납부하고 남은 차액)
- 순　이익 : 230,368,540원

■ 2012타경20216 실제사례 소개 (사례 5-1)

[2012타경20216 경매진행중인사건의 내용]

■ 서울중앙지방법원

나의관심메모 ★★★★★ 남부터미널역세권 1층 상가 부동산

2012 타경 20216 (임의) 매각기일 : 2014-10-08 10:00~ (수) 경매8계 02-530-1820

| 소재지 | (137-866) 서울특별시 서초구 서초동   , 1층 111호 (서초동,   플래티넘) |
| | [도로명주소] 서울특별시 서초구 서초중앙로   1층 111호 (서초동,   플래티넘) |

물건종별	상가(점포)	채권자	제28차유동화전문유한회사	감정가	1,000,000,000원
대지권	6.15㎡ (1.86평)	채무자	박	최저가	(64%) 640,000,000원
전용면적	40.95㎡ (12.39평)	소유자	박	보증금	(10%)64,000,000원
입찰방법	기일입찰	매각대상	토지/건물일괄매각	청구금액	709,942,456원
사건접수	2012-06-25	배당종기일	2012-09-11	개시결정	2012-06-26

기일현황 | ⓘ 입찰 14일전

회차	매각기일	최저매각금액	결과
신건	2013-04-25	1,000,000,000원	변경
신건	2014-01-02	1,000,000,000원	변경
신건	2014-03-13	1,000,000,000원	유찰
2차	2014-04-17	800,000,000원	변경
2차	2014-09-04	800,000,000원	유찰
3차	2014-10-08	640,000,000원	

■ 물건현황/토지이용계획

남부터미널 남동측 인근에 위치

수위는 시외버스터미널 업무시설 상업시설 오피스텔 아파트단지 각층 근린생활시설 등 소재 노선상가지대임

인근에 노선버스정류창 및 남부터미널역 (지하철3호선) 위치 비 신유창까지의 거리 및 운행상태 등 보아 제반 대중교통사정은 편리

남서측 노복 약 30미터의 포창도로에 접함

일반상업지역

이용상태(근린생활시설(부동산 자산관리 사무소)로 이용중이며 내부 인테리어공사를 통해 복측 이용중)

공동 지하주차창 위생설비 및 급배수시설 승강기설비 옥내소화전 화재탐지설비

철근콘크리트조

-임대차 : 물건명세서와 같음

■ 감정평가현황 (주)에이원감정

기격시성	2012-07-05
감정가	1,000,000,000원
토지	(25%) 250,000,000원
건물	(75%) 750,000,000원

■ 면적(단위:㎡)

[대지권]

서초동 1445-13
2837.5㎡ 분의 6.15㎡
대지권 6.15㎡ (1.86평)

[건물]

1층111호 다세대
40.95㎡ 전용
(12.39평)
21층 건중 1층

보존등.기일 2006-03-31

■ 임차인/대항력여부

배당종기일 : 2012-09-11

남	없음
사업 : 없음	
확정 : 없음	
배당 : 없음	
보증 : 미상	
점유 : 미상	
(공인중개사)	

현황조사 권리내역

- 임차인으로 등록된 남중 성은 유치권자 겸 가처분권 자임

■ 등기부현황/소멸여부

소유권	2006-03-31	이전 집합
보존	건설외 2명	
소유권	2006-04-04	이전 집합
	박	
매매		
(근)저당	2006-04-04	소멸기준 집합
	은행	
	1,170,000,000원	
가처분	2012-01-17	소멸 집합
	남	
가처분등기보기		
임의경매	2012-06-26	소멸 집합
	은행	
	청구 : 709,942,456원	
	2012타경20216	
	제28차유동화전	
문 유한회사		
(02-)		

채권총액
1,170,000,000원

건물열람 2012 07 02

명세서 요약사항 ▶ 최선순위 설정일자 2006.4.4 (근)저당

매각으로 소멸되지 않는 등기부권리	해당사항 없음
매각으로 설정된 것으로 보는 지상권	해당사항 없음
주의사항 / 법원문건접수 요약	1. 이 사건 감정서예 의하면 근린생활시설(부동산, 자산관리 사무소)로 이용중이며, 내부 인테리어공사를 통해 복층으로 이용중임. 2. 남 으로 부터 2012.8.31.자 금 331,490,000원의 유치권신고가 있음. 3. 이 사건 신청채권자가 위 남 을 상대로 이 법원 2012가단5132425호로 유치권부존재확인의 소를 제기하였는바 원소판결을 선고받고

채권매입의향서

1.사건번호: 2012타경20216
-서울시 서초구 서초동   , 1층 제111호

2.근저당권 설정금액 : 1,170,000,000원(경매신청비용 제외)

3.채권매입금액 : 810,000,000원

4.채권계약방식:(입찰참가이행조건부)채권양수도계약=사후정산

5.계약체결일시 및 장소 : 승인 후, 귀사에서

귀사가 보유하고 있는 위 채권을 매수할 의사가 있으므로 채권매수의향서를 제출합니다.

2014년 9월 16일

채권매수희망자
성   명: 우   (인   )   주민등록번: -*******
주   소: 경기도 성남시 분당구 금곡로   청솔동아   -1001

에이엠씨 조   차장님 귀하

채 권 양 수 도 계 약 서

양도인   제28차유동화전문유한회사

양수인   우

채무자   박

2014년 9월 16일 채권매입계약서를 작성함

채 권 양 수 도 계 약 서

제28차유동화전문 유한회사(이하 "양도인"이라고 한다)와 우
(이하 "양수인"이라고 한다)은 다음과 같은 조건으로 채권양수도계약(이하 "본
건 계약"이라고 한다)을 체결한다.

제1조 (용어의 정의)

① "양도대상채권" 이라 함은 양도인이 채무자에 대하여 가지는 별지 목록(1)
에 기재된 채권을 말한다.

② "채무자"라 함은 양도대상채권의 채무자인 박석창을 말한다.

③ "담보권"이라 함은 양도대상채권을 담보하기 위하여 채무자 소유의 별지
목록(2)에 기재된 담보권을 말한다.

④ "양도대상채권 및 담보권 관련 서류"라 함은 여신거래약정서(어음거래약정
서, 지급보증거래약정서, 상업어음할인), 근저당권설정계약서(지상권설정계약
서) 등 양도대상채권 및 담보권의 발생과 관련된 서류를 말한다.

⑤ "매매기준일"은 "회수금 산정의 기준이 되는 날"을 의미하며, 2014년 09
월 22일로 한다.

⑥ "계약일"은 2014년 09월 22일로 한다.

⑦ "잔금지급기한"은 2014년 12월 31일로 한다. 다만, 양당사자 책임없는 사
유로 배당일이 잔금지급기한을 도과하는 경우 잔금지급기한은 실제 배당일로
부터 7영업일로 한다.

⑧ "회수금"은 양도대상채권과 관련하여, 매매기준일(당일 불포함) 이후
잔금지급일(당일 포함)까지의 기간 중에 양도인이 회수한 금액의 총액을 의미
한다.

2

⑨ "경매절차"는 서울중앙지방법원] 2012타경20216호 부동산임의경매를 의미
한다.

제2조 (채권의 양수도)

① 본건 계약의 효력은 계약일로부터 발생한다. 다만, 양수인이 양도대금을 모두
지급한 때에 양도인의 양수인에 대한 채권양도의 효력이 발생한다.

② 양도인은 양도대금을 지급받는 것을 대가로 계약일 현재 존재하는 양도대상채
권 및 담보권과 이에 부수하는 모든 권리, 권한, 이자와 이익을 양수인에게
매도하고, 이전하고, 전달하며, 양수인은 이를 양도인으로부터 매수하고, 취
득하고, 인수한다. 또한, 양수인은 양수인이 양도대상채권 및 담보권과 관련
된 모든 의무를 부담하며 양도대상채권 및 담보권의 모든 조건들을 따를 것을
동의한다.

③ 양수인이 본건 계약의 체결 후 양도대상 채권 및 담보권의 양도에 대한 대금
(이하 "양도 대금"이라고 한다) 전부를 양도인에게 지급하는 경우에 양도
인은 지체 없이 양도대상채권 및 담보권 관련 서류의 원본을 양수인에게 교부
하며, 양도대상채권 및 담보권의 양도 사실을 채무자에게 지체 없이 내용 증
명 우편 기타 확정일자 있는 증서에 의하여 통지한다.

④ 양수인이 양도인에게 양도 대금 전부를 여하한 유보 없이 지급하고, 양도인이
양수인에게 본 계약에 의한 의무를 이행하는 때에 본건 계약에 기한 거래는
종결되는 것으로 한다.

제3조 (양도 대금, 대금지급기일의 연장)

① 양도 대금은 총 금팔억일천만원(₩810,000,000)으로 한다.

② 계약금은 금팔천만원(₩80,000,000)으로 하며 계약시 지급한다.

③ 잔금은 금칠억삼천만원(₩730,000,000)으로 하며 잔금지급기한까지 지급하도록

3

한다.

④ 양수인은 양도 대금을 양도인이 지정하는 은행 계좌(은행,   -502-
)에 현금으로 입금하거나 양도인이 별도로 지정하는 방식으로 지급한다.
다만, 양수인이 경매절차에서 해당 부동산을 낙찰 받고 양도인이 담보권자로
서 배당을 받은 경우 배당금의 범위 내에서 잔금상당의 금액을 지급한 것으로
본다.

제4조 (양도대금의 정산)

① 본 계약의 양도인이 매매기준일까지 추심한 모든 금원은 양도인에게 귀속되
고, 잔금지급기한 전 양도인이 채무자로부터 수령한 회수금은 양수인에게
귀속한다.

② 양도인이 채권회수를 위하여 지출한 법적 절차 비용은 양도대금과 별도로
양수인이 부담하기로 한다(경매신청비용포함).

③ 양도인은 양수인에게 법적 절차비용, 양도대금에 대한 지연이자 및 양도대
금 미지급금 순서로 회수금과 정산한 후 정산금을 지급한다.

제5조 (승인 및 권리포기)

① 양수인은 자신이 직접 채무자, 양도대상채권, 담보권, 양도대상채권 및 담보
권 관련 서류에 대하여 실사를 한 후 본 계약을 체결한다.

② 본 계약조항과 상치되는 여하한 것에도 불구하고, 양도인은 채무자의 재무 상
태 및 변제 자력 또는 양도대상채권 및 담보권과 관련된 조건, 양도가능성,
집행가능성, 완전함, 대항요건, 양도대상채권 및 담보권 관련 문서의 정확성
및 그 양도가능성을 포함하여 양도대상채권에 대한 여하한 진술 및 보장도 하
지 아니한다.

③ 양수인은 양도인이 현재의 형식과 상태대로 양도대상채권 및 담보권을 양도함

4

을 확인한다.

제6조 (양도인의 면책)

양수인은 본건 계약 체결과 동시에 양도대상채권 및 담보권의 양수 및 보유와 관련하여 양도인에게 발생하는 모든 조치, 소송, 채무, 청구, 약정, 손해 또는 기타 청구로부터 양도인을 영구하게 면책시킨다.

제7조 (제3자 낙찰 등)

양수인이 본건 경매절차에서 입찰에 참가하였으나 제3자가 최고가매수인이 된 경우 및 채무자의 채무변제 등으로 경매절차가 취소된 경우에는 양도인은 계약을 해제할 수 있다. 이 경우 양수인이 계약체결 시 양도인에게 지급한 금팔천만원(₩80,000,000)은 양수인에게 반환하여야 한다. 단, 양도인이 위 금원을 수령한 날로부터 반환하는 날까지의 이자는 지급하지 아니한다.

제8조 (계약의 해제 및 손해배상의 예정)

① 다음 각 호의 경우 양도인은 계약을 해제할 수 있다.

   1. 양수인이 양도대금의 지급을 지체하는 경우

   2. 양수인이 본 계약에서 약정한 본건 경매절차의 입찰에 참가하지 아니한 경우

   3. 양수인이 본건 경매절차의 대금납부기일까지 낙찰대금을 납부하지 아니한 경우

② 전항 각 호의 사유가 발생하는 경우 양도인은 양수인에 대한 별노의 통지 없이 본건 계약은 해제된 것으로 간주한다.

③ 제①항의 사유로 계약을 해제하는 경우 양수인이 계약체결 시 양도인에게 지급한 계약금은 위약금으로서 전액 양도인에게 귀속되며 양수인은 위 금원의 반환을 청구할 수 없다. 또한, 양수인이 본건 경매법원에 납부한 입찰보증금은

5

양도인에게 반환을 청구할 수 없다.

④ 제①항의 사유가 발생하였음에도 불구하고 계약을 해제하지 아니하는 경우 양수인은 제1항 각호의 사유발생일 다음 날부터 그 사유가 소멸되는 날까지의 잔금에 대하여 연20% 연체이율에 의하여 계산된 지연이자를 지급하여야 하며, 이는 회수금에서 원금에 우선하여 정산한다. 양수인이 제1항 각호사유발생 후 임의로 이행한 경우도 동일하게 적용한다.

⑤ 양도인의 위약으로 본 계약이 해제되는 경우에는 위약금으로 계약금의 배액에 해당하는 금액을 양수인에게 지급한다.

제9조 (비용의 부담)

각 당사자는 본건 계약의 협상을 위하여 지출한 변호사보수 기타 일체의 비용을 각자 부담한다. 그 외에 양수인은 양도대상채권 및 담보권의 실사에 소요된 변호사보수 기타 일체의 비용, 양도대상채권 및 담보권을 양도인으로부터 이전 받는 것과 관련된 모든 비용 일체를 부담하며, 어떠한 경우에도 양수인은 양도인에 대하여 그 비용의 부담 또는 상환을 청구하지 못한다.

제10조 (계약 당사자 변경 등)

① 양수인은 양도인의 사전 서면 동의를 얻어 본건 계약에 의한 양수인의 권리와 의무를 제3자에게 양도할 수 있다. 다만 이 경우에 그 계약 당사자 변경과 관련하여 지출되는 모든 비용은 양수인이 부담하며, 제3자로의 계약 당사자 변경으로 인해 양도인에게 발생하는 모든 불이익은 양수인의 책임으로 한다.

② 제1항의 규정에 따라 양수인의 지위를 승계하는 자(아래에서 "계약 인수인"이라고 한다)가 다수인 경우에 양도대상채권 및 담보권의 양도는 양수인과 계약 인수인이 상호 합의하여 양도인에게 요청하는 방법으로 이루어진다.

6

제11조 (관할 법원)

본건 계약과 관련하여 발생하는 분쟁에 관한 소송의 제1심 관할 법원을 서울중앙
지방법원으로 정한다.

※특약사항

---

1. 양수인은 서울중앙지방법원 2012타경20216호 부동산임의경매절차("본건
경매절차"라함.)에서 2014년 10월 08일로 예정된 입찰기일에 본건 양도대금
이상의 금액으로 입찰에 참가하여야 한다(만일, 매각기일이 변경될 경우 변경된
매각기일에 참여하여야 한다).

2. 양수인은 서울중앙지방법원 2012타경20216호 부동산임의경매 사건에 대하여
충분히 인지하고 계약하는 것으로, 본건 계약체결일 전후를 불문하고 발생한
임차인, 유치권 등 기타 경매관련 모든 사항을 책임진다.

3. 양수인은 본문 제8조 제1항 각호사유의 발생이 예상되는 경우 자동해제를
면하기 위하여는 그 사유발생일전에 서면으로 이를 고지하여 연장을 요청하여야
한다.

4. 양도대상채권과 관련하여 경매법원의 배당기일에 배당이의가 있게 되는 경우 그
위험은 양수인이 부담하기로 하며 배당이의 된 금액을 제외한 나머지 회수금으로
정산한다.

5. 선순위 채권은 양수인이 부담한다.

6. 본건 경매절차에서 양수인이 최고가매수인이 되고 차순위 입찰자의 입찰금액이
금810,000,000원을 초과하는 경우, 초과분에 해당하는 금액을 양수인이 양도인에게

7

별도 지급하기로 한다. 다만, 초과분 별도 지급금액의 한도는 금20,000,000원으로
한다.

본 계약의 양당사자는 계약서의 내용을 충분히 숙지하고 이에 합의하였으며,

본 계약의 체결을 증명하기 위하여 당사자들은 계약서 2통을 작성한다.

2014년 09월 22일

양도인   제28차유동화전문 유한회사

        서울시 종로구 청계천로   , 22층(서린동,   빌딩)

        대표자 이사   노

양수인   우   (   )

        경기도 성남시 분당구 금곡로   ,   아파트   동 1001호

8

[양도대상채권 및 담보권 표시]

(별지 1)

1) 채권양도대상채권

(단위 : 원)

대출과목	대출일자	대출원금잔액	양도대상채권
기업운전일반자 금대출	2011-04-04	699,976,225	699,976,225
합　계		699,976,225	699,976,225

● ㈜ 상기 대출원금 잔액은 2014. 09. 22. 현재 잔액이며, 이자는 별도로 가산됨.

2) 담보권의 표시

담보물권 소재지	서울특별시 서초구 서초동 플래티넘 제1층 제111호
담보권의 종류	포괄근담보
채무자	박
근저당권 설정자	박
관할등기소	서울중앙지방법원　등기과
등기일	2006년　04월　04일
등기번호	제24518호
근저당권 설정 금액	금1,170,000,000원정

[채권계산서 명세표]

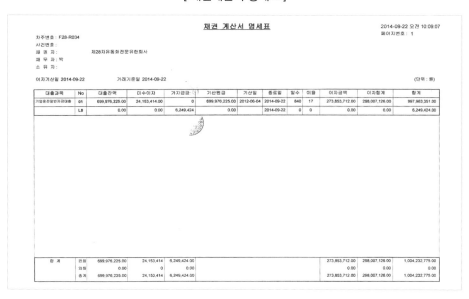

채 권 계 산 서 명 세 표

차주번호 : F28-R034
사건번호 :
채 권 자 : 제28차유동화전문유한회사
채 무 자 : 박
소 유 자 :

이자기산일 2014-09-22   거래기준일 2014-09-22

2014-09-22 오전 10:09:07
페이지번호 : 1

(단위 : 원)

대출과목	No	대출잔액	미수이자	가지급금	기산원금	기산일	종료일	일수	이율	이자금액	이자합계	합계
기업운전일반자금대출	01	699,976,225.00	24,153,414.00	0	699,976,225.00	2012-06-04	2014-09-22	840	17	273,853,712.00	298,007,126.00	997,983,351.00
	L8	0.00	0.00	6,249,424	0.00		2014-09-22	0	0	0.00	0.00	6,249,424.00

합계	원화	699,976,225.00	24,153,414	6,249,424.00						273,853,712.00	298,007,126.00	1,004,232,775.00
	외화	0.00	0.00	0.00						0.00	0.00	0.00
	총계	699,976,225.00	24,153,414	6,249,424.00						273,853,712.00	298,007,126.00	1,004,232,775.00

[부동산의 표시]

부동산의 표시
2012타경20216

1. 1동의 건물의 표시
서울특별시 서초구 서초동
플래티넘
[도로명주소] 서울특별시 서초구 서초중앙로

철근콘크리트구조, 철골철근콘크리트구조
(철근)콘크리트지붕 21층
공동주택(아파트),업무시설(오피스텔),판매및영업시설
지하6층 1945.68㎡
지하5층 2354.64㎡
지하4층 2523.97㎡
지하3층 2498.31㎡
지하2층 2531.52㎡
지하1층 2419.73㎡
1층 1376.65㎡
2층 1462.89㎡
3층 1458.38㎡
4층 1458.38㎡
5층 1458.38㎡
6층 1458.38㎡
7층 1458.38㎡
8층 1458.38㎡
9층 1458.38㎡
10층 150.75㎡
11층 902.24㎡
12층 864.31㎡
13층 864.31㎡
14층 864.31㎡
15층 864.31㎡
16층 864.31㎡
17층 864.31㎡
18층 864.31㎡
19층 864.31㎡
20층 864.31㎡
21층 751.64㎡
옥탑1층(연면적제외) 72.46㎡

전유부분의 건물의 표시
1층 111호
철근콘크리트구조 40.95㎡

대지권의 목적인 토지의 표시
토지의 표시 :   1. 서울특별시 서초구 서초동
대 2837.5㎡
대지권의종류 :   1. 소유권
대지권의비율 :   1. 2,837.5분의 6.15

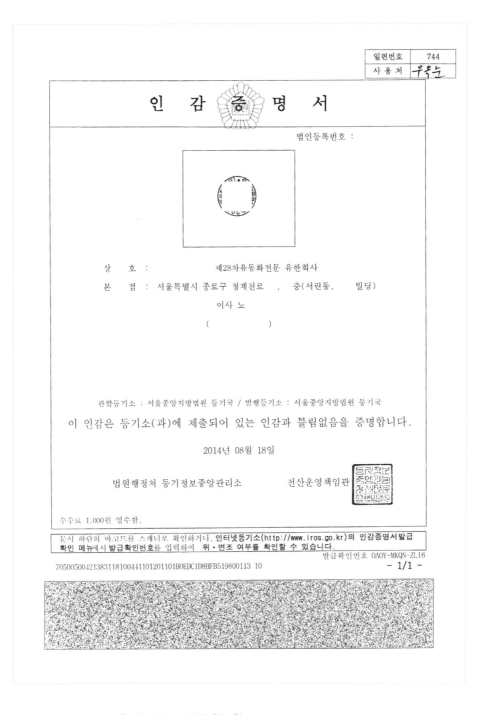

인 감 증 명 서

법인등록번호 :

상 호 :   제28차유동화전문 유한회사

본 점 : 서울특별시 종로구 청계천로   , 충(서린동,   빌딩)

이사 노

(   )

관할등기소 : 서울중앙지방법원 등기국 / 발행등기소 : 서울중앙지방법원 등기국

이 인감은 등기소(과)에 제출되어 있는 인감과 틀림없음을 증명합니다.

2014년 08월 18일

법원행정처 등기정보중앙관리소   전산운영책임관

수수료 1,000원 영수함.

문시 하단의 바코드를 스캐너로 확인하거나, 인터넷등기소(http://www.iros.go.kr)의 인감증명서발급
확인 메뉴에서 발급확인번호를 입력하여 위·변조 여부를 확인할 수 있습니다.

발급확인번호 OAOY-MKQN-ZL16

70500500421383118100441101201101B0EDC1D8BFB519800113 10

- 1/1 -

채권매입계약서를 작성할 때 인감증명서를 첨부함

등기사항전부증명서(현재사항)

등기번호	
등록번호	

상 호	제28차유동화전문 유한회사	
본 점	서울특별시 종로구 청계천로 층(서린동, 빌딩)	

출자 1좌의 금액	금 5,000 원	

자본의 총액	금 18,490,000 원	2012.06.28 변경 2012.06.28 등기

목 적

(1) 회사는 자산유동화에 관한 법률(자산유동화법)에 의하여 금융위원회에 등록될 자산유동화
계획(아래에서 정의됨)에 따라 다음과 같은 자산유동화 업무를 행한다.
1. 채권, 담보권 및 기타 재산권(유동화 자산)의 양수 및 양도
2. 자산관리회사를 통한 자산유동화 자산의 관리, 운용 및 처분
3. 유동화 증권 (출자증서, 사채권 및 기타 증권)의 발행 및 상환
4. 유동화 자산에 관한 자산유동화 계획(자산유동화 계획)의 작성, 변경 및 금융위원회에의 등록
5. 자산유동화 계획의 수행에 필요한 계약의 체결
6. 유동화 증권의 상환, 각종 수수료 및 비용의 지급 등에 필요한 자금의 일시적 차입
7. 여유 자금의 투자
8. 유동화 자산의 운용에 따라 취득한 부동산의 관리, 운용, 사용, 수익 및 처분
9. 위 각 호의 업무와 관련되거나 부수하는 업무
(2) 회사는 제1항에 열기한 업무 이외의 업무를 영위할 수 없다.

임원에 관한 사항

이사 노   -1****** 서울특별시 양천구 목동동로   ,   동   호(목동, 목동신시가지아
파트)

기 타 사 항

1. 존립기간 또는 해산사유

   회사는 다음 각 호의 1에 해당하는 사유로 해산한다.
1. 정관 또는 자산유동화 계획에서 정한 해산 사유가 발생한 때
2. 회사가 발행한 유동화 증권의 상환을 전부 완료한 때
3. 회사가 파산한 때
4. 법원의 해산 명령 또는 판결이 있는 때
5. 자산유동화 계획에 따라 사원 전원의 만장일치에 의한 해산 결의가 있는 때

회사성립연월일	2012 년 06 월 11 일

등기기록의 개설 사유 및 연월일 설립	
	2012 년 06 월 11 일 등기

수수료 1,000원 영수함   --- 이 하 여 백 ---
                  관할등기소 : 서울중앙지방법원 등기국 / 발행등기소 : 서울중앙지방법원 등기국

발급확인번호 3326-ALYK-QMLH

0000615032138311810044110120210 1BOEDC1D8BFB5 10 발행일 :2014/08/18

- 1/2 -

채권매입의향서를 작성할 때 법인등기부등본을 첨부함

[채권매입 계약금 및 잔금을 입금해야 할 유동화회사 통장사본]

[채권매입계약금 영수증]

■ 2012타경20216 실제사례 소개 (사례 5-2)

채권매입 전에 유치권관련 대법원에 상고함

기 일 입 찰 표

서울 지방법원 집행관 귀하   2014 년 10월 8 일

사 건 번 호	2012 타경 20216 호	물 건 번 호	※물건번호가 여러개 있는 경우에는 꼭 기재

입 찰 자	본인	성 명	이		전화번호	010- ˝
		주민(사업자) 등록번호	-	법인등록 번 호		
		주 소	경기도 성남시 분당구 금곡로		노10여로 (금곡동)	
	대리인	성 명	이		본인과의 관 계	부부
		주민등록 번 호		전화번호		
		주 소	성남시 분당구 금곡로 -1여			

입찰 가격	천 억	백 억	십 억	억	천 만	백 만	십 만	만	천	백	십	일		보증 금액	백 억	십 억	억	천 만	백 만	십 만	만	천	백	십	일	
			1	0	1	0	0	0	0	0	0	0	원				6	4	0	0	0	0	0	0	원

보증의 제공방법	☑ 현금·자기앞수표 ☐ 보증서	보증을 반환 받았습니다. 본인 또는 대리인 ㊞

주의사항.
1. 입찰표는 물건마다 별도의 용지를 사용하십시오. 다만, 일괄입찰시에는 1매의 용지를 사용하십시오.
2. 한 사건에서 입찰물건이 여러개 있고 그 물건들이 개별적으로 입찰에 부쳐진 경우에는 사건번호외에 물 건번호를 기재하십시오.
3. 입찰자가 법인인 경우에는 본인의 성명란에 법인의 명칭과 대표자의 지위 및 성명을, 주민등록란에는 사업자등록번호를 기재하고, 대표자의 자격을 증명하는 서면(법인의 등기사항 전부(일부)증명서)을 제출 하여야 합니다.
4. 주소는 주민등록상의 주소를, 법인은 등기사항상의 본점소재지를 기재하시고, 신분확인상 필요하오니 주 민등록증을 꼭 지참하십시오.
5. 입찰가격은 수정할 수 없으므로, 수정을 요하는 때에는 새 용지를 사용하십시오.
6. 대리인이 입찰하는 때에는 입찰자란에 본인과 대리인의 인적사항 및 본인과의 관계 등을 모두 기재하는 외에 본인의 위임장(입찰표 뒷면을 사용)과 인감증명서를 제출하십시오.
7. 위임장, 인감증명 및 자격증명서는 이 입찰표에 첨부하십시오.
8. 입찰함에 투입된 후에는 입찰표의 취소, 변경이나 교환이 불가능합니다.
9. 2인 이상이 공동으로 입찰하는 경우에는 공동입찰신고서를 입찰표와 함께 제출하되, 입찰표의 본인란에 는 "별첨 공동입찰자목록 기재와 같음"이라고 기재한 다음, 입찰표와 공동입찰신고서 사이에는 공동입찰 자 전원이 간인하십시오.
10. 입찰자 본인 또는 대리인 누구나 입찰보증금을 반환받을 수 있습니다.
11. 보증의 제공방법(현금·자기앞수표 또는 보증서)중 하나를 선택하여 ☑표를 기재하십시오.

필자의 처 명의로 응찰하여 낙찰 받음

서울중앙지방법원

나의관심메모 ★★★★★ 남부터미널역세권 1층 상가 부동산

| 2012 타경 20216 (임의) | 매각기일 : 2014-10-08 10:00~ (수) | 경매8계 02-530-1820 |

소재지　(137-866) 서울특별시 서초구 서초동　　-13, 1층 111호 (서초동,　플래티넘)
[도로명주소]　서울특별시 서초구 서초중앙로 18, 1층 111호 (서초동,서초쌍용플래티넘)

물건종별	상가(점포)	채권자	제28차유동화전문 유한회사	감정가	1,000,000,000원
대지권	6.15㎡ (1.86평)	채무자	박	최저가	(64%) 640,000,000원
전용면적	40.95㎡ (12.39평)	소유자	박	보증금	(10%) 64,000,000원
입찰방법	기일입찰	매각대상	토지/건물일괄매각	청구금액	709,942,456원
사건접수	2012-06-25	배당종기일	2012-09-11	개시결정	2012-06-26

기일현황

회차	매각기일	최저매각금액	결과
신건	2013-04-25	1,000,000,000원	변경
신건	2014-01-02	1,000,000,000원	변경
신건	2014-03-13	1,000,000,000원	유찰
2차	2014-04-17	800,000,000원	변경
2차	2014-09-04	800,000,000원	유찰
3차	2014-10-08	640,000,000원	매각

우옥순/입찰6명/낙찰1,010,000,000원(101%)
2등 입찰가 : 996,000,000원

| 2014-10-15 | 매각결정기일 | 허가 |

물건현황/토지이용계획

남부터미널 남동측 인근에 위치

주위는 시외버스터미널 업무시설 상업시설 오피스텔 아파트단지 각종 근린생활시설 등 소재 및 선상기지대임

인근에 노선버스정류장 및 남부터미널역(지하철3호선) 위치 바 정류장까지의 거리 및 운행상태 등 보아 제반 대중교통사정은 편리

남서측 노폭 약 30미터의 포장도로에 접함

일반상업지역

이용상태(근린생활시설(　　　부동산 지 산관리 사무소)로 이용중이며 내부 인테리어공사를 통해 복층 이용중)

공동 지하주차장 위생설비 및 급배수시설 승강기설비 옥내소화전 화재탐지설비

철근콘크리트구

-임대차 : 물건명세서와 같음

감정평가현황 (주)에이원감정

가격시점	2012-07-05
감정가	1,000,000,000원
토지	(25%) 250,000,000원
건물	(75%) 750,000,000원

면적(단위:㎡)

[대지권]
서초동 1445-13
2837.5㎡ 분의 6.15㎡
대지권 6.15㎡ (1.86평)

[건물]
1층111호 다세대
40.95㎡ 전용
(12.39평)
21층 건중 1층

보존등기일 : 2006-03-31

임차인/대항력여부

배당요구 기일 : 2012-09-11

남궁성　없음
　사업: 없음
　확정: 없음
　배당: 없음
　보증: 미상
　점유: 미상
　(　공인중개사)
현황조사 권리내역

- 임차인으로 등록된 남궁성은 유치권자 겸 가처분권자임.

등기부현황/소멸여부

소유권	이전
2006-03-31	집합
건설외 2명	
보존	

소유권	이전
2006-04-04	집합
박	
매매	

(근)저당	소멸기준
2006-04-04	집합
은행	
1,170,000,000원	

가처분	소멸
2012-01-17	집합
남	
가처분등기보기	

임의경매	소멸
2012-06-26	집합
청구 : 709,942,456원	
2012타경20216	
제28차유동화전	
문 유한회사	
(02-　　　)	

채권총액:
1,170,000,000원

명세서 요약사항

매각으로 소멸되지 않는 등기부권리　해당사항 없음
매각으로 설정된 것으로 보는 지상권　해당사항 없음

1. 이 사건 감정서에 의하면 근린생활시설(　　　부동산, 자산관리 사무소)로 이용중이며, 내부 인테리어공사를 통해 복층으로 이용중임. 2. 남　　으로 부터 2012.8.31.자 금 331,490,000원의 유치권신고가 있음. 3. 이 사건 신청채권자가 위 남　　　　　을 상대로 이 법

101%로 경낙 받은 결과

[최고가매수인으로 선정되고 받은 영수증]

영 수 증

우   귀 하

사 건 번 호		부동산 매수신청 보증금	물건 번호	비고
타경	번 호			
2012	20216	64,000,000		
합 계				

위 금액을 틀림없이 영수 하였습니다.

20 14. 10. 8.

서울중앙지방법원 집행

※ 경매사건의 매각 불허가, 취소, 취하 등으로 보증금의 반환 절차나 사건에 대한 문의는 민사집행과 담당 경매계에 하십시오.

[경낙대금 납부 통지서]

경기 성남시 분당구 금곡로
동 1001호 (금곡동,   )

최고가매수인   우

463-941

(민사집행과 경매8계)
2012-013-20216-14-11-18-16-00-666

[경매8계]

서울중앙지방법원
대금지급기한통지서

사   건   2012타경20216 부동산임의경매
채 권 자   제28차유동화전문 유한회사(양도인 주식회사   은행)
채 무 자   박
소 유 자   채무자와 같음
매 수 인   우
매 각 대 금   1,010,000,000원
대금지급기한   2014.11.18   16:00   경매8계

위와 같이 대금지급기한이 정하여졌으니 매수인께서는 위 지급기한까지 이 법원에 출석
하시어 매각대금을 납부하시기 바랍니다.

해당물건번호 : 1(1,010,000,000원)

2014. 10. 23.

법원주사보 조   (직인생략)

주의: 1.사건진행ARS는 지역번호 없이 1588-9100입니다. 바로 청취하기 위해서는 안내
음성에 관계없이 '1'+'9'+[열람번호 000210 2012 013 20216]+'*'를 누르세요.

법원 소재지	서울 서초구 서초중앙로 157
전 화[장소]	530-1820(구내 :1820)

⊙ 주차시설이 협소하오니 대중교통을 이용하여 주시기 바랍니다.

[경낙대금 완납증명서]

경 락 대 금 완 납 증 명

사   건 : 2012 타경 20216 호 부동산임의경매
채 권 자 : 주식회사   은행
채 무 자 : 박
소 유 자 : 박
낙 찰 자 : 우

위 당사자간 귀원 2012 타경 20216호 부동산임의경매 신청사건에 관하여
낙찰자가 별지목록기재 부동산을 낙찰받아 그 대금 1,010,000,000 원을
2014. 11. 17 . 완납하였음을 증명하여 주시기 바랍니다.

위 증명합니다.
2014 년 11 월 17 일
서울중앙지방법원
법원주사보 조

2014 . 11 .

낙 찰 자   우   (   )
경기도 성남시 분당구 금곡로
동 1001호 (금곡동,   마을)

서 울 중 앙 지 방 법 원   경 매 8 계   귀 중

[경낙 받은 부동산 목록]

부 동 산 목 록

1 동의 건물의 표시   서울특별시 서초구 서초동
                                        플래티넘
    [도로명주소]   서울특별시 서초구 서초중앙로
전유부분의 건물의 표시   건물번호 : 1 - 111
                            구   조 : 철근콘크리트구조
                            면   적 : 1층 111호 40.95 ㎡
대지권의 표시
    토지의 표시   서울특별시 서초구 서초동
                                대 2837.5 ㎡
대지권의 종류   소   유   권
대지권의 비율   2837.5 분의 6.15

[경낙대금을 납부하고 받은 등기촉탁서]

서울중앙지방법원
등기촉탁서(이전)

서울중앙지방법원 등기국 등기관 귀하

사　　건　　2012타경20216 부동산임의경매

부동산의 표시　　별지와 같음

등기 권리자　우　(주민등록번호 :　　　　　　)
　　　　　　　경기 성남시 분당구 금곡로　　, 　동 1001호 (금곡동.　마을)

등기 의무자　박　(주민등록번호 :　　　　　　)
　　　　　　　서울 서초구 서초동　　　　　상가　　　　　부동산

등 기 원 인과 그 년월일　　2014.11.17. 부동산임의경매로 인한 매각

등 기 목 적　　1.소유권 이전등기
　　　　　　　2.말소할 등기 : 별지와 같음

과 세 표 준　　　금　　　　　1,010,000,000 원

취 득 세　　(이 전 등 기) 금　　　　46,460,000 원 (부가세포함)
등록 면허세　(말소등기) 금　　　　　　36,000 원 (지방교육세포함)

등 기 촉 탁 수수료　　금　　　　30,000 원

주 택 채 권　　　금　　　　4,750,000 원

채권발행번호　　8293-15-2025-9413

첨　　　부　　　매각허가결정정본 1통, 촉탁서부본 2통

위 등 기 를 촉탁합니다. (등 본 작 성: 2014.11.12.)

2014. 11. 17.

법원주사보　조

접	년 월 일	처리인	접 수	기 입	교 합	각종통지
수	제　　　호					

[촉탁등기 할 부동산 목록]

부 동 산 목 록

1 동의 건물의 표시　　서울특별시 서초구 서초동
　　　　　　　　　　　　　　　플래티넘
　　[도로명주소]　　서울특별시 서초구 서초중앙로
전유부분의 건물의 표시　건물번호 : 1 - 111
　　　　　　　　　　　구　　조 : 철근콘크리트구조
　　　　　　　　　　　면　　적 : 1층 111호 40.95 ㎡

대지권의 표시
　　　토지의 표시　　서울특별시 서초구 서초동
　　　　　　　　　　　　대　2837.5 ㎡
대지권의 종류　　　소　유　권
대지권의 비율　　　2837.5 분의 6.15

[등록면허세 및 취등록세]

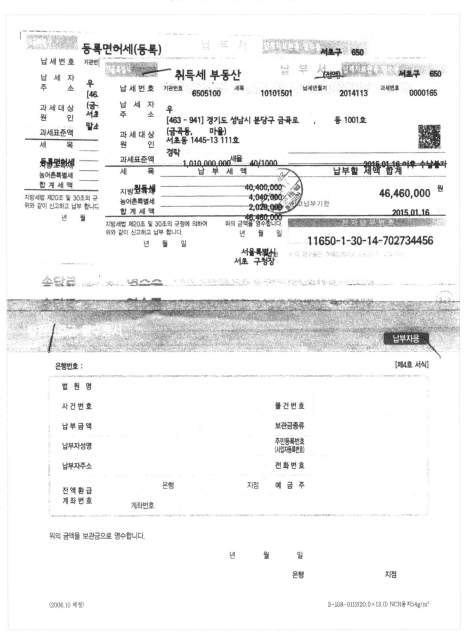

등록면허세(등록)

납세번호	기관번	
납세자 주소	우 [46. (금 서초	
과세대상 원인	말쇼	
과세표준액		
세목		
등록면허세		
농어촌특별세		
합계세액		

지방세법 제20조 및 30조의 규
위와 같이 신고하고 납부 합니다
년   월

취득세 부동산

납세번호	기관번호 6505100	세목 10101501	납세년월기 2014113	과세번호 0000165
납세자 주소	우 [463 - 941] 경기도 성남시 분당구 금곡로 , 동 1001호 (금곡동, 마을) 서초동 1445-13 111호			
과세대상 원인	경락			
과세표준액	1,010,000,000 세율 40/1000			

세목	납부세액	납부할 세액 합계
취득세	40,400,000	
지방교육세	4,040,000	46,460,000 원
농어촌특별세	2,020,000	
합계세액	46,460,000	

2015.01.16

지방세법 제20조 및 30조의 규정에 의하여   위의 금액을 영수합니다.
위와 같이 신고하고 납부 합니다.   년   월   일
    년   월   일

서울특별시
서초 구청장

전자납부번호
11650-1-30-14-702734456

서초구 650

납부서 서초구 650

납부자용

[제4호 서식]

은행번호 :

법 원 명		물 건 번 호	
사 건 번 호		보 관 금 종 류	
납 부 금 액		주민등록번호 (사업자등록번호)	
납부자성명		전 화 번 호	
납부자주소			
잔 액 환 급 계 좌 번 호	은행 지점 예 금 주 계좌번호		

위의 금액을 보관금으로 영수합니다.

년   월   일

은행   지점

(2006.10 제정)

3-108-0112(20.0×13.0) NCR용지54g/m²

[법무사에서 받은 이전 내역서]

사 건 처 리 카 드

					소장	사무장	서급자
사건번호	중앙 12-20216	접수일:	2014. .				

사건명	경락이전	주소	서울 서초구 서초동		111호		
낙찰자	우	주민번호					
		연락처	010- -3663(어 남편)				

최저감정가		낙찰료종급	54,000,000	대출은행		의한
기준시가		대출금액	666,000,000	대금지급기한		
낙찰대금	1,010,000,000	체권최고액	799,200,000	잔금일		

내역	사건명	소유권이전	근저당설정	말소 5	인도명령 2		총비용	
공	취.등록세						부족잔금	280,000,000
	교육세							
	농특세	-4.60%						
	소 계	46,460,000		36,000			화재보험	290,500
	인지세				2,000		인지대	75,000
과	등기증지	15,000		15,000			선정채권	239,700
	주덕체권	166,250						
	송달료				42,600			
	촉달진행및위임	250,000					시.세.열.람.감.정.사	
금	대금완납	80,000					증기비	48,554,850
	종특세대행	70,000						
	설정및여신대행						합계	329,160,050
	무룬및원인서류작성	50,000					DC	-460,050
	열람및등본대	50,000						
	소 계	47,141,250		51,000	44,600		총입금액	328,700,000
	합 계	47,236,850						
보	보수액	160,000		125,000	60,000			
	누진액	790,000						
	V.A.T	103,000						
수	여비일당	80,000						
액								
	소 계	1,133,000		125,000	60,000			
	합 계	1,318,000						
총 계		48,554,850						

[명도를 하기 위한 절차 중 인도명령 등을 받기 위한 위임장]

위 임 장

성명: 어   주민등록번호: -
주소: 경기도 성남시 분당구 금곡로 . 동1001호(청솔마을   )

위 사람을 대리인으로 정하고 2014타기4355 부동산인도명령에 대한 강제집
행(송달증명원발급, 집행문부여) 등 일체의 행위를 위임합니다.

2014년12월29일

위임인
성명: 우   주민등록번호   -   ···
주소: 경기도 성남시 분당구 금곡로 . 동1001호(청솔마을   )

[대법원 유치권 상고 관련 내역]

대법원 전자소송

빠르고 편리한 고품질 사법서비스

본 사이트에서 제공된 사건정보는 법적인 효력이 없으니, 참고자료로만 활용하시기 바랍니다. 민사, 특허 등 전자소송으로 진행되는 사건에 대해서는 전자소송 홈페이지를 이용하시면 판결문이나 사건기록을 모두 인터넷으로 보실 수 있습니다.

Click

사건일반내용   **사건진행내용**   인쇄하기

사건번호 : 서울중앙지방법원 2014타기 55   나의 사건 검색하기

기본내용

사건번호	2014타기4355	사건명	부동산인도명령
재판부	경매8계 (전화:530-1820)		
접수일	2014.11.17	종국결과	2014.12.22 인용

진행내용

전 체   **선택**

▶ 송달결과(2007. 3. 12. 전에는 재판부에서 등록한 내용에, 그 이후에는 우정사업본부로부터 전송받은 내용에 한함)를 조회하고자 할 경우에는 아래 '확인' 항목에 체크하시기 바랍니다.

☐ 확인

· 송달결과는 법적인 효력이 없는 참고사항에 불과하고, 추후 송달이 착오에 말미암은 것이거나 부식법한 경우 변경될 수 있습니다.

· 송달결과에 '0시 도달'로 나타나는 경우에는 기간 계산 시 초일이 산입된다는 점에 유의하시기 바랍니다.

· 채권압류 및 전부명령 또는 추심명령사건일경우 제3채무자가 존재시 제3채무자에게 송달이 이루어지지 않은 경우는 제출서류내용이 표시되지 않습니다.

일 자	내 용	결 과	공시문
2014.11.17	소장접수		
2014.11.27	신청인 우▇ 부동산인도명령절차진행신청서 제출		
2014.11.27	피신청인1 남▇에게 심문서송달	위의 '확인' 항목 체크	
2014.12.05	신청인 우▇ 의견서 제출		
2014.12.08	피신청인 남▇ 답변서 제출		
2014.12.10	신청인 우옥순 열람및복사신청 제출		
2014.12.22	신청인1 우▇에게 결정정본송달		
2014.12.22	피신청인1 남▇에게 결정정본송달		
2014.12.22	종국 : 인용		

· 송달내용은 법원에서 해당 당사자(대리인)에게 해당 내용의 송달물을 발송한 내용입니다.

TOP

[점유이전금지 가처분 신청을 하기 전 관할 세무서에 임차인 열람서]

열람·제공 대상 임차인 없음

접수
○○세무서
2014. 12. 0 8
No 제1633

■ 상가건물 임대차보호법 시행령 [별지 제1호서식] <개정 2012.5.23>

등록사항 등의 열람·제공 요청서

(앞쪽)

접수번호		접수일자		발급일		처리기간 즉시

요청인	상호(법인명)		사업자등록번호	
	성명(대표자) 이		생년월일(법인등록번호)	
	주소 또는 본점소재지 성해 번방구 장유로 100-13		휴대전화번호: 사업장 전화번호: 주소지 전화번호:	
	이해관계인 해당사유 ①임대인 2. 임차인 3. 근저당설정권자 등 4. 그 밖의 이해관계인(노 메자)			

요청내용	열람(제공) 범위				
	건물소재지(건물명, 동, 열, 층, 호수까지 구체적으로 기재) 서울시 서초구 서초동 홈래터넘 제1층 111호				
		임대인		임차인	
	구 분	사업자등록번호	생년월일 (법인등록번호)	사업자등록번호	생년월일 (법인등록번호)
	등기부상 소유자	이	1. 28		
	사용 용도 가천 외 참조용				
	구분		1. 열람	2. 제공	

「상가건물 임대차보호법」 제4조에 따라 위 상가건물의 임대차내용에 대한 등록사항 등의 열람(제공)을 요청합니다.

2014년 12월 8 일

요청인 이 (서명 또는 인)

세무서장 귀하

위 요청인은 아래 위임받은 자에게 「상가건물 임대차보호법」 제4조에 따른 등록사항 등의 열람·제공 요청 및 수령에 관한 일체의 권리와 의무를 위임합니다.

2014 년 월 일

위임자 이 (서명 또는 인)

위임 받은 자	성명 이	생년월일(법인등록번호)	
	요청인과의 관계 이 이	전화번호 010- - 3663	

210mm×297mm[백상지 80g/m²]

[대법원 판결서]

2014다   558

판 결 서

대법원

대　　법　　원

제　3　부

판　　결

	2014. 11. 27. 원본영수	인
	20 . . . 판결송달	

사　　　건　　　2014다　558　유치권부존재확인

원고, 피상고인　　　제28차유동화전문 유한회사

　　　　　　　　서울 종로구 청계천로　　　층(서린동,　　빌딩)

　　　　　　　　대표자 이사 노

피고, 상고인　　　남

　　　　　　　　서울 서초구 서초중앙로　 , 1층 111호(서초동

　　　　　　　　플래티넘)

원 심 판 결　　　서울중앙지방법원 2014. 7. 24. 선고 2013나64976 판결

주　　　　문

상고를 기각한다.

상고비용은 피고가 부담한다.

이　　　　유

　이 사건 기록과 원심판결 및 상고이유를 모두 살펴보았으나, 상고인의 상고이유에

관한 주장은 상고심절차에 관한 특례법 제4조에 해당하여 이유 없음이 명백하므로, 위

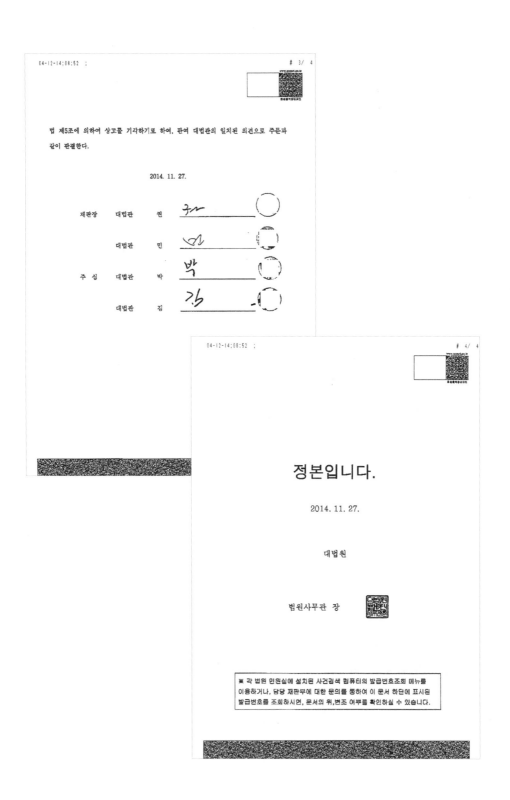

법 제5조에 의하여 상고를 기각하기로 하여, 관여 대법관의 일치된 의견으로 주문과 같이 판결한다.

2014. 11. 27.

재판장	대법관	권	
	대법관	민	
주 심	대법관	박	
	대법관	김	

정본입니다.

2014. 11. 27.

대법원

법원사무관 장

※ 각 법원 민원실에 설치된 사건검색 컴퓨터의 발급번호조회 메뉴를 이용하거나, 담당 재판부에 대한 문의를 통하여 이 문서 하단에 표시된 발급번호를 조회하시면, 문서의 위,변조 여부를 확인하실 수 있습니다.

23-10-14;14:46 ;

1/

대법원 2014다   558 유치권부존재확인 2014.10.14 제출 원본과 상위 없음

상 고 이 유 서

사   건   2014다   558 유치권부존재
원고(피상고인)   제28차유동화전문 유한회사
피고(상 고 인) 남

32535

대법원(민사3부)   귀중

상 고 이 유 서

사 건   2014다   558 유치권부존재확인
원고(피상고인)   제28차유동화전문 유한회사
피고(상 고 인)   남

위 당사자간 귀원 2014다   558 유치권부존재확인 청구사건에 관하여 상고인
(피고)는 다음과 같이 상고이유서를 제출합니다.

- 다   음 -

1. 건물의 객관적 가치의 증가와 심리미진 내지 법리오해

가. 원심법원은 "유익비상환청구권에 관하여 민법 제626조 제2항에서 유익비
란 임차물의 객관적 가치를 증가시키기 위하여 투입한 비용을 말하는 것"이라고
적시한 후, 갑제12호증, 을제10호증의 3 각 기재 및 영상, 제1심 법원에 대한
감정촉탁회보결과, 변론 전체의 취지에 의하면, 이 사건 건물은 피고가 임차하기
이전에 부동산 중개사무소로 사용되고 있었던 사실, 피고는 2011. 9.경 이 사건
건물을 임차한 후 일부가 복층으로 되어 있던 구조를 철거하고, 다시 복층구조
를 위한 공사를 한 사실, 피고는 이 사건 건물에 부동산중개사무소를 설치하여
현재까지 영업을 하여 온 사실, 이 사건 건물 1, 2층 상가들은 편의점, 카페, 병
원 등 다양한 업종이 입점하고 있고, 그 중 피고의 건물처럼 복층구조의 인테리

어 공사를 한 점포는 절반이 되지 않고 그 점포들도 대부분이 부분 복층 구조로
되어 있는 사실이 인정되고, 이에 의하면 피고가 실시한 이 사건 건물의 인테리
어 공사는 피고의 부동산중개사무소 영업을 위한 업무 공간 확보 및 노후된 부
대시설의 교체로서 피고의 주관적인 목적에 기여할 뿐 건물의 객관적 가치를 증
대시킬 수 있는 것이라 보기 어렵다는 이유로 피고의 유치권을 부인하였습니다.

나. 원심법원은 피고의 점포가 소재하는 건물에는 다양한 업종의 점포가 있으
며, 그 대부분은 복층시설이 없고, 있다하더라도 부분 복층의 형태라고 설시한
후, 피고가 기존의 복층을 철거하고 다시 대대적인 복층구조의 인테리어 공사를
하였음을 스스로 인정하면서도 결론에서는 피고의 주관적인 목적에 기여할 뿐
건물의 객관적 가치를 증가시킨다고, 보기 어렵다고 결론지었으나, 원심법원의
위와 같은 추론은 스스로 모순되다 아니할 수 없습니다.

다. 원심법원이 인정하고 있듯이 같은 건물 내의 다른 점포들이 부분 복층에
그치고 있으나, 피고는 일부 복층을 철거하고 완전한 복층구조를 위한 대대적인
인테리어 공사를 하였으며, 피고가 단순히 주관적인 목적에 기여하기 위한 것이
라면 다른 점포들과 마찬가지로 부분 복층구조의 인테리어 공사에 그쳤을 것임
에도 불구하고, 대대적인 복층구조를 위한 공사를 하였다는 점에 비추어, 피고는
주관적 목적에 그치지 아니하고 나아가 전물의 객관적 가치 증가에 기여한다고
봄이 상당하다 할 것입니다. 그러므로 원심법원의 위와 같은 추론은 스스로 모
순되다 아니할 수 없습니다.

라. 피고가 위와 같은 대대적인 복층구조의 인테리어 공사 후 그 점포에서 현
재까지 영업을 하였다는 사실이 곧 주관적 목적에 기여하기 위한 것이라고 볼
수 없을 뿐만 아니라, 그 이용은 객관적 가치 증가 이후에 오는 반사적 이익에
불과하고, 피고가 사용한 점포의 임대료가 현실적으로 증가하였다는 점 등에 비
추어 피고의 복층구조를 위한 인테리어 공사는 주관적 목적에 기여한다고 단정

하기보다 오히려 객관적 가치의 증가에 기여하였다고 봄이 상당합니다.

마. 그러므로 원심법원의 위와 같은 추론은 논리적 모순일 뿐만 아니라, 심리
미진 내지 법리오해로 인한 위법 있다고 봄이 상당합니다.

2. 불법건축물이라는 단정의 잘못과 심리미진 내지 법리오해

가. 원심법원은, 더군다나 갑제14호증의 기재에 의하면, 피고가 실시한 이 사건
건물의 인테리어 공사는 무단증축에 해당하여 건축주 박석창이 2014. 1. 10. 서
초구로부터 '건축법 위반사항 시정명령'을 받은 사실이 인정되는 바, 피고가 실
시한 인테리어 공사는 불법건축에 해당하므로 그와 같이' 위법한 행위에 대한 비
용에 대해서는 유익비상환청구권을 주장할 없다고 단정한 후 피고의 유치권을
부인하였습니다.

나. 건축법에 따른 무단증축 등의 경우에도 건축법이 정한 소정의 요건에 해
당하거나, 그 요건을 구비하는 경우에는 불법건축이라 하더라도 하자 치유 등에
따른 적법건축으로 변경될 가능성이 전혀 없다고 할 수 없으므로, '건축법 위반사항
시정명령'이 있었다는 이유만으로 곧 불법건축에 해당하여 위법한 행위에 대한
비용에 대해서 유익비상환청구권을 주장할 수 없다고 단정하는 것은 잘못이라
아니할 수 없습니다.

다. 뿐만 아니라, 원심법원에 제출된 각 기록에 의하여 알 수 있듯이, 피고와
건축주 소외 박   사이에 수많은 소송이 계속되는 사정 등에 비추어 피고와
소외 박석창 사이는 감정적 대립상황이고, 이와 같은 상황에서 소외 박석창이
피고를 위하여 불법건축의 하자 치유를 위하여 구청 등 판할 관청에 필요한 신
청을 하여 줄 것이라는 기대는 애초부터 할 수 없다고 봄이 상당합니다.

라. 그러므로 원심법원이 위와 같은 결론을 얻기 위해서는 건축법에 따른 위
반 사항을 치유할 수 있는지 여부, 치유할 수 있다고 하더라도 이 사건 건축이
그와 같은 치유가 완전히 차단되었는지 여부를 면밀히 심리한 후, 도출된 결론이어
야만 합니다. 그러나 원심법원은 이와 같은 심리를 하지 않았습니다.

마. 그렇다면, 원심법원이 불법건축물이라고 단정한 것에는 분명 잘못이 있고,
그 잘못은 심리미진 내지 법리오해가 있었다고 봄이 상당합니다.

3. 결론

그렇다면, 원심법원의 판단은 유익비상환청구권, 불법건축 등에 관하여 심리
미진 내지 법리오해에 따라 얻은 잘못된 사실에 따라 잘못된 판단에 이르는 위
법이 있었다고 봄이 상당합니다.

2014. 10.   14

위 피고 남

대법원(민사3부)   귀중

의 견 서

사　　건 :　2014타기4355　　부동산인도명령

신 청 인 :　우

피신청인 :　남

서울중앙지방법원　　경매8계　　　　귀중

(의견서가 인용되고 인도명령결정이 되었다.)

[대법원 판결서를 첨부하여 관할 법원에 제출한 의견서]

의 견 서

사　　건 : 2014타기4355　부동산인도명령
신 청 인 : 우
피신청인 : 남

　　　위 사건에 관하여 신청인은 다음과 같은 의견을 개진합니다.

다　　음

1. 이 사건과 관련하여 신청인이 원용하였던 서울중앙지방법원 2013나64976 유치권부존재확인 항소심은 "서울중앙지방법원 2012타경20216 부동산임의경매 사건에 관하여 2012. 08. 31. 권리신고한 별지 목록 기재 부동산에 대한 **유치권은 존재하지 아니함을 확인한다.**"입니다.-로 2014. 07. 24에 원고승소 취지로 종국 판단하였으며, 반면 피신청인 남　　이 위의 불복하는 취지로 대법원 2014다　　558 유치권부존재확인 상고를 제기한 하였음을 신청인은 전 번 제출한 2014.11.27 부동산인도명령절차진행신청서 상에서 진술한 바 있습니다.

한편 피신청인 남　　이 제기한 위 대법원 2014다　　558 유치권부존재확인 상고사건은 2014. 11. 27자로 심리불속행 기각됨으로써 신청 외 유동화회사가 피 신청인을 상대로 청구한 "별지 목록 기재 부동산에 대한 **유치권은 존재하지 아니함을 확인한다.**"는 **취지대로 승소** 확정되었습니다.

따라서 신청인이 2014. 11. 17자로 이 사건 부동산 경락대금을 완납한 이후로 피 신청인은 신청인와의 관계에서 단지 불법 점유자 일뿐입니다.

2. 이와 같이 사실관계 내지 법률관계에 있어서 사법기관의 판단 결과 **피신청인이 권원 없이 이 사건 부동산을 점유하고 있음으로 종결되었으므로,** 하루 속히 신청인의 피 신청인에 대한 이 사건 신청을 인용하여 주시기 바랍니다.

참 고 자 료

1. 제3심 판결문

2014. 12. 4
위 신청인
우

서울중앙지방법원   경매8계   귀중

160682

답 변 서

사　　건 : 2014타기4355 부동산인도명령
신 청 인 : 우
피신청인 : 남

위 사건에 관하여 귀원의 심문서(2014.11.25)에 대한 답변서를 다음과 같이
제출합니다

**1. 먼저 피신청인은 경락자 신청인의 부동산인도 요청에 불응할 의사가 전혀
없다는 것을 밝혀 둡니다.**

2. 다만 경락이후 신청인은 본인에게 즉시 인도해 줄 것을 수차례 요구하였
으나 이에 법적인 절차와 배당권자로서 배당기일(2014.12.18)에 배당금
액의 윤곽이 들어나면 그에 맞춰 이전할 사무실의 위치와 규모를 결정해
야 하는 본인의 처지를 감안하여 시간적 여유를 간청한 사실은 있습니다.

　　**참고로 피신청인은 소유자 박　　에게 본 건의 매매사기를 당하여 매매
대금과 이자 3억여원과 소송비용과 대항비용 등으로 3억여원이 들어가
총 6억여원을 회수조차 불가능한 상태로 파산직전의 상태입니다**

3. 이러한 이유로 신청인에게 선처를 부탁드린 것인데 신청인이 이를 거부하
여 법적인 절차에 따르겠다 하였을 뿐 하등의 거부 이유는 없습니다.

4. 또한 그간 유치권에 대한 대법원의 기각 판결이 있어 사정이 달라졌으나
본인의 입장에선 인테리어 등의 시설비(3500여만원)와 1억원에 달하는
상가권리금을 포기해야 하는 입장에서는 법적인 절차가 있음에도 불구하
고 이사비조로 500만원을 줄테니 당장 나가라는 신청인의 요구는 지나친
것이라고 생각할 수 밖에 없었습니다.

5. 본인의 사정이 이러함에도 불구하고 배당이 끝나고 법원의 명령이 있으면
조건없이 따를 것입니다.

6. 결 어

존경하는 재판장님

주지하시는 바와 같이 이사라는게 하루아침에 뚝딱 이루어지는 것이 아니니 그간 본인도 마음의 준비는 하였으나 결국은 돈이 결정하는 것이라 저로서는 본의 아니게 신청인(알고보니집안형수의인척입니다)에게 누를 끼치는 게 아닌가 하여 마음이 무겁습니다

서로의 사정이 엄존하는 입장이나 저만의 입장을 강요할 생각은 추호도 없으니 본인의 참담함을 동여 매고 순리대로 이전할 수 있도록 약간의 기간만을 배려해 주신다면 절대 심여 끼치는 일 없이 이행토록 하겠으니 선처하여 주시기 바랍니다.

2014.　　12.　　8

위 본인 피신청인　　남

서울중앙지방법원 민사법행과(경매8계)　귀중

[인도명령 결정]

서 울 중 앙 지 방 법 원

결   정

사   건   2014타기4355 부동산인도명령
신 청 인 우 (   )
　　　　 경기 성남시 분당구 금곡로   ,   동 1001호 (금곡동,   마을)
　　　　 송달장소 : 경기 성남시 분당구 금곡로   동 1001호
　　　　 (금곡동,   마을)

피 신 청 인 남
　　　　 서울특별시 서초구 서초중앙로   , 1층
　　　　 111호(서초동,   플래티넘)

주 문
피신청인은 신청인에게 별지목록 기재 부동산을 인도하라.

이 유
이 법원 2012타경20216 호 부동산임의경매에 관하여 신청인의 인도명령신청이 이유있
다고 인정되므로 주문과 같이 결정한다.

정 본 입 니 다.
2014. 12. 22.
법원주사보 조

　　　　　　　　2014. 12. 22.
　　　　　　　　판사   염 호 준

　　이 정본은 피신청인 남   에 대한 강제집행을

　　시하기 위하여 신청인 우   에게 내어준다.

　　　　　　　　2014. 12. 26.

　　　　　　서울중앙지방법원

　　　　　법원주사보 조

부동산의 표시

2012타경20216

[물건 1]
   1. 1동의 건물의 표시
        서울특별시 서초구 서초동
               플래티넘
        [도로명주소] 서울특별시 서초구 서초중앙로

        철근콘크리트구조, 철골철근콘크리트구조
        (철근)콘크리트지붕 21층
        공동주택(아파트),업무시설(오피스텔),판매및영업시설
        지하6층 1945.68㎡
        지하5층 2354.64㎡
        지하4층 2523.97㎡
        지하3층 2498.31㎡
        지하2층 2531.52㎡
        지하1층 2419.73㎡
         1층   1376.65㎡
         2층   1462.89㎡
         3층   1458.38㎡
         4층   1458.38㎡
         5층   1458.38㎡
         6층   1458.38㎡
         7층   1458.38㎡
         8층   1458.38㎡
         9층   1458.38㎡
        10층   150.75㎡
        11층   902.24㎡
        12층   864.31㎡
        13층   864.31㎡
        14층   864.31㎡
        15층   864.31㎡
        16층   864.31㎡
        17층   864.31㎡
        18층   864.31㎡
        19층   864.31㎡
        20층   864.31㎡
        21층   751.64㎡
        옥탑1층(연면적제외) 72.46㎡

     전유부분의 건물의 표시
        1층 111호
        철근콘크리트구조 40.95㎡

     대지권의 목적인 토지의 표시
        토지의 표시 :   1. 서울특별시 서초구 서초동
                            대 2837.5㎡
        대지권의종류 :   1. 소유권
        대지권의비율 :   1. 2,837.5분의 6.15

[인도명령결정을 받은 후 강제집행신청서]

서 울 중 앙 지 방 법 원
강 제 집 행 신 청 서

서울중앙지방법원 집행관사무소 집행관 귀하

채권자	성 명	우	주민등록번호 (사업자등록번호)		전화번호	010 - 3663
					우편번호	□□□-□□□
	주 소	성남시 갈현구 공룡동(로) 가 번지 호 (통 반) 아파트 동 100초 (하성동, 가은)				
	대리인	성명(신용정보대부법인 윤정변화 주민등록번호(			전화번호	
채무자	성 명	남	주민등록번호 (사업자등록번호)		전화번호	
					우편번호	□□□-□□□
	주 소	서울 시 서초구 서초양동(로) 가 번지 호 (통 반) 아파트 동 호 1층 111호 (서초, 동아타운)				

집 행 목 적 물 소 재 지	채무자의 주소지와 같음 (※다른 경우는 아래에 기재함) 지 구 동(로) 가 번지 호 (통 반) 아파트 동 호
집 행 권 원	서울중앙지방법원 2014타기 4375
집행의 목적물 및 집 행 방 법	동산압류, 동산가압류, 동산가처분, 부동산점유이전금지가처분, 건물명도, 철거, 부동산인도, 자동차인도, 기타( )
청 구 금 액	원(내역은 뒷면과 같음)

위 집행권원에 기한 집행을 하여 주시기 바랍니다.

※ 첨부서류
1. 집행권원 1통
2. 송달증명서 1통
3. 위임장 1통

2014. 12. 30
채권자 우
대리인 신용정보대부법인 윤정변화

※ 특약사항
1. 본인이 수령할 예납금잔액을 본인의 비용부담하에
오른쪽에 표시한 예금계좌에 입금하여 주실 것을
신청합니다.

채권자 우

예금계좌	개설은행	외환 은평
	예 금 주	
	계좌번호	

2. 집행관이 계산한 수수료 기타 비용의 예납통지 또는 강제집행 속행의사 유무 확인 촉구를 2회 이
상 받고도 채권자가 상당한 기간 내에 그 예납 또는 속행의 의사표시를 하지 아니한 때에는 본건
강제집행 위임을 취하한 것으로 보고 완결처분해도 이의 없음.

채권자 우

주 1. 굵은 선으로 표시된 부분은 반드시 기재하여야 합니다.(금전채권의 경우 청구금액 포함).
　 2. 채권자가 개인인 경우에는 주민등록번호를, 법인인 경우에는 사업자등록번호를 기재합니다.

3 - 1(앞면)

위 임 장

채 권 자 우
주   소 *경기 성남시 분당구 금곡로* , 동 101호 (금곡동, 마을)

채 무 자 홈
주   소 *서울 서초구 서초중앙로* , 1층 111호 (서초동, 든대피점)

집행권원 *서울중앙지방법원 2014차기 4355 구동인도명령*

채권자는 위 집행권원에 기하여 위 채무자에 대한 강제집행을 다음 사람에게 위임하고 아래 권한을 부여합니다.

1. 수 임 자

   성   명: *서울종합법무법인 담당변호사*   *(변호사)*
   주민등록번호:
   주   소: *서울 서초구 서초대로* , 2층 (서초동, 빌딩)

2. 위 임 사 항   가. 집행관에게 위임하는 일.
              나. 집행현장안내 및 입회하는 일.
              다. 경매기일 지정신청 및 촉구하는 일.
              라. 변제금 및 경매대금을 수령하는 일.
              마. 집행권원의 송달을 위임하는 일.
              바. 특별송달을 위임하는 일.
              사. 집행신청을 취하하는 일.
              아. 기타 채권자로서 할 수 있는 일체의 권한

위 와 같 이 위 임 합 니 다.

2014. 12. 22.

위임인(채권자) 우   ㈖

3 - 4

[강제집행에 필요한 양식 1]

청구금액계산서

내 용	금 액
합 계	원

집행목적물 소재지 약도

송 달 증 명 원

사　　건 : 서울중앙지방법원 2014타기4355 부동산인도명령

신 청 인 : 우

피신청인 : 남

증명신청인 : 우

위 사건에 관하여 아래와 같이 송달되었음을 증명합니다.

피신청인 남　　: 2014. 12. 26. 결정정본 송달　끝.

2014.　12.　26.

서 울 중 앙 지 방 법 원

법원주사보　조

경 락 대 금 완 납 증 명

사 건 : 2012 타경 20216 호 부동산임의경매
채 권 자 : 주식회사 ○○은행
채 무 자 : 박○○
소 유 자 : 박○○
낙 찰 자 : 우○○

위 당사자간 귀원 2012 타경 20216호 부동산임의경매 신청사건에 관하여
낙찰자가 별지목록기재 부동산을 낙찰받아 그 대금 1,010,000,000 원을
2014. 11. 17. 완납하였음을 증명하여 주시기 바랍니다.

위 증명합니다

2014.   11. .   서울중앙지방법원

법원주사보 조○○

낙 찰 자   우○○   (   )
경기도 성남시 분당구 금곡로
동 1001호 (금곡동.   마을)

서울중앙지방법원   경 매 8 계   귀중

부 동 산 목 록

1 동의 건물의 표시   서울특별시 서초구 서초동 ▢▢▢▢
                         ▢▢▢▢ 플래티넘

　[도로명주소]   서울특별시 서초구 서초중앙로 ▢

전유부분의 건물의 표시   건물번호 : 1 - 111
                         구   조 : 철근콘크리트구조
                         면   적 : 1층 111호 40.95 ㎡

대지권의 표시
　　토지의 표시   서울특별시 서초구 서초동 ▢▢▢▢
                         대 2837.5 ㎡

대지권의 종류   소 유 권
대지권의 비율   2837.5 분의 6.15

상가 인도 각서

주소: 서울특별시 서초구 서초중앙로   1층111호(서초동.   플래티넘)

 위 상가는 2012타경20216 경매사건으로 낙찰이 되었는바, 현 점유자 남
은 낙찰 인이 대금을 완납한 2014년11월17일부터 현재까지 불법으로 점유하
고 있었음.
점유자 남   은 2015년1월16일 부로 아무런 조건 없이 위 상가를 낙찰 인에
게 인도하여 주기로 한다.
단:①관리비는 사용자가 인도일까지 납부하기로 한다.
  ②이사 시 모든 물품은 남김없이 가져가기로 한다.
  ③인도 후 미회수 물품은 포기한 것으로 한다.
  ④이사는 낙찰인 입회하에 끝내고 열쇠를 넘겨주기로 한다.
  ⑤불법건축물에 대하여는 관련 규정에 따르기로 한다.
  ⑥이상 합의된 내용 외에는 관례에 따른다.

상기 내용을 성실히 이행 할 것을 각서하며 불이행 시 민, 형사상 어떠한 처벌
도 이의를 제기 하지 않기로 한다.

2014년 12월 30 일

각서인
성명: 신   주민등록번호:

주소: 서울 강남구 개포동   개포 주공아파트

첨부서류: 인감증명서, 신분증

우   귀하

강제집행이 진행되자 점유자는 필자를 찾아와 각서에 인감증명서를 첨부하여 제출하고 합의를
하였다.

[각서에 첨부된 인감증명서]

■ 인감증명법 시행령 [별지 제14호서식]							
	인감증명 발급사실 확인용 번호				0510 - 20491 - 1		
신청인: 남궁 성 (생년월일:)			담당자: 김		(전화: 02- -7401-14)		
※이 용지는 위조식별표시가 되어 있음							

인감증명서

			본 인	대 리
주민등록 번 호	-		○	
성 명 (한 자)	**남** (南)	인 감		
국 적 (외국인)				

주 소 이 동 사 항	순서	주 소	전 입
	1	서울특별시 강남구 선릉로 동 호 (개포동,주공아파트) "공란"	도로명 주 소 2013.06.14 전입 지 번 주 소
	2	이 하 여 백	
	3		

국외주소지			
[ ] 부동산 매수자	성명 (법인명)	빈 칸	주민등록번호 (법인등록번호)
[ ] 자동차 매수자	주 소 (법인 소재지)		

비 고

1. 인감증명서를 발급할 때 주소 이동사항란에는 "최종주소"를 적어 발급하며, 민원인이 요청하는 경우에는 전(前) 주소지를 적어 발급합니다.
2. 부동산 또는 자동차(「자동차관리법」 제5조에 따라 등록된 자동차를 말합니다) 매도용으로 인감증명을 발급받으려면 매수자란의 해당 [ ]에 √로 표시한 후 매수자의 성명 등을 적어야 하며, 부동산 또는 자동차 매도용 외의 경우에는 "빈칸"으로 표시됩니다.
3. 금치산자 또는 한정치산자의 표시와 법정대리인의 성명 및 주민등록번호의 기재는 비고란에 합니다.
4. 재외국민의 경우에는 여권번호를, 국내거소신고자의 경우에는 국내거소신고번호를, 외국인의 경우에는 외국인등록번호를 주민등록번호란에 적고, 대한민국 국민인 경우에만 그 아래의 여백에 ( )를 하고 그 안에 주민등록번호를 적어 발급할 수 있습니다.
5. 인감보호 신청 제도는 본인의 인감을 보호하기 위하여 인감증명서의 발급대상을 본인 또는 본인이 지정하는 사람으로 제한할 수 있는 제도입니다. 인감보호 신청은 전국의 모든 시·군·구청이나 읍·면·동사무소에서 할 수 있습니다.
6. 인감증명서의 발급사실은 전자민원창구(www.egov.go.kr)를 통하여 '발급일, 인감증명 발급사실 확인용번호, 주민등록번호, 발급기관'으로 확인할 수 있습니다.
7. 인감증명 발급 신청인이 본인인 경우에는 본인인란에, 대리인이 신청하는 경우에는 대리인란에 ○표시됩니다.

발급번호	No. 20491	위 인감은 신고되어 있는 인감임을 증명합니다. 2014년 11월 일 서울특별시 서초구 서초1동장

사용용도

인감증명을 제출할 곳에서 요청하는 내용을 민원인이 직접 적어서 제출하면 됩니다.
[예: 1통 신청용. 대출 보증용 등으로 기재]
[12011100316100684245012-050614856290101100410]주소지 증명청 : 개포1동 (19/5)

210mm ×297mm(특수용지 80g/㎡)

[각서에 첨부된 신분증]

[상가를 인도 받은 후 매매가 된 계약서]

상가 매매 계약서

아래 부동산에 대하여 매도인과 매수인은 합의하여 다음과 같이 매매계약을 체결한다.

1.부동산의 표시

소 재 지	서울특별시 서초구 서초동	플래티넘제1층 111호		
토 지	지목 대	대지권(비율) 2837.5분의 6.15	면적	2837.5 ㎡
건 물	구조 철근콘크리트	용도 근생	면적	40.95 ㎡

2.계약내용

제1조 [매매대금 및 지급시기]   ① 매도인과 매수인은 매매대금 및 지불시기를 다음과 같이 약정한다.

매매대금	一金 일십일억오천만	원整은 (₩ 1,150,000,000)
계 약 금	一金 일억이천만	원整은 계약시에 지불하고 영수함 영수자 印
중 도 금	一金	원整은 년 월 일에 지불하며,
	一金	원整은 년 월 일에 지불한다.
잔 금	一金 일십억삼천만	원整은 2015 년 4 월 17 일에 지불한다.
융 자 금	一金	원整은

② 제1항의 매매대금은 달리 정함이 없는 한 개업공인중개사의 입회에 지불하기로 한다.

제2조 [소유권이전] 매도인은 매매대금의 잔금을 수령함과 동시에 소유권 이전등기에 필요한 모든 서류를 교부하고 위 부동산을 인도하여야 한다.

제3조 [제한권 등 소멸] 매도인은 소유권의 행사를 제한하는 사유나 공과금 기타 부담금의 미납이 있을 때에는 잔금수일 이전까지 그 권리의 하자 및 부담등을 제거하여 완전한 소유권을 이전하여야 한다. 다만, 달리 약정한 경우에는 그러하지 아니하다.

제4조 [제세공과금] 위 부동산에 관하여 발생한 수익과 조세공과 등의 부담금은 부동산의 인도일을 기준으로 하여 그전일까지의 것은 매도인에게 그 이후의 것은 매수인에게 각각 귀속한다. 단, 지방세 납부의무 및 납부책임은 지방세법의 규정에 따른다.

제5조 [부동산의 인도] ①매도인은 계약당시 매매 물건에 부속하는 부속물.시설일체를 인도하여야 한다.
②매도인은 위 부동산에 대하여 폐기물 등을 처리하고 통상적인 청소를 하고 난 후에 인도하여야 한다. 다만, 약정한 경우에는 그러하지 아니한다.

제6조 [계약의 해제] 매수인이 매도인에게 계약당시 계약금 또는 보증금 명목으로 금전이나 물건을 교부한 때에는 다른 약정이 없는 한 중도금(중도금 약정이 없을때는 잔금)을 지불하기 전까지 매도인은 계약금의 배액을 상환하고 매수인은 계약금을 포기하고 이 계약을 해제할 수 있다.

제7조 [채무불이행과 손해배상] 매도자 또는 매수자가 본 계약상의 내용에 대하여 불이행이 있을 경우 그 상대방은 불이행한자에 대하여 서면으로 최고하고 계약을 해제할 수 있으며, 그리고 계약 당사자는 계약해제에 따른 손해배상을 각각 상대방에 대하여 청구 할 수 있으며, 손해 배상에 대하여 별도의 약정이 없는 한 계약금을 손해배상의 기준으로 본다.

제8조 [중개보수] 중개보수의 지급시기는 개업공인중개사와 중개의뢰인간의 약정에 따르되, 약정이 없을 때에는 중개대상물의 거래대금 지급이 완료된 날로 하며, 개업공인중개사의 고의나 과실없이 매도인 또는 매수인의 사정으로 본 계약이 무효, 취소, 해제되어도 중개보수는 지급한다.

제9조 [확인설명서 등 교부] 개업공인중개사는 중개대상물 확인설명서를 작성하고 업무보증관계증서(공제증서 등) 사본을 첨부하여 거래체결과 동시에 거래당사자 쌍방에게 교부한다.

특약사항

1. 기본 및 현 시설물 상태에서 매매하며 계약금은 송금한다.(외환,우   630-   -230)
2. 본상가는 계약일 현재 공실이며 임대는 잔금일전 이라도 매수인에게 계약에 관한 것을 위임함
3. 건축물 대장상 불법건축물(복층)은 2015.02.25일한 매도인이 원상회복하고 말소 하기로함.
4. 잔금시까지 각종공과금은 (잔금일 기준으로) 매도자 정산한다.
5. 기타사항은 부동산매매 관례에 따르기로 한다.

본 계약에 대하여 매도인과 매수인은 이의 없음을 확인하고 각자 서명 또는 날인 후 매도인, 매수인, 개업공인중개사가 각 1통씩 보관한다.

2015년 2월 4일

매도인	주 소	경기도 성남시 분당구 금곡로 , 동1001호(금곡동, 마을)			
	주민등록번호		전화1	전화2	성명 우
매수인	주 소	경기도 용인시 수지구 신봉1로 동 호(신봉동, 마을 단지@)			
	주민등록번호		전화1	전화2	성명 조
개업공인중개사	사무소 명칭	공인중개사사무소	사무소 명칭	공인중개사사무소	
	사무소소재지	경기도 용인시 기흥구 구갈로 호(구갈동)	사무소소재지	경기도 성남시 분당구 이금일로 변길 (구미동)	
	대 표	印	대 표	印	
	등 록 번 호	가- 전화 031- -4262	등 록 번 호	가- 전화 031- -4440	
	소속공인중개사	印	소속공인중개사		

[양도소득세 납부 영수증]

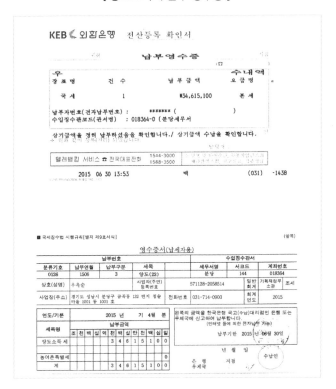

[양소소득세 납부에 따른 주민세 납부 영수증]

[양도소득세 실제 납부 통장]

거래일자	거래구분		찾으신금액		맡기신금액		남은금액	취급점
01	기업자유예금 630-	-230 이		월			¥1,102,535∉	
02	프라임고객 P1(우대서비스기간 : 2015.06.15~2015.11.30)							
03 20150506	하나외환결제		¥236,150	565099728P00			¥866,385	카드본
04 20150511	전자금융이체	송140003122		¥1,480			¥867,865	신한은
05 20150527	전자금융이체	새한법률경매		¥1,100,000			¥1,967,865	우리은
06 20150605	하나외환결제		¥34,350	565099728P00			¥1,933,515	카드본
07 20150619	전자금융이체	F28		¥38,021,949			¥39,955,464	우리은
08 20150628	결산이자			¥1,340			¥39,956,804	신내동
09 예금이자	¥1,580 소득세	¥220 지방소득세					¥0	입니다)
10 20150629	전자금융이체	새한법률경매		¥1,100,000			¥41,056,804	우리은
11 20150629	전자금융이체		¥1,500,000	외환우옥순			¥39,556,804	인터넷
12 20150629	전자금융이체		¥300,000	하나어영화			¥39,256,804	인터넷
13 20150630	대체		*38,076,610	양도소득세			*1,180,194	수내역
14								
15								
16								
17								
18								
19								
20								
21								
22								
23								
24								

KEB 외환은행

나는 우연히 성공한 것이 아니라 꾸준한 노력으로 성공한 것이다.
- 어니스트 헤밍웨이 -

5

[수익률 분석표]

채권매입금액: 810,000,000원 계약금: 80,000,000원
낙   찰: 1,010,000,000원

입찰보증금: 64,000,000원
잔   금: 946,000,000원(대출666,000,000원)=280,000,000원
합   계: 1,010,000,000원

실제투자 금액
채권   계약금:80,000,000원
입찰 보증금:64,000,000원
잔   금:280,000,000원
등록세, 비용:46,554,850원
철거   비용:10,000,000원
합   계:480,554,850원

정산 내역
매도 금   액:1,150,000,000원
낙찰 금   액:1,010,000,000원
등   록 세:46,000,000원
철거 비   용:10,000,000원
기타 비   용:15,000,000원
양 도 차 액:69,000,000원
양도소득세 :38,076,610원

순 이익
채권매입 200,000,000원
양도차액 35,000,000원
합   계 235,000,000원

수익률 분석표를 상세하게 읽어보시기 바람

※ 이상과 같이 채권을 매입하여 낙찰을 받았다. 낙찰 후 대출을 받아 2014년 11월 17일 잔금을 납부했다. 잔금납부 후 유동화회사로부터 애초 채권매입금액인 8,1억 원 이외의 금액을 돌려받았다. 대법원에 상고한 유치권관련소송이 심리불속행기각으로 2012년 11월 27일 조기에 해결되고 1014년 12월 22일 인도명령 결정을 받아서 강제집행을 할 시쯤에 점유자가 찾아와서 17일간의 시간을 주면 모든 정리와 미납관리비를 완납하고 비워준다는 각서를 제출했다.

각서의 내용대로 1015년 1월 16일 정확한 일자에 상가를 인도받았고 전 점유자는 그날까지의 관리비를 전액 납부하였다. 이로써 소유권이전을 하고 명도를 한날까지는 2개월이 걸렸다. 그 후 보름정도 지날 때쯤 1015년 2월 4일 수강생 중 공인중개사가 상가를 매매하였다. 소유권을 취득하고 두 달 보름 만에 상가를 처분한 것이다. 필자의 판단력과 하늘이 도운 운으로 별다른 신경을 쓰지 않고 모든 일이 원만하게 종결된 것이다.

6) 채권양수도계약으로 유입 후 성공한 사례 (사건번호2010타경9063)

수강생 K씨는 직장인이다. 재테크라면 누구나 관심을 가지지만, K씨의 경우는 아주 특별하다. 사십대 후반의 K씨는 이십대 시절부터 부동산에 올인할 만큼 투자를 많이 했다고 한다. 한때는 돈을 많이 벌기도 했지만 보증을 한번 잘못해준 결과로 많은 손실을 보았다고 들었다.

낮에는 직장에 근무하고 저녁에 필자에게 강의를 듣는 K씨는 한순간만 눈을 돌리면 강타를 얻어맞는 격투기 선수처럼 집중(concentration)력이 대단하다. 그 이유로는 NPL이나 경매에 대한 질문을 집요하게 하는데, 그만큼 폭넓게 물건을 검색하고 복잡한 특수 물건에 관심이 있기 때문이다.

K씨가 NPL에 대하여 어느 정도 이해를 할 무렵 투자할 물건을 추천해 달라는 요청이 왔다. 2015년도에는 전반적으로 수익률이 높은 물건을 찾기 힘들었다.

단순한 아파트나 상가는 NPL매입에 경쟁이 치열할 뿐만 아니라 채권자 측에서 제시하는 AMP[1]가 너무 높아 잘못 선택하면 배당은 받기 힘들고 유입해야 하는데, 손실이 생길 확률이 높다.

필자가 취득하기 위해서 협상 중이였던 사건번호 2010타경9063 이라는 ㄴ자산관리회사의 물건을 추천해 주었다.

사건번호2010타경9063 물건에 대하여 분석을 해보면 다음과 같다.

성남시 수정구 사송동에 있는 대지인데, 전체면적 472㎡ 중 282㎡ 만 지분으

---

1) 채권자가 생각하고 있는 채권매각 최저가격.
2) 법정지상권의 성립요건을 파악하는 건물의 신축년도를 알 수가 없을 뿐만 아니라 무허가 건물이라서소유자가 누구인지 알 수 없어서 애매한 상태였음.

로 경매가 진행 중이었다. 유치권권리신고가 되었으나 채권자가 승소를 하여 부존재 판결을 받았다. 조립식무허가 건물이 존재하는데 법정지상권[2]을 인정하기에는 애매한 물건이었다.

감정가격이 733,200,000원에 입찰최저가격이 감정가격의 29%인 210,223,000원으로 채권최고금액 912,000,000원에 채권행사권리금액이 약 880,000,000원이었다.

2010년도에 경매가 개시되어 2014년 10월 6일 낙찰이 되었으나 최고가매수인이 어떤 이유에서인지 대금을 미납하였고 채권자인 ㄴ자산관리회사에서는 저가낙찰을 방어하기 위해서 변경을 시켜 2015년 채권매각을 진행하고 있었다. K씨가 부인 서모씨 명의로 위 사건의 채권을 취득한 시기가 2015년 4월이었다. 2014년 최고가매수인이 몰수당한 입찰보증금은 별도로 인수하는 조건으로 채권매입을 300,000,000원에 하였다. 애초부터 유입을 하여 처분할 생각으로 근질권 대출을 받지 않고 전액 현금을 주고 근저당권을 이전한 다음 입찰에 참가했다.

[그림 14]

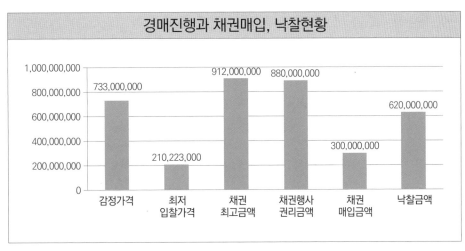

2015년 6월 8일 16명이 응찰을 하였는데, 최저가격이 210,233,000원의 토지를 당연히 K씨의 부인 서모씨가 620,000,000원으로 낙찰을 받았다. 만약 더 높은 금액에 응찰한 사람이 있었다면 3억 원에 취득한 부실채권이 6억2천만원 이상의 배당을 받았을 것이지만 그런 기대는 처음부터 하지 않았다.

2015년 6월 15일 매각허가 결정이 났고 대금지급에 대하여는 상계신청을 하였다. 2015년 7월 23일 대금지급 및 배당기일이었는데, 소유권을 이전하고 전 최고가매수인의 입찰보증금과 본인의 입찰보증금 및 경매신청비용의 잔액을 배당으로 받고 사건은 종결되었다.

만약 대출을 받는다면 낙찰 받은 620,000,000원에 대하여 60%만 신청해도 372,000,000원을 받게 되니 오히려 돈이 남는다는 계산이지만 토지는 수입이 나오지 않으므로 대출은 받지 않았다.

앞으로의 과제는 지상의 건물 소유자를 만나서 해결을 하고 공유지분권자와도 접촉하여 협상을 하는 일이었다. 같이 보유하고 있는 상대방 공유지분권자는 공매를 통해서 취득을 했으며 부실채권이나 경매, 공매를 전문적으로 하는 사람이었다. 오히려 처분하는 방법에 대하여는 동일한 생각을 갖고 있으므로 같은 편이라는 생각이 들었다. 문제는 법정지상권을 해결해야 하는데, 권리자인 전 토지의 소유자도 이런 계통에 전문가였다.

채권을 매입하기 전에 이 물건에 대하여 나름대로 해결 방법을 생각하고 있었다. 경매를 여러 번 해본 필자로서는 소유권을 이전한 후 무허가 건물에 대한 철거소송을 통하여 판결 받아 철거를 하고 이에 관련된 철거비용과 소송비용을 청구할 계획이었으며 아울러 법정지상권에 대하여 지료를 감정 받아 법정지상권 권리자의 부동산, 동산, 통장 등을 압류할 생각이었다. 먼저 법정지상권문제를 해결해 놓고, 공유지분에 대하여는 공유물 분할 소송을 할 예정이었다. 공유물에 대한 분할 협의에서 필자의 생각대로 이루어지지 않으면 결국 전 지분이 형식적 경매로 진행되어 낙찰대금에서 배당을 받을 계획이었다.

필자의 오랜 경험으로 볼 때 모든 해결은 시간이 문제가 되었다. 따라서 비용발생과 자금의 회전등을 고려할 때 합의를 하는 것도 좋다는 생각이다.

사실 문제가 되고 있는 법정지상권의 건물은 무허가이기도 하지만 전기나 수도 시설도 없으며 매매나 임대가 어려운 상태이다. 딱하나 보수를 하여 창고로 이용을 하면 가능하지만 법정지상권 사용 임료를 지불한 만큼 창고로 임대료가 나오지 않는다는 사실을 누구나 짐작할 수 있다.

법정지상권권리자[3]를 만나 법정지상권 해결 방법에 대한 협상을 하였다. 당연히 법정지상권권리자는 어느 정도의 보상금을 요구하였고, 다행히 쉽게 합의가 되어 법정지상권 권리에 대한 포기각서 및 건물을 양도한다는 확인서를 받고 해결이 되었다.

현재 공유지분권자의 지분을 매입하거나 전체를 매매하는 방안을 추진 중이다. 사송동은 판교와 인접하여 주택지로는 최고의 입지여건이다. 시세로 3.3㎡ 당 10,000,000원 정도인데 취득가격이 3.3㎡ 당 3,530,000원 꼴이다. 취등록세 및 모든 비용을 합한다 해도 3.3㎡ 당 4,000,000원이 원가인 셈이다.

매매를 할 경우 3.3㎡ 당 6,000,000원에 매각하여 2,000,000원만 원만 남아도 170,000,000원의 수입이 예상된다. 뿐만 아니라 취득가격이 620.000.000원이니까 양도차액이 없고 오히려 마이너스 110,000,000원이 생기므로 공유지

---

3) 전 토지 지분 소유자

분을 인수하여 양도소득세 환급을 받을 수 있다. 만약 공유지분을 인수하지 않고 공유지분권자와 공동으로 매매를 한다면 상대의 양도소득세를 환급시켜줄 수도 있다. 본인의 경우 당해 연도에 양도소득세를 납부하였다면 마이너스금액의 이 분의 일인 약 55,000,000원을 환급 받을 수 있는 권리가 주어진다.

■ 2010타경9063 에 대한 자료

[낙찰받은 사례 물건 설명]

06 부실채권은 어떤 종류가 있는가?

부실채권은 일반채권과 워크아웃채권, 특수채권으로 나눌 수 있으며,
일반채권은 담보부채권과 무담보부채권으로 나눌 수 있다.

1) 담보부채권

① 물권을 채권의 담보로 제공하는 것을 목적으로 하는 권리로, (근)저당권 및
담보가등기가 있다.

② 대출금이 회수되지 않을 때 담보물로 대출금액을 충당할 수 있도록 담보물
에 (근)저당권을 설정하는 것이 일반적인 예이다.

③ 채권자는 채무자가 채무의 변제를 하지 못할 때 그 목적물로부터 (근)저당권
을 실현하여 우선변제권를 행사할 수 있는 권리가 있다.

2) 무담보부채권

① 무담보부채권에는 '순수무담보부채권'과 '전환무담보부채권'이 있다.

② 순수무담보부채권은 돈을 빌려줄 때 (근)저당권이나 다른 담보의 제공이 없이 신용과 보증인 등만 믿고 대출을 해준 경우이다. 예를 들면 사업자신용대출, 신용카드, 마이너스통장, 차용증서 등이 여기에 해당된다. 순수무담보부채권은 대여금반환청구소송의 소를 제기하여 사실관계를 입증할 경우 상호거래를 통하여 입출금이 잦은 수 있기 때문에 입증증명을 하기 어렵고 상호공방으로 시간이 오래 걸리는 단점이 있다.

③ 전환무담보부채권은 돈을 빌려줄 때 담보를 제공하였으나 그 담보를 처분하였음에도 불구하고 회수하지 못한 채권을 말한다. 원래는 담보부채권이었으나 담보가 없어진 채권이다. 예를 들면 (근)저당권 회수 목적으로 경매를 신청하여 배당을 받고 남은 잔존채권이 전환무담보부채권이다. 전환무담보부채권에 대하여 대여금반환청구소송을 제기하면 사실관계가 명확하고 원고와 피고의 사이에 금전거래관계가 없으므로 사실관계가 명확하다. 보통 피고의 불참으로 판결까지 시간이 단축된다.

3) 워크아웃채권

① 채권금융기관의 주도로 수행하는 구조조정작업을 "워크아웃(Workout)"이라 한다.

② 워크아웃을 신청한 기업의 채권은 재무구조개선 및 경영정상화를 목적으로 채권금융기관들이 결정하게 되며, 일반채권처럼 처분하지 않는다.

4) 특별채권

① 파산 직면에 있는 채무자에 대하여 이해관계인의 법률관계를 조정하여 회생이 어려운 채무자의 재산을 공정하게 환가하는 채권이다.
② 이 때 채무자는 채무자회생 및 파산에 관한 법률로 보호받으며. 이 채권은 일반채권처럼 처분되지 않는다.

07 부실채권은 어디서 찾나?

1) 유동화회사 홈페이지를 통해서 찾는 방법

① UAMCO(연합자산관리) http://www.uamco.co.kr 02-2179-2400

• 유암코 홈페이지에서 밝히고 있는 설립배경에 따르면 다음과 같다.

- 유암코는 2007년도 미국 발 서브프라임 모기지(subprime mortgage) 사태 때, 글로벌 금융위기로 인해 금융기관의 부실채권을 매수자 부족으로 인해 매수자 독과점 시장형성이 될 위험성을 막고, 효과적으로 처리하기 위하여 국내 6개 시중 금융기관이 주축이 되어 설립한 민간중심 부실채권관리 전문회사이다.
- 유암코는 2007년 미국 발 글로벌 금융사태와 2008년 9월 리만브러더스 파산, 2009년 환율급등 및 국제적 신용경색, 2009년도 국내 부실채권 급등으로 설립이 되었다.

• 설립일 : 2009년 10월 1일
• 주   소 : 서울시 중구 서소문동 유원빌딩 4~6층

• 홈 페이지에서 찾는 방법.

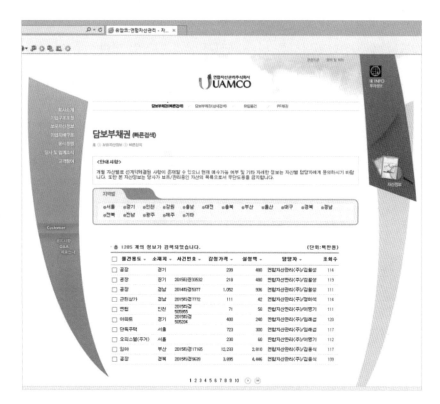

• 홈페이지에서 보유자산 정보를 클릭한 후 담보부채권에서 빠른 검색이나 상세검색을 클릭하면 부실채권 매각 리스트를 검색할 수 있다.

[출처]UAMCO 홈페이지

② 대신에이엠씨(구:우리에이엠씨) http://www.daishinamc.com 02-399-0100

• 대신에이엠씨 홈페이지에서 밝히고 있는 회사설립배경과 소개 글은 다음과 같다.

• 2001년 11월 우리금융그룹의 부실채권관리를 전담할 목적으로 설립된 우리금융자산관리주식회사로부터 2002년 9월 물적 분할된 국내 최고의 부실채권 자산관리 전담 회사로서 2013년 12월말까지 102개 SPC 약16조 여 원에

달하는 국내금융기관의 부실채권을 해외유수투자자와 합작투자 및 합작 자산관리방식으로 처리한 경험을 보유하고 있다.

• 우리금융지주사의 민영화를 위한 계열사 분리 매각의 일환으로 2014년 5월 대신금융그룹 계열사로 편입되어 대신에이엠씨주식회사로 사명을 변경하였다.

• 주   소 : 서울시 종로구 청계천로 41 (서린동, 영풍빌딩 22층)

• 홈 페이지에서 찾는 방법.

• 자산관리를 클릭하여 매각리스트를 검색할 수 있다.

[출처]대신에이엠씨 홈페이지

③ 농협자산관리회사 http://www.acamco.co.kr 02-2224-8600

- 농협자산관리회사 홈페이지에서 밝히고 있는 회사의 설립배경은 다음과 같다.
- 우리나라는 1990년대 들어 WTO출범과 OECD가입 등으로 대·내외적 금융 자율화와 개방화에 대한 압력을 받기 시작하면서 정부 주도의 금융개혁이 추진된 바 있으나 그 실효를 거두지 못하였다.

  1997년 IMF이후 잇따른 대기업 부도사태와 IMF체제하에서 금융기관들의 부실채권이 급증하면서 부실금융기관의 대출, 부실채권의 정리, 금융기관의 건전성 강화대책 등을 중심으로 한 금융산업구조 조정이 강도 높게 추진된 바 있다.

- 당시 금융기관들은 부실채권을 정리하기 위하여 정부가 양대 축으로 설립한 기관이 "예금보험공사" 와 "한국자산관리공사"였다. 예금보험공사는 금융기관의 뱅크 럽(bank rupt=파산) 사태에 직면 했을 때 예금 지급과 증자지원을 통하여 예금자보호와 경영정상화를 지원해주고 한국자산관리공사는 부실금융기관의 부실자산을 매입하여 신속히 정리해주는 정리금융기관의 역할을 담당하였다.

- 2001년 9월 제정된 "농업구조개선에 관한 법률"에서는 이를 모델로 하여 상호금융예금자보호기금과 농협자산관리회사를 설치하는 규정을 두었다. 예금보험공사와 같이 조합을 대상으로 예금보험료를 납입 받아 구조 조정과정에 있는 부실조합경영을 정상화하고 예금자를 보호해주는 역할을 하는 것이 상호금융예금과 보호기금이라면 한국자산관리공사와 같이 부실조합의 구조개선과 조합 및 중앙회의 부실자산 정리를 지원 하기 위하여 설립된 것이 농협자산관리회사이다.

- 설립목적으로 조합 및 중앙회, 계열사의 부실예방 및 경영개선, 부실 자산(부실채권, 비업무용부동산)의 정리를 효율적으로 지원함으로써 농업협동조합의 구조개선에 기여하고자 설립되었다.

• 주 소 : 서울시 강동구 올림픽로 520 농협서울지역본부 3층
• 홈 페이지에서 찾는 방법.

• 홈페이지에서 보유자산정보를 클릭한 후 매각리스트를 검색할 수 있다.

〔출처〕농협자산관리회사 홈페이지

④ 기타중소유동화회사(회사가 소멸되거나 전화번호가 바뀔 수 있음)

번호	회사명	유동화회사	전화번호
1	에이피	마이엣셋	02-3774-6286
2	에이케이	파인트리	070-8822-4796
3	희망모야		02-2073-8494
4	외환더블유		02-3700-2152
5	에이알	MG신용정보	02-6268-8677
6	굿플러스		02-2038-3112
7	제네시스	솔로몬신용정보	02-3455-2522
8	화인	한국개발금융	02-3458-0795
9	신보유첼린지	신용보증기금	02-787-6626
10	신보	신용보증기금	02-2122-6303
11	미래에셋외환	외한에프엔아이	02-2184-7422
12	피닉스	피닉스	02-398-0600
13	케이디에프	한국개발금융	02-3700-0134
14	케이제이	현대케피탈	02-390-3877
15	캠코밸유리크리레이션		02-3420-5000
16	우풍구구영일		02-2199-9974
17	에스씨엘	한국개발금융	02-3700-0134
18	모아서울	모아저축은행	032-430-3300
19	마일스톤	마일스톤	02-3771-3325
20	기은		02-729-7015
21	농협중앙회		02-2179-7866
22	엔에스유동화		02-6021-7916
23	화인유동화		02-3700-0142
24	유에스아이		02-726-0830
25	에이피제2차		02-3774-6280
26	케이오에이치		02-6268-8671
27	케이에이		02-2167-8299
28	유진자산운용		02-2129-3383

2) 대법원 경매사이트나 경매정보지를 통해서 찾는 방법.

① 대법원 법원경매정보 http://www.courtauction.go.kr

- 대법원 법원경매정보 사이트를 열고, 맨 위의 매뉴얼을 보면 "경매공고, 경매물건, 매각통계, 경매지식, 이용안내, 나의 경매," 이런 메뉴얼이 있다. 이 중 경매물건을 클릭하면 좌측에 경매물건 메뉴가 나온다. 그 메뉴 맨 위에 '물건상세검색'을 클릭하면 전국의 경매진행 중인 물건검색을 할 수 있다. 이 중 법원별로 검색을 하면 되는데, 법원을 선정한 다음, 용도 란에 대분류, 중분류, 소분류로 나눈다. 아파트를 검색하려면 건물, 주거용, 아파트. 이런 식으로 찾으면 된다.

- 홈 페이지에서 찾는 방법.

우선 경매정보 검색이 숙달되면 NPL물건을 검색하는 요령이 생길 것이다.

② 경매정보지

- 국내 사설 경매정보지는 수없이 많다. 유료정보지와 무료로 열람할 수 있는 정보지가 있다.

- 유료정보지를 나열하면 아래와 같다.

  * 지지옥션, 굿옥션, 스피드옥션, 부동산태인, 등

- 무료정보지는 인터넷에서 무료경매정보지를 검색하면 여러 종류가 있다.

- 정보지 검색방법으로는 법원별 검색과 지역별 검색이 있으며 물건의 종류 금액별로 검색하는 방법도 있다. 초보자라면 우선 무료경매정보지를 통해서 본인의 현거주지나 거주지 인근을 중심으로 검색해보면 이해하는데 도움이 될 것이다.

③ 홈페이지에서 찾는 방법.

• 지지옥션

• 굿옥션

• 스피드옥션

• 부동산태인

3) 정보지 검색으로 부실채권을 매입하는 방법

① 금융기관 중 1금융기관은 특수목적법인(SPC)에 양도를 한 후 개인에게 매각을 한다. 2금융 채권은 채권자가 임의로 매각을 하나 개인에게 직접 매각을 하지 않고 법인에게 매각을 한 후 개인에게 복등기[1]로 이전을 하면 된다.

② 2금융권의 부실채권 중 단위농협은 농협자산관리회사를 통하여 매각을 하고, 규모가 큰 저축은행은 회계법인을 통한 입찰로 매각을 한다. 규모가 작은 저축은행이나 신용협동조합은 건별로 법인에게 매각을 한다.

③ 대법원 경매사이트에서 예정물건을 검색하다가 1금융권의 부실채권은 유동화회사의 AM과 협상을 하고, 2금융권의 부실채권은 금융회사 채권담당자에게 직접 전화로 채권매각 여부를 알아보고 협상을 하면 된다.

---

1) 금융기관에서 법인으로 이전됨과 동시에 개인 명의로 이전 되는 것

08 부실채권을 매입한 후 어떻게 하나?

- 부실채권 매입방법으로는 채권양수도계약=(Loan Sale), (입찰참가이행조건부)채권양수도계약=(사후정산), 채무인수계약=(채무자 변경), 입찰대리계약=(채권자 대리입찰)이 있다.
- 1금융권과 2금융권의 대표적 매각방식인 '채권양수도 계약'으로 채권을 매입한 후 아래와 같이 처리한다.

1) 매입 후 근저당권이전을 한다.

① Loan Sale(채권양수도계약)로 부실채권을 매입하면 (근)저당권을 매수인 명의로 이전한다.

2) (근)저당권부 질권 대출을 받을 수 있다.

① (근)저당권을 담보로 대출을 받는 것을 「근저당권부질권」 대출이라고 한다. 부실채권이나 대위변제로 취득하는 (근)저당권은 제2금융권을 통하여 근질권 대출을 받을 수 있다.

② 근저당권부질권대출은 채무자의 소득과 신용에 따라서 차이가 있으나 채권

매입금액의 80%에서 90%까지 받을 수 있다. 부실채권이 시장에 본격적으로 거래되기 시작하던 2012년도에는 연11% 정도였으나 2016년 현재는 연 3~4%대의 이자로 받을 수 있으며 금리의 변동에 따라서 등락 될 수 있다.

3) 법원 해당 경매계에 채권자변경신고를 해야 한다.

① (근)저당권을 매입한 후 (근)저당권이 이전되면 채권양도통지서나 등기부등본에 (근)저당권자가 변경된 것을 첨부하여 법원 해당 경매계에 채권자 변경신고를 하여야 한다.
② 이 때 새로운 채권자의 환급금통장사본도 제출하여야 하며 송달장소가 변경된 경우에는 송달장소변경신청도 한다.

4) 상황에 따라서 변경신청[2]을 해야 한다.

① 매입한 채권의 총 투자비용보다 경매최저가격이 낮은 경우나 채권행사권리금액을 높이고자 하는 경우는 매각기일을 연기해야 한다. 채권자가 법원 경매계에 변경신청을 하면 되는데, 통상 3번까지는 변경(연기)이 가능하다.
② 예를 들어, 채권최고금액 1.2억 원에 채권원금 1억 원과 연체이자 3백만 원을 합한 채권을 1억 원에 매입하고 배당을 기대한다면 변경신청을 하여 연체이자를 늘려야 한다.
③ 한 번 변경을 하면 30~40일 정도가 소요되므로, 가령 연체료가 18%

---

2) 여기서 '변경신청'이란 매각기일연기를 뜻한다.

인데 3번 변경신청을 하여 4개월이 연장되었다면 채권행사권리금액이 109,000,000원으로 늘어나는 것이다. 즉, 1억에 대한 연체료가 연18%이면 월이자가 150만원이므로 4개월치인 6백만 원과 원금 1억과 매입당시 이자 3백만 원을 합하면 1억 9백만 원이 된다.

5) 경매 취하 후 재경매 신청을 해야 한다.(단, 주거용의 경우 소액임차인의 전입이나 임금채권 및 퇴직금배당신청에 주의)

① 채권매입 후 경매최저입찰가격이 현저하게 내려갔을 경우 경매를 취하하고 재경매신청을 해야 한다.

② 가령 1억 원의 감정가격에 채권매입금액이 7천만 원이라 할 경우, 최저입찰가격이 40%대로 내려갔다면 경매를 취하하고 재경매신청을 해야 배당을 받을 확률이 높다. 예를 들면, 40%대의 최저가격이 취소되고 재경매를 신청할 경우에 감정가격이 다시 100%부터 시작하므로 부동산이 인플레이션 될 때는 높게 낙찰될 가능성이 크다. 따라서 배당을 기대할 수도 있다.

③ 주의할 점은, 재경매시 주택의 경우 경매개시일 전에 채무자가 소액임차인을 위장으로 세워 전입을 할 수도 있다. 또는 채무자의 다른 채권자가 배당요구종기일 전에 임금채권과 퇴직금을 배당요구 신청할 수 있으므로 주의하여야 한다. 이 경우 최우선변제권이 성립되므로 (근)저당권인 우선변제권보다 선순위배당을 받으므로 (근)저당권자의 배당금에서 그만큼 손실이 발생하게 된다.

09 부실채권에서 반드시 숙지해야 할 사항

1) 채권행사권리금액이란?

채권자가 채권을 매입하는 시점에 원금과 이자를 합한 금액을 말한다. 배당을 받을 경우에는 배당일까지의 원금 및 총 연체이자를 합한 금액이 된다.

① 대위변제에서는 변제기까지 원금과 총 연체이자를 더한 금액을 말한다.

② 채권의 원금 × 연체이자 ÷ 365일 × 연체일수 = 총 연체이자. 여기에 원금을 더한 것이 '채권행사권리금액'이 된다.

③ 가령 원금이 1억 원이고 연체이자가 연18%이며, 연체일수가 210일이라면 100,000,000원 × 18% ÷ 365일 × 210일 = 10,365,164원이 연체이자가 되는 것이다. 여기에 원금 1억 원을 더하면 총 110,365,164원이 채권행사권리금액이다. 이 경우는 채무자가 상환을 하거나 대위변제시 또는 법원에 배당을 받을 때 산출하는 방법이다.

④ 채권매입 전에는 연체일수를 정확히 알 수 없으므로 연체개월수로 다음과

같이 계산해 볼 수 있다.

원금 × 연체이자 ÷ 12개월 × 연체 개월 수 = 총 연체이자에 원금을 더하면 채권행사권리금액이 된다.

⑤ 부실채권을 매입하기 전에 채권자에게 채권의 원금 및 연체금리를 알아보아야 한다. 일반적으로 경매청구금액의 천만 원 단위를 청구금액으로 보면 되는데, 경우에 따라서 틀릴 수도 있기 때문에 담당 AM이나 채권관리팀에 원금과 이자를 물어 보는 게 좋다. 가령 청구금액이 276,765,432원이라면 천만 원 단위로 떨어지는 270,000,000원이 원금일 수 있다.

⑥ 다른 방법으로는 채권최고금액을 보고 대출원금을 산정할 수 있다. 통상 1금융은 (근)저당권의 범위를 원금의 120%를 설정하니 1.2로 나누면 되고, 보통 2금융은 130%를 설정하니 1.3으로 나누어서 소수점 없이 딱 떨어지는 자연수가 원금이다.

⑦ 채권을 매입하기 위하여 협상을 할 경우 사전에 정확한 원금과 연체이자 및 선순위 채권과 경매신청비용을 알아야 한다.

2) 방어입찰이란?

배당을 예상하고 있다면, 채권매입금액보다 경매입찰최저가격이 낮은 경우, 반드시 방어입찰을 해야 한다. 경매입찰최저가격이 채권매입금액보다 낮은데 방어입찰을 하지 않았을 경우에는 배당에서 손실이 생길 수 있다.

① 방어입찰의 목적은 매입한 채권금액에 대한 손실을 방지하고 배당을 받기 위해서 참여하는 것이다.

가령 감정가격이 440,000,000원이고 채권최고금액이 480,000,000원이며 채권원금이 400,000,000원의 부실채권을 280,000,000원에 매입하였다고 가정을 한다. 법원에 따라서 저감율이 차이가 있지만 30%씩 떨어진다면 1차 매각시 유찰이 되고 2차 매각시 308,000,000원이 된다. 이 경우 2차 입찰최저가격에 낙찰이 되더라도 280,000,000원에 채권을 매입했으니 부대비용을 합해도 최하로 308,000,000원을 배당받으니 손해가 없다. 하지만 한 번 더 유찰된다면 3차 최저가격은 215,600,000원이 된다. 이럴 때 채권매수인이 방어입찰에 참여하지 않았는데, 최고가매수신고인이 응찰한 금액이 230,000,000원이라면 최고가매수신고인이 납부한 대금으로 배당을 하게 된다. 법원에서 배당을 해주는데 (근)저당권자(채권매수인)는 최고가매수신고인이 낙찰대금으로 납부한 230,000,000원을 배당받게 된다. 결과적으로 50,000,000원의 손실을 보게 된다.

② 위에서처럼 채권매수인[3]은 방어입찰을 해야 하는데 매입한 채권금액 280,000,000원과 부대비용(근저당권이전비용, 질권 이자 등)을 포함한 금액과 입찰최저금액의 10%인 입찰보증금 21,560,000원과 본인이 적절한 수익[4]을 합하여 방어입찰금액으로 정하고 입찰에 참여하여야 한다.

가령 방어입찰금액을 330,000,000원으로 정하고 방어입찰에 참여하게 된다면 세 가지의 결과가 나올 수 있다.

첫째는 방어입찰로 참여한 채권자가 330,000,000원으로 최고가매수신고인이 될 수 있다.

둘째는 방어입찰금액보다 높은 330,000,000원 이상으로 최고가매수신고인이 결정될 수 있다.

셋째는 방어입찰로 참여한 채권자가 330,000,000원으로 최고가매수신고인으로 결정되었는데, 차순위자가 차순위매수신고를 할 수 있다.

---

3) (근)저당권자
4) 채권매입자가 배당을 받았을 경우 순이익

위에서 첫째의 경우에는 최고가매수신고인으로서 대금을 미납하고 입찰보증금을 포기할 수 있다. 왜냐하면 몰수당한 입찰보증금을 다음 낙찰금액과 합하여 채권자에게 배당을 해주므로 다시 돌려받을 수 있기 때문이다.

둘째는 330,000,000원 이상으로 응찰한 최고가매수신고인이 대금을 납부하게 되면 (근)저당권자로서 5천만 원 이상 배당을 받을 수 있기 때문이다.

셋째는 방어입찰을 목적으로 참여하였는데 최고가매수신고인으로 결정되었다. 본인이 유입을 목적으로 응찰을 한 것이 아니기 때문에 낙찰대금을 미납하고 입찰보증금을 포기하려고 하였는데 차순위매수신고인의 신청이 있으면 대금을 납부해야 할지 포기해야 할지에 대한 고민을 하게 된다.

③ 방어입찰 참여시에 가장 중요한 것이 입찰금액을 결정하는 것이다. 입찰금액을 결정할 때는 실제 투자한 금액[5]과 최저입찰금액의 10%인 입찰보증금에다가 채권매수인의 적절한 이익[6]을 합해서 입찰최고금액을 정해야 한다.

즉 방어입찰로 참여하였는데 최고가매수신고인으로 결정이 되었다. 그런데 차순위자가 차순위매수신고를 하였다면 어떻게 되는가?

최고가매수신고인이 대금을 납부하면 종결되지만, 낙찰대금을 미납하게 되면 차순위매수신고인이 최고가매수신고인으로 승계를 받게 된다. 결국 채권을 매입한 (근)저당권자는 차순위매수신고인이 응찰한 금액으로 배당을 받게 된다.

그러므로 방어입찰 금액을 결정할 때는 낙찰 후 입찰보증금을 포기하고 대금을 미납해야 할 경우를 대비하거나 차순위매수신고인이 차순위매수신고를 하더라도 적절한 이익이 보장될 수 있는 금액으로 정해야 한다.

④ 채권매입자가 방어입찰에 참여하여 최고가매수인으로 선정된 후 대금을 미납하게 되면 재경매가 진행된다. 이 때 배당이 불가능하다고 판단되면 재매

---

5) 채권매입금액과 부대비용을 합한 금액
6) 채권을 매입하여 순이익으로 발생될 금액

각에 참여하여 유입[7]을 해야 한다.

⑤ 유입을 하기 위해서는 채권행사권리금액을 계산해본다. 예상 배당일까지 채권행사권리금액이 나오면 그 금액에서 전 경매의 입찰최저금액의 10%, 즉 포기한 입찰보증금 21,560,000원을 공제한 나머지를 배당을 받을 수 있는 금액으로 본다.

⑥ 총 채권행사권리금액에서 몰수당한 입찰보증금 21,560,000원을 빼고 남은 금액을 최고가입찰금액으로 정하여 응찰을 한다.

⑦ 채권매수인이 재경매에서 채권권행사권리금액에서 전회차에 몰수당한 입찰보증금을 제외한 금액으로 응찰하여 최고가매수신고인으로 선정되면 배당 시 방어입찰 때 응찰했던 입찰보증금 21,560,000원을 최고가매수신고인의 금액에 합하여 배당을 받을 수 있으므로 방어입찰 시 몰수당한 입찰보증금은 돌려받게 된다.

⑧ 만약 재경매에서 채권매수인이 입찰표에 최고가금액으로 기재한 금액보다 높게 응찰한 사람이 있다면 그 사람이 최고가매수인이 되고 채권매입자는 배당일에 방어입찰 때 몰수당한 입찰보증금을 합하여 채권계산서의 금액만큼 배당을 받고 잉여금은 후순위 채권자에게 배당된다. 그러고도 잉여금이 남게 되면 소유자에게 배당 된다.

※ 민사집행법[8] 규정에 따라서 대금납부를 하지 않은 사람은 재매각에 참여할 수 없으므로 방어입찰 시는 가족이나 지인 명의로 응찰해야 한다.

※ 재매각 시 입찰보증금이 법원에 따라서 최저가의 20%내지는 30%가 될 수도 있으니 자금계획에 차질이 없어야 한다.

---

7) 낙찰을 받는 것.
8) 민사집행법 제138조(재매각) ④재매각절차에서는 전의 매수인은 매수신청을 할 수 없으며 매수신청의 보증을 돌려 줄 것을 요구하지 못한다.

3) 잔존채권이란?

채권행사권리금액 중 배당에서 받지 못한 금액을 말한다.

① 앞서 방어입찰에서 나온 금액처럼 4억 원의 채권을 2.8억 원에 매입하였지만 배당시까지 채권행사권리금액과 가지급금(경매신청비용)을 계산 해보니 434,954,000원이 나왔다. 여기에서 낙찰금액이 335,812,000원이었고 그 금액을 배당받았다면 99,142,000원을 덜 받은 셈이다. 바로 이 금액이 남은 잔존채권이다.

② 배당표와 채권계산서(채권행사권리금액) 및 법원 민사신청과에 비치된 부기 및 환부신청서에 기재를 하여 해당 경매계에 제출하여 확인 도장을 받는다. 후일 판결을 받아서 채무자가 능력이 갖추어 질 때 추심을 하면 된다.

4) 차액약정보전금이란?

① 차액약정보전금이란 채권양도인과 채권양수인 간에 채권금액을 협상하면서 장래 불확정적인 금액을 정하는 것을 말한다.

② 차액약정보전금은 Loan Sale 계약에서는 채권매각금액이 정해지고 계약금을 지불한 후 잔금을 납부함과 동시에 (근)저당권이 이전되므로 확정된 금액이기 때문에 약정을 할 수가 없다. 차액약정보전금은 (입찰참가이행조건부)채권양수도계약이나 채무인수계약에 한해서 특약으로 기재하는 제도이다.

③ 차액약정보전금을 특약사항에 추가로 약정하는 경우에는 장래 채권 예상 회수율이 높아질 것을 기대하는 물건에 한하여 채권양도인이 일방적으로 요구하는 장래불확정 추가지급금액이다.

④ 채권매입 후 채권양수인이 경매에 응찰을 하였는데, 채권매수인이 최고가매

수신고인이 되었고 차순위자의 응찰금액이 채권매입금액보다 많을 경우, 그 차액을 차액약정보전금액으로 정한 범위 내에서 채권양도인에게 추가로 지급을 하여야 한다는 특약을 말한다.

⑤ 차액약정보전금은 보통 채권매입금액의 5%~10%를 정한다. 경우에 따라서는 차액약정보전금을 100%[9]로 정하는 경우도 있고, 0[10]으로 하는 경우도 있다.

⑥ 차액약정보전금의 금액유무는 채권매입금액에도 영향을 미치므로 AM과 협상시 사전 협의가 필요하다.

⑦ 차액약정보전금액을 과다하게 약정한 계약이 있을 수 있다. 입찰기일이 도래하면 채권매입금액보다 차순위매수인의 입찰금액이 높게 되어 과다한 차액약정보전금액을 지불해야 하지 않을까? 하는 고민에 빠질 수도 있다.

⑧ 필자도 사건번호 2013타경21559의 채권을 370,000,000원에 사후정산방식으로 매입하면서 차액약정보전금을 100%로 정하는 단서를 특약으로 체결한 경험이 있다. 다행히 차순위매수인이 371,000,000원이라서 차액약정보전금을 1,000,000원만 더 지불하였다. 이 경우 차액약정보전금을 100%로 정하는 특약을 체결했으니 최대 89,999,999원까지 추가로 지급할 수 있었다.

⑨ 차액약전보전금을 특약으로 넣지 않는 방법은 채권양도인이 채권매입금액을 더 많이 요구할 수 있기 때문에 차액약정보전금으로 적당한 금액을 협상하여 정하는 것이 좋을 수도 있다. 왜냐 하면 차액약정보전금에 해당이 안되는 경우가 다반사이고 만약 차액약정보전금액을 지불할 경우에는 그만한 값어치가 있기 때문이다.

---

9) 사건번호 2013타경21559의 채권매입 계약서 단서 참조
10) 사건번호 2013타경6980의 채권매입 계약시는 차액약정보전에 대한 특약이 없었음

⑩ 차액약정보전금의 제도에 대한 문제점을 제기하는 수강생들이 간혹 있다. 채권양도인이 제 3자를 시켜서 가장으로 입찰에 참여하여 채권매각금액 이상으로 응찰한다면 차액약정보전금액을 지급할 수밖에 없다. 이러한 질문에 대하여 필자는 사람인 이상 당연한 질문이라고 답변한다. 독자 여러분들의 판단에 맡길 수밖에 없다.

10 부실채권 시장현황

1) 부실채권의 유통 구조

1금융과 2금융권의 구조에 대한 차이는 있으나 절차는 같다.

NPL 유통구조

참고 : 용어정리

① SPC(Special Purpose Company)
부실채권을 매각하기 위한 일시적으로 설립된 특수목적
회사이다. 채권매각과 원리금 상환이 끝나면 자동으로
없어지는 일종의 페이퍼 컴퍼니이다.

② AMC (Asset Management Company)
유동화전문회사(SPC)로부터 유동화 자산관리를
위탁받아 일반 투자자에게 매각하는 회사이다.
예) 대표적인 AMC로는 유암코(연합자산관리),
대신에이엠씨, 농협자산관리회사가 있고,
그 외 150여개의 AMC들이 있다.

③ AM(Asset Manager) 자산관리직원

④ KAMCO(Korea Asset Management Corporation)
한국자산관리공사.
금융기관의 부실채권정리를 통한 공적자금의 회수와
국가 등으로부터 매각을 의뢰 받은 자산의 공매를
주된 업무로 하는 자산정리 전문기관.

① 고객이 담보를 제공하고 은행이나 제2금융권을 통해서 대출을 받는다.

② 대출을 받은 고객이 3개월 이상 이자가 미납되면 부실채권으로 분류를 하고 경매신청을 한다.

③ 금융기관은 부실채권을 대량(pool)으로 유동화회사(SPC)에 매각하고 개인은 자산관리회사(AMC)를 통해서 건별로 부실채권을 매입을 할 수 있다.

④ 제 2금융기관은 SPC나 법인에게 매각을 한 후 개인 명의로 부실채권을 매입하여 (근)저당권을 이전할 수 있다.

2) 부실채권 매각 방법

ABS발행 국제입찰, 법원경매, 기업개선작업, 채권의 개별매각, CRC, AMC 설립 등 다양한 방법들이 있다.

① ABS란?

- 기업이 보유한 채권을 증권화한 것을 말한다.

- 담보채권, 신용카드매출채권 등을 증권으로 발행하여 매각 후 운영자금으로 활용하는 방법.

- 미래에 현금으로 전환될 채권을 대상으로 증권을 발행하는 방법.

② 국제입찰이란?

- 내·외국인을 대상으로 부실채권을 매각한다.

- 1997년 IMF때 외국계 기업으로서 '론 스타' '골드만 삭스' 'GE 캐피탈' 등이 대표적으로 국내 부실채권을 매입했다.

③ 법원경매

- (근)저당권 실현목적으로 법원을 통하여 경매로 회수를 한다. 담보부물권이 경매로 처리될 경우 보통 6개월에서 1년 이상 소요되는 경우가 많다.

- 부실채권 매각이 안 되는 물건을 주로 법원경매를 통하여 배당 받거나 유입을 함으로써 정리한다.

④ 기업개선작업

- '워크아웃'을 말한다.
- 기업의 구조조정을 스스로 하기 힘들 때 금융기관이 주도로 하게 된다.
- 기업을 회생시키는 것이 워크아웃의 목적이다.
- 은행에서는 대출금의 상환유예, 이자감면, 부채삭감, 등의 금융지원이 이루어진다.

⑤ 채권의 개별 매각

- 대출규모가 적은 관계로 부실채권의 전체 규모가 pool을 구성할 단위가 되지 않을 때 개별 매각한다.
- 자산관리공사가 보유한 채권 중 회생이 가능한 기업채권을 제 3자[1]에게 매각한다. 채권매입에 적법한 투자 희망자에게 대상 채권매각 공고를 하고 입찰 희망자가 열람할 수 있는 자료를 제공한 후 입찰보증금을 납부하고 입찰 등록한 다수 중 최고가로 응찰한 자를 낙찰자로 정하고 채권을 양도한다.
- 제 2금융 부실채권은 개별적으로 부실채권 매매를 업으로 하는 법인에게 매각한다.

⑥ CRC-기업구조조정전문회사(Corporate Restructuring Company)는 워크아웃(기업개선작업), 기업구조조정 대상기업의 경영권의 인수, 기업 가치를 높이거나 이들 기업의 부동산이나 부실채권에 투자하는 회사를 뜻한다. (출처:박문각사전)

⑦ AMC

- 자산관리회사(Asset Management Company)란 부실기업의 채권이나 자산을 넘겨받아 이를 관리하는 회사이다. 대표적으로 대신에이엠씨가 있다.

---

1) SPC나 유동화회사

3) 국내 부실채권 매각 통계[11]

제목 : '15.3분기말 국내은행의 부실채권 현황(잠정)

① 부실채권 현황

- '15.3분기말 국내은행의 부실채권비율[12]은 1.41%로 전분기말(1.50%) 대비 0.09%p 하락[13]하였으며, 부실채권 규모는 23.2조원으로 전분기말(24.1조원) 대비 0.9조원 감소

- 부문별 부실채권은 기업여신 부실이 20.9조원으로 전체 부실채권의 대부분 (90.1%)을 차지하고 있으며, 가계여신(2.2조원), 신용카드채권(0.1조원) 順

[국내은행의 부실채권 추이]

(단위 : 조원, %, %p)

구 분	'12년		'13년		'14년				'15년			증감	
	3/4	4/4	3/4	4/4	1/4	2/4	3/4 (a)	4/4	1/4	2/4 (b)	3/4P (c)	연간 (c-a)	분기 (c-b)
부실채권 계	21.9	18.5	25.7	25.7	26.6	25.7	26.1	24.2	24.7	24.1	23.2	△2.9	△0.9
기업여신[1]	18.0	15.0	22.0	22.7	23.3	22.4	23.0	21.5	22.0	21.7	20.9	△2.1	△0.8
가계여신	3.6	3.2	3.5	2.8	3.1	3.1	2.9	2.6	2.5	2.3	2.2	△0.7	△0.1
신용카드	0.3	0.3	0.2	0.2	0.2	0.2	0.2	0.1	0.1	0.1	0.1	△0.1	+0.0
부실채권 비율[2]	1.56	1.33	1.79	1.79	1.81	1.73	1.72	1.55	1.56	1.50	1.41	△0.31	△0.09

주 : 1) 공공·기타부문 포함, 2) (고정이하여신)/(총여신)
(출처) http://www.fss.or.kr

---

11) 금융감독원 홈페이지 발췌
12) 부실채권비율(고정이하여신비율) = (고정이하여신)/(총여신)
13) 전년 동기말(1.72%) 대비 0.31%p 하락

② 부실채권 신규발생 및 정리현황

- '15.3분기중 신규발생 부실채권은 4.4조원으로 전분기(5.9조원) 대비 1.5조원
  감소 [전년 동기(5.7조원) 대비 1.3조원 감소]
  • 기업여신 신규 부실이 3.7조원으로 대부분(82.9%)을 차지하고 있으며, 전분
    기(5.1조원) 대비 1.4조원 감소
  • 가계여신 신규 부실은 0.6조원으로 전분기(0.7조원) 대비 0.1조원 감소

[부실채권 신규발생 추이]

(단위 : 조원)

구 분		'12년	'13년						'14년					'15년		
		계	1/4	2/4	3/4	4/4	계	1/4	2/4	3/4	4/4	계	1/4	2/4	3/4P
신규발생		24.3	5.6	10.7	6.6	8.7	8.7	5.4	5.8	5.7	6.7	23.6	4.4	5.9	4.4
	기업여신[1]	18.6	4.2	9.4	5.2	7.5	7.5	4.2	4.7	4.7	5.7	19.3	3.5	5.1	3.7
	(대기업)[2]	4.8	1.1	5.0	2.4	3.5	3.5	1.6	1.0	1.7	2.8	7.1	1.3	2.0	1.2
	(중소기업)	13.8	3.1	4.4	2.8	4.0	4.0	2.6	3.7	3.0	2.9	12.1	2.2	3.1	2.5
	가계여신	5.0	1.2	1.2	1.3	1.1	1.1	1.1	1.0	0.9	0.9	3.8	0.8	0.7	0.6
	(주담대)	2.6	0.6	0.5	0.5	0.4	0.4	0.4	0.4	0.3	0.3	1.4	0.3	0.2	0.3
	신용카드	0.7	0.2	0.1	0.1	0.1	0.1	0.1	0.1	0.1	0.1	0.5	0.1	0.1	0.1

주 : 1) 공공·기타부문 포함, 2) 기업여신 중 중소기업여신 제외분
(출처)http://www.fss.or.kr

- '15.3분기중 부실채권 정리규모는 5.3조원으로 전분기(6.5조원) 대비 1.2조원
  감소 [전년 동기(5.3조원)와 동일한 수준]
  • 정리방법별로는 여신정상화(1.6조원), 대손상각(1.5조원), 담보처분 등을 통한
    여신 회수(1.3조원), 매각(0.8조원), 기타(0.1조원) 順

구 분		'12년	'13년						'14년					'15년		
		계	1/4	2/4	3/4	4/4	계	1/4	2/4	3/4	4/4	계	1/4	2/4	3/4P
정리실적		24.6	3.6	6.3	5.8	8.7	24.4	4.5	6.7	5.3	8.6	25.1	3.9	6.5	5.3
형태별	대손상각	8.8	1.1	2.2	2.0	3.4	8.6	1.2	1.8	1.8	3.1	8.0	1.4	2.4	1.5
	매 각	6.7	0.9	1.8	1.2	2.2	6.2	0.6	1.5	1.0	1.9	5.0	0.8	1.6	0.8
	담보처분	5.4	0.9	1.2	1.6	1.8	5.5	1.5	1.5	1.5	1.9	6.4	1.0	1.3	1.3
	정 상 화	2.7	0.5	0.9	0.7	1.0	3.1	0.6	1.3	0.8	1.4	4.1	0.5	0.8	1.6
	기 타[1]	1.0	0.2	0.2	0.3	0.3	1.0	0.6	0.6	0.2	0.3	1.6	0.2	0.3	0.1

주 : 1) 공공·기타부문 포함, 2) 기업여신 중 중소기업여신 제외분

(출처)http://www.fss.or.kr

③ 부문별 부실채권비율

- 기업여신 부실채권비율(1.91%)은 전분기말(2.04%) 대비 0.13%p 하락 [전년 동
  기말(2.29%) 대비 0.38%p 하락]

  • 대기업여신 부실채권비율(2.13%)은 전분기말(2.35%) 대비 0.22%p 하락 [전
    년 동기말(2.39%) 대비 0.26%p 하락]

  • 중소기업여신 부실채권비율(1.74%)은 전분기말(1.79%) 대비 0.05%p 하락
    [전년 동기말(2.20%) 대비 0.46%p 하락]

- 가계여신 부실채권비율(0.40%)은 전분기말(0.43%) 대비 0.03%p 하락 [전년 동
  기말(0.58%) 대비 0.18%p 하락]

  • 주택담보대출 부실채권비율(0.32%)은 전분기말(0.35%) 대비 0.03%p 하락한 반
    면, 신용대출 등 부실채권비율(0.60%)은 전분기말(0.63%) 대비 0.03%p 하락

- 한편, 신용카드채권 부실채권비율(1.14%)은 전분기말(1.22%) 대비 0.08%p 하
  락 [전년 동기말(1.33%) 대비 0.19%p 하락]

[여신부문별 부실채권비율]

(단위 : 조원, %, %p)

구 분		'12년		'13년		'14년				'15년			증감	
		3/4	4/4	3/4	4/4	1/4	2/4	3/4 (a)	4/4	1/4	2/4 (b)	3/4P (c)	연간 (c-a)	분기 (c-b)
부실채권비율		1.56	1.33	1.79	1.79	1.81	1.73	1.72	1.55	1.56	1.50	1.41	△0.31	△0.09
	기업여신[1]	1.93	1.66	2.32	2.39	2.38	2.27	2.29	2.09	2.11	2.04	1.91	△0.38	△0.13
	(대기업)[2]	1.41	1.26	2.52	2.75	2.65	2.36	2.39	2.28	2.32	2.35	2.13	△0.26	△0.22
	(중소기업)	2.34	1.96	2.16	2.11	2.16	2.19	2.20	1.94	1.95	1.79	1.74	△0.46	△0.05
	가계여신	0.80	0.69	0.74	0.60	0.65	0.64	0.58	0.49	0.48	0.43	0.40	△0.18	△0.03
	(주담대)	0.76	0.65	0.71	0.56	0.57	0.54	0.49	0.42	0.38	0.35	0.32	△0.17	△0.03
	(신용대출 등)	0.88	0.78	0.81	0.69	0.82	0.86	0.78	0.67	0.70	0.63	0.60	△0.18	△0.03
	신용카드	1.59	1.48	1.41	1.34	1.42	1.47	1.33	1.11	1.30	1.22	1.14	△0.19	△0.08

주 : 1) 공공·기타부문 포함, 2) 기업여신 중 중소기업여신 제외분
(출처)http://www.fss.or.kr

④ 평가

- '15.3분기말 부실채권비율(1.41%)은 전분기말(1.50%) 대비 0.09%p 하락하였으며, 전년 동기말(1.72%) 대비로도 0.31%p 하락

 • 저금리 지속에 따른 가계 상환부담 완화, 은행의 적극적인 부실채권 정리 등으로 주요국[14]의 부실채권비율과 비교시에도 양호한 수준을 유지

- 다만, 기업여신의 부실채권비율이 '15.3분기말 1.91%로서 '12년말(1.66%) 대비하여 여전히 높은 수준[15]

 • 특히, 조선업, 건설업 등 취약업종의 부실채권비율[16]이 높은 수준

- 따라서 조선업 등 취약업종을 중심으로 부실채권 등 은행의 자산건전성에 대

---

14) 미국(1.68%, '15.6월말), 일본(1.64%, '15.3월말) 등 주요국에 비해 양호한 수준
 – 미국 : Noncurrent Loan Ratio[상업은행 평균, 美 예금보험공사(FDIC)]
 – 일본 : NPL Ratio[전체은행 평균, 日 금융감독청(FSA)]
15) 부기업여신 부실채권비율(%) : ('12년말)1.66% → ('13년말)2.39% → ('14년말) 2.09% → ('15.3분기말)1.91%
16) (조선업) 5.12% (건설업) 4.38% (전자부품업) 3.95% (철강업) 2.62%

하여 지속적으로 면밀히 모니터링하는 한편,

• 적정 대손충당금 적립 등을 통해 손실흡수능력을 강화해 나가도록 유도할 예정

[은행별 고정이하여신비율 현황(잠정)]

(단위 : 조원, %, %p)

은행	'14.9월말			'15.6월말			'15.9월말p			증감	
	총여신	고정이하여신		총여신	고정이하여신		총여신	고정이하여신		연간 (C-A)	분기 (C-B)
		금액	비율(A)		금액	비율(B)		금액	비율(C)		
신　　한	182.0	2.0	1.07	190.6	1.7	0.90	197.3	1.7	0.85	△0.22	△0.04
우　　리	188.5	4.4	2.36	203.3	3.5	1.73	211.8	3.5	1.65	△0.71	△0.08
S　　C	30.2	0.6	1.96	32.1	0.5	1.51	31.5	0.4	1.39	△0.57	△0.12
하　　나[1]	209.6	2.8	1.32	211.0	2.8	1.33	211.8	2.3	1.08	△0.24	△0.25
씨　　티	27.7	0.3	1.15	27.9	0.3	0.95	27.5	0.2	0.87	△0.27	△0.07
국　　민	207.2	3.5	1.71	213.6	2.7	1.24	219.3	2.3	1.06	△0.64	△0.18
시중은행	845.1	13.6	1.61	878.4	11.4	1.30	899.2	10.5	1.17	△0.44	△0.14
대　　구	28.6	0.4	1.30	31.3	0.4	1.24	31.8	0.4	1.12	△0.18	△0.12
부　　산	34.2	0.4	1.18	36.3	0.4	1.13	36.5	0.4	1.01	△0.17	△0.13
광　　주	12.8	0.2	1.31	13.6	0.2	1.32	14.1	0.2	1.06	△0.24	△0.26
제　　주	2.6	0.0	1.94	3.0	0.0	1.31	3.2	0.0	1.09	△0.85	△0.22
전　　북	10.0	0.1	1.39	10.4	0.2	1.60	10.8	0.2	1.57	0.17	△0.04
경　　남	26.3	0.5	1.79	27.2	0.4	1.43	27.3	0.4	1.37	△0.42	△0.06
지방은행	114.5	1.6	1.40	121.7	1.6	1.29	123.8	1.5	1.17	△0.23	△0.12
일반은행	959.6	15.2	1.59	1,000.1	13.0	1.30	1,023.0	11.9	1.17	△0.42	△0.13
산　　업	108.9	3.1	2.88	124.7	3.1	2.50	127.9	3.0	2.35	△0.53	△0.15
기　　업	162.6	2.7	1.66	171.3	2.3	1.35	176.0	2.5	1.42	△0.24	0.07
수　출　입	99.7	1.8	1.82	115.2	2.4	2.08	124.5	2.7	2.17	0.34	0.09
농　　협	168.7	2.7	1.61	169.7	2.8	1.65	174.5	2.6	1.49	△0.12	△0.16
수　　협	19.0	0.5	2.53	19.4	0.4	2.06	19.9	0.4	2.24	△0.29	0.19
특수은행	559.0	10.9	1.94	600.3	11.0	1.84	622.7	11.2	1.81	△0.14	△0.03
국내은행	1,518.6	26.1	1.72	1,600.3	24.1	1.50	1,645.6	23.2	1.41	△0.31	△0.09

주 : 1) 舊하나·외환 합병('15.9.1.) 이전 여신금액은 단순 합산하여 산정
(출처)http://www.fss.or.kr

11 법원 배당 절차

- 부실채권으로 매입한 경매사건에 대해 최고가매수신고인이 결정되어 낙찰허가가 나면 최고가매수신고인이 낙찰대금을 완납한다. 그러면 배당이 확정되고, 경매계에서는 채권자에게 배당기일통지서를 송달한다. 배당을 받을 채권자(근저당권자)는 아래와 같은 절차로 배당에 참여하여 배당금을 수령한다.

1) 채권계산서를 제출한다.

① 낙찰이 되고 대금을 납부하면 배당일이 정해진다. 법원으로부터 배당통지서가 송달되는데, 채권의 원금 및 연체료, 그 밖의 부대비용을 계산하여 제출하라는 내용과 배당일이 적혀있다. 통상 송달 받은 날부터 7일 이내에 제출할 것을 요한다.

② 채권계산서는 채권매입시 여신거래약정서(대출계약서)의 내용대로 연체금리를 적용한 배당일까지의 총 연체이자 및 채권의 원금을 합하고 여기에 경매신청비용으로 가지급한 금액을 합한 금액을 말한다.

③ 채권계산서에는 채권계산의 기준이 되는 채권계산서 명세표[1]나 채권계산서를 뒷받침 해줄 수 있는 연체이율에 대한 첨부서류가 필요하다.

---

1) 채권매입 시 정산한 금액 기준표나 연체금리를 적용하는 여신거래약정서 등.

2) 배당표를 점검하여 배당금액이 맞는지 확인해본다.

① 배당표는 배당기일 3일전에 해당 경매계에서 확인해볼 수 있다. 통상은 배당 일에 경매법정에서 배당표를 받아보는데 제출한 채권계산서와 비교하여 금액이 같지 않으면 배당 전 상담을 한다. 배당 도중, 금액이 맞지 않거나 배당의 순위가 틀렸다고 생각되면 '배당이의신청'을 하면 된다.

② 배당이의신청을 한 경우 당사자는 7일 이내로 본안소송을 제기해야 한다. 소(訴)의 제기가 없을 경우 배당이의신청을 철회한 것으로 본다. 이 때 배당권리자(채권자)는 해당 경매계를 찾아가 배당절차를 거치면 된다.

3) 원인서류를 준비한다.

① 배당을 받는 사람은 기본적으로 신분증과 도장을 준비해야 한다.

② 배당을 받을 수 있는 원인서류를 준비해서 함께 제출한다.

③ 원인서류란 채무자와 채권자 간의 금전거래에 대한 증명서를 말하며, 대출계약서, 근저당권권리증, 질권계약서, 질권권리증, 차용증서 등이 있다.

4) 대리인으로 참석할 경우 위임장을 2통 준비해야 한다.

① 본인을 대리하여 배당을 받을 경우 위임장과 인감증명서 각 2통이 필요하다.

② 만약 위임장을 1통만 준비했다면 위임장과 인감증명서를 대신 발급받을 수 있는 방법이 있다. 위임자 본인의 신분증과 인감도장을 가지고 인근 주민 센터나 구청, 시청 등을 방문하여 인감증명서를 대리인으로 발급받는다.

③ 배당 당일 경매법정에서 출금명령서를 받을 때 경매계에 1통을 제출해야 하고 출금명령서를 가지고 보관계에 가면 위임장과 인감증명서를 또 제출해야 하기 때문이다.

5) 출금명령서를 가지고 보관계로 간다.

① 경매법정, 경매계로부터 받은 출금명령서를 가지고 법원에 있는 보관계로 간다.
② 보관계에 출금내용을 기재하여 출금명령서를 제출한다. 이때 대리인일 경우는 위임장과 대리인의 신분증을 제출한다.
③ 출금명령서에 하자가 없음이 확인되면 환급명령서를 발급하여 준다.

6) 환급을 받는다.

① 보관계에서 받은 환급명령서에 출금 받고자하는 인적사항과 계좌번호를 기재한 후 법원에 있는 지점은행에 제출한다.
② 배당금의 수령은 본인 또는 위임받은 대리인이 받을 수 있다.
③ 배당금은 본인이나 대리인이 지정하는 계좌로 입금할 수 있고, 현금이나 수표로 수령할 수도 있다.

7) 부기 환부신청을 한다.(잔존채권이 있는 경우에만 해당)

① 채권계산서에 제출한 배당받을 금액보다 실제로 배당받은 금액이 미달될 경우 나머지 금액에 대하여 잔존채권 확인을 받아야 한다.

② 민사신청과에 비치된 부기 환부신청서에 배당받은 금액과 배당받아야 할 금액에서 부족한 금액을 기재하고 배당표를 첨부하여 해당 경매계에서 확인도장을 받는다.

③ 담보부채권에서 받지 못한 금액은 전환무담보부채권이 된다.

④ 채권을 추심할 수 있는 권리가 확보된다.

⑤ 채권자가 명도를 할때 점유자가 거부할 경우 잔존채권을 추심한다는 사실을 설명하고 명도에 협조할 경우 잔존채권 일정액 또는 전부를 감면하여 준다는 조건을 제시하여 명도합의용으로 요긴하게 활용할 수 있다.

⑥ 명도합의용으로 잔존채권금액의 일부를 감면해주는 경우는 나머지 금액에 대해서 후일 채무자가 회생을 할 경우 추심을 하면 된다.

⑦ 추심을 할 때에는 판결을 받아야 한다.

⑧ 전환무담보부채권은 판결을 받기가 용이하다.(사실관계가 명확하기 때문)

12 대위변제

1) 대위변제란?

① 채권자의 채무를 제3자 또는 공동채무자 중 1명이 변제하면 그 변제자는 채무자 및 공동채무자에 대하여 구상권을 취득하게 된다.

② 민법(480조 481조)에서 변제자는 채권자가 가지고 있는 권리에 대하여 대위하여 행사할 수 있다. 이를 대위변제 또는 변제에 의한 대위라고 한다.

③ 대위변제에는 임의대위와 법정대위가 있다.

※ NPL 협상이 가능한 물건은 대위변제를 할 필요가 없다. 왜냐하면 NPL은 할인해서 매입을 할 수 있는 채권인데, 대위변제는 채권자의 채권 전액을 변제해주는 것이기 때문이다.

※ 먼저 NPL 접촉 후 협상이 불가능 할 때 대위변제로 접근해야 한다.

2) 변제자 대위란?

① 채무자를 대신하여 제3자 또는 공동채무자 1명이 채무를 변제함으로써 구상권을 취득한다.
② 변제자의 구상권 확보를 위하여 채권자가 가지고 있던 (근)저당권을 변제자에게 이전하는 것을 말한다.

3) 대위변제의 요건은?

① 법정대위는 변제할 정당한 이익이 있어야 한다.
② 임의대위는 채권자 및 채무자의 승낙이 있어야 한다.

4) 구상권이란?

① 상환청구권이라고도 한다.
② 변제자가 채무자에게 원 채권 및 그에 따른 부속된 권리를 청구할 수 있는 권리이다.

5) 임의대위란?

① 이해관계 없는 제3자가 채무자의 채권을 대신 변제하는 것을 말한다.
② 그러나 채무의 성질, 또는 당사자의 의사표시로 제3자의 변제를 허용하지

않을 경우는 대위변제 할 수 없다. 「이해관계 없는 제3자는 채무자의 의사에 반하여 변제하지 못한다.」(민법 제469조 1. 2항)

6) 임의대위가 성립하려면?

① 임의대위에 있어서 변제기 전에 이해관계인(채권자, 채무자 등)의 동의를 얻어 대위변제 승낙을 받은 다음 채무를 변제하면 임의대위가 성립[2]된다.
② 이 경우 임의대위지만 채무자의 승낙이 있는 경우는 법정대위와 같은 성격으로 채권자는 근저당권을 이전해줄 의무가 발생된다.
③ 임의대위 변제 승낙 시 채무자 및 소유자가 동일인이어야 한다.
④ 채무자나 소유자가 동일인이 아닐 경우 채권자[3]는 소유자의 동의서를 요할 수 있기 때문이다.

7) 법정대위란?

① 「변제할 정당한 이익이 있는 자는 변제로 당연히 채권자를 대위한다.」(민법 제481조)
② 채무자와 이해관계 있는 자는 채권자와 채무자의 동의 없이 채무를 변제할 수 있다.
③ 채권을 변제함으로써 정당한 이익이 있는 이해관계인은 채권자나 채무자가 변제를 거부하여도 합법적으로 채무를 변제할 수 있는데, 법정대위에 의한 대위변제이다.

---

2) 임의대위변제에 대한 서식 참고
3) 애때는 대위변제를 받은 채권자

8) 대위변제의 효과

① 변제할 정당한 이익이 있는 이해관계인이 법정대위 변제를 하면 채권자의 채권(근저당권 등)은 동일한 조건으로 변제자에게 이전(승계)된다.

② 채권원금 및 연체이자가 100%로 충족되는 경우 채권자는 임의대위변제의 승낙을 거부할 수 있다.

③ 반면에 채무자는 채무자에 대한 이익[4]이 있는 경우 이해관계 없는 제3자가 임의대위 승낙을 요구할 경우 승낙을 할 수 있다.

즉, 이해관계 없는 제3자가 채무자의 1순위 근저당권을 대위변제하고 그에 따른 연체이자가 년 18% 발생된다고 가정을 할 때 1억에 대하여 1년이면 1,800만원의 연체료 수입 중 일부를 채무자에게 사례한다면 채무자는 대위변제 승낙에 응할 수도 있다.

9) 법정대위 이해관계인은?

① 법정대위에서 이해관계인은 후순위 근저당권, 후순위 담보가등기, 후순위 가압류권자, 후순위 전세권자, 후순위임차인, 등이 이해관계인이다.

② 이해관계인은 당연히 대위변제를 할 수 있으며 채권자 및 채무자가 대위변제를 거부할 경우 변제공탁을 한 후 대위변제를 하고 이에 따른 손해배상을 청구할 수 있다.

③ 대위변제로 수익을 발생시키기 위해서 후순위 권리를 매입하여 법정대위 지위를 갖는 방법도 있다.

---

4) 채무자에게 임의대위변제 승낙서를 받을 때 일부를 사례금으로 지불함

④ 합법적인 법적절차로 법정대위의 지위를 취득할 수 있는 관계설정을 하여 법정대위변제의 권리를 획득할 수도 있다.

10) 대위변제 대상물건은?

① 경매 진행 중인 물건이라면 감정가격 대비 채권청구액이 많아야 한다.
② 채무자가 채권을 상환하여 경매를 취하시킬 수 없는 상태를 말한다.
③ 1순위 근저당권 및 후 순위 근저당권, 전세권, 가압류, 의료보험가압류, 신용카드가압류 등을 합한 금액이 감정가격보다 월등히 많은 경우가 대위변제 대상 물건이 된다.

11) 대위변제로 배당이 가능한 물건은?

① 채권최고액 전액 배당이 확실한 물건이 좋다.
② 1순위 (근)저당권이며 채무자와 소유자가 동일인이어야 좋다.
③ 채무자와 소유자가 다를 경우 채권자는 소유자의 동의서를 요구할 수 있다.
④ 1순위 (근)저당권이라도 100%로 배당이 가능한 것은 아니다. 낙찰시 채권의 원금 이하로 최고가가 결정되면 손실이 발생된다.
⑤ 법정대위변제는 채권자를 만족시켜야하므로 회수할 수 있는 낙찰가를 정확히 예측해야 한다. 다시 말하면 채권최고금액이 잠식당하면 위험하다.
⑥ 낙찰률이 높다 하더라도 대위변제할 채권액과 채권최고액과의 차액이 적으면 손실이 올 수 있다.
⑦ 임의대위변제시 채무자의 승낙을 얻는데, 사례비용과 근저당권이전 비용,

근질권 이자 등을 감안하여 배당표를 작성해보고 수익률이 맞아야 한다.

⑧ 예상회수금액에서 총 투자한 금액을 비교하여 적절한 이윤이 나와야 한다.

⑨ 대위변제는 채권자의 연체료로 수익을 발생시키기 때문에 변경신청이 가능한지를 점검해야 한다.

⑩ 대위변제 시점과 채권회수 시점의 시간적 차이가 많으므로 상승과 하락의 추이가 문제이다. 이점을 혼돈하면 손실이 날 수 있음을 강조하는 바이다.

12) 대위변제한 채권도 근저당권부 질권 대출이 가능한가?

① 부실채권(NPL)을 매입하면 근저당권부 질권 대출을 받을 수 있다.

② 대위변제도 근저당권을 이전해오므로 근저당권부 질권 대출을 받을 수 있다.

③ 통상 채권매입금액의 80%를 연6%이하의 금리로 근저당권부 질권 대출을 받지만, 매입자의 신용과 소득에 따라서 90%에 연4%로 미만의 금리로도 가능하다.

④ 새마을금고, 저축은행 등에서 경쟁적으로 질권 대출을 하고 있으므로 금리도 하락될 것으로 예상된다.

⑤ 대출은 소득과 신용에 따라서 차이가 있으므로 사전에 대출금액과 금리에 대하여 승인을 받은 후 대위변제를 하는 것이 좋다.

13) 대위변제로 가장 좋은 물건은 어떤 것인가?

① 1순위 채권으로 원금 중 채권의 일부금액을 채무자가 상환한 (근)저당권이 좋다. 가령 원금이 1억 원이고 채권최고금액이 1.2억 원인데 채무자가 이

중에서 2천만 원을 상환하여 원금이 8천만 원으로 줄어들었다고 가정해보자. 이 때 상환한 채권에 대한 감액등기가 되지 않고 채권최고금액이 그대로 1.2억 원으로 남아있는 물건이 대위변제로 좋다.

② ①번의 경우에 원금이 8천만 원인데 채권최고금액이 1.2억 원이니까 4천만 원까지 수익을 발생시킬 수 있다.

③ 1순위인 경우 저축은행, 새마을금고, 신협 등 제2금융권은 130%를 채권최고금액으로 근저당권 설정을 하고 연체이자가 연19%~25%까지 발생되므로 수익률이 높다.

④ 1금융권은 120%설정에 연체이자가 11%~19%이다.

14) 대위변제 시 주의사항은?

① 대위변제 전 채권의 원금, 연체이자률, 선순위채권 등을 알아보아야 한다.

② 임의대위나 법정대위도 대위변제 전에 법원경매사건기록을 열람해야 한다.

③ 임의대위의 경우 대위승낙서와 법원열람위임장에 인감증명서를 첨부하여 받고 대위변제 전에 법원경매물건매각명세서를 열람하여 선순위채권(당해세, 임금채권, 최우선변제권 등)을 계산하여 대위변제금이 배당에서 손실이 없음을 확인해야 한다.

④ 법정대위의 경우에도 이해관계인으로서 경매사건을 열람하여 ③에서처럼 배당표를 작성해보고 수익과 손실 여부를 점검하여야 한다.

④ 예상 낙찰가에서 선순위 채권을 공제하고 변제대상 채권금액이 배당에서 손실되지 않는가를 정확히 계산하여야 손실이 없다.(배당순위 참조)

15) 대위변제 대상에서 피해야 할 물건은?

① 앞서 부실채권(NPL)은 3개월 이상 이자가 미납되면 NPL로 분류하고 채권을 매각한다고 했는데, 대위변제에 있어서 경매신청 전 채권이나 경매예정물건 중 배당요구종기일이 도래되지 않은 채권은 매입하면 위험성이 높다. 주거용 건물이 경매개시 결정 전이라면 최우선변제권[5]으로 가장한 임차인이 전입을 할 수 있기 때문이다. 경매개시 결정 후 배당요구종기일 전에 대위변제를 하게 되면 임금채권이나 퇴직금 등으로 배당요구를 신청할 수 있다.

② 임금채권이나 퇴직금은 경매개시 결정 후 배당요구종기일 전에 배당신청을 하면 (근)저당권인 우선변제권보다 우선하여 최우선변제권이 성립되기 때문에 배당 순위가 달라지므로 반드시 배당요구종기일이 지난 (근)저당권을 대위변제해야한다.

⑤ 대위변제시에는 항상 선순위 채권을 확인해야 한다. 법인이나 개인사업자는 특히 조심해야 한다.

※ 2015타경6796 양평연립주택=경매개시일 전에 경매가 진행될 것을 예상하고 9명이 소액임차인으로 전입됨.

16) 대위변제 후 배당요구종기일 전에 배당요구 신청자가 있다면?

① 배당요구종기일 전에 대위변제를 하고 (근)저당권을 이전 받았는데, 임금채권 및 퇴직금으로 배당요구 신청을 했다면 배당시 배당이의신청을 하고 공탁된 채권을 가압류한 후 소송을 통하여 판결을 구한다.

② 소송에서 사실관계를 입증해야 하는 통장의 내역이나 입금표, 4대 보험 및 임금확인서를 입증해야하므로 배당신청자가 패소를 할 경우 최우선변제자

가 배당받을 금액을 가압류해 놓음으로써 배당금에 대하여 권리를 확보하는 것이다.

③ 대위변제한 채권에 대하여 회수기간 지연으로 자금계획에 차질이 생기고 근저당권부 질권 이자 및 소송비용을 감안해야 하는 점을 명심해야 한다.

17) 대위변제 수익률은 얼마나 될까?

① 1순위 1금융채권으로 원금이 3억 원이고 연체이자가 연18%라고 가정을 할 때 채무자의 승낙을 얻어 대위변제를 하고 (근)저당권을 이전하였다.

② 3억 원 중 80%인 2.4억 원을 근저당권부질권 대출을 받았다. 6개월 후 배당을 받는다고 할 때 수익률은 얼마나 될까?

③ 대위변제 채권에 실제 투자한 금액 6천만[6] 원과 (근)저당권 이전 비용(약0.5%) 180만 원과 근질권 이자 6개월분 720만 원을 합하면 6천9백만 원이 투자되었다.

④ 3억 원에 대한 연체이자가 연18%(월1.5%)이므로 6개월간 연체료는 2,700만 원이 된다. 이 중 (근)저당권 이전비용과 근질권 이자를 합하면 9백만 원이므로 실제 수입은 1,800만 원이다.

⑤ 채무자에게 사례비로 3백만 원 정도를 지출했다고 가정해도 1,500만원의 이익이 발생한다. 연수익률로 따지면 42%이다.

---

5) 주택임대차보호법 8조1항. 임차인은 보증금 중 일정액을 다른 담보물권자(擔保物權者)보다 우선하여 변제받을 권리가 있다.
   이 경우 임차인은 주택에 대한 경매신청의 등기 전에 제3조제1항의 요건을 갖추어야 한다.
6) 3억 원을 대위변제하였으나 80%를 근질권 대출 받았으므로 실제 투자금은 6천만 원

13 부실채권 협상가격 산출방법

1) 해당물건의 시세를 조사한다.

① 매입하고자 하는 채권의 시세를 포괄적으로 조사한다. 포괄적이란 의미는 해당 물건보다 전체적이 추이를 반영한다.

② 매입하고자 하는 대상이 아파트라면 '국토부실거래가'에서 대상물건을 열람하여 년도 별, 분기 별 거래금액을 조사한다.

③ 부동산 114나 스피드뱅크 등 인터넷을 통하여 시세를 조사한다.

④ 대상물건의 인근 공인중개사사무실을 방문하여 조사한다.

2) 해당물건의 급매물의 시세 및 건 수를 조사한다.

① 반드시 임장을 하여 매물의 시세를 조사한다.
② 매물의 수량 및 거래가능여부를 조사해야 한다.
③ 매물이 많다는 것은 거래가 되지 않는다는 의미이다.
④ 거래가 되지 않으면 경매에서 낙찰률이 떨어진다.
⑤ 낙찰률이 떨어지면 채권회수금액이 낮아진다.

3) 해당물건의 낙찰률 내지는 인근 낙찰률을 조사한다.

① 해당물건 낙찰관계를 살펴보아야 한다. 경매진행 중인 사건은 전에도 경매로 대상물건이 되었는지를 확인해본다.
② 해당물건 낙찰 사례가 없으면 인근의 낙찰률을 조사해야 한다. 최근 순서로 살펴보며. 같은 유형의 물건이거나 비슷한 물건들의 등락률을 파악한다.

4) 선순위 배당채권을 조사한다.

① 경매신청비용, 최우선변제권, 임금채권. 퇴직금, 당해세 등 선순위 채권을 파악해야 한다.
② 선순위 채권금액을 알 수 없을 경우에는 해당은행의 채권담당자나 AM을 통하여 물어보면 된다.

5) 채권의 원금과 채권최고액을 확인한다.

① 통상 채권최고금은 1금융권의 경우 120%, 2금융권은 130%를 설정하므로 최고
금액을 1.2나 1.3으로 나누어서 소수점이 없이 자연수로 떨어지면 원금이 된다.
② 그렇게 나온다 하더라도 원장금액을 확인하여야 한다. 만기시나 채무자의
여유자금이 있었다면 원금 중 일부를 갚았을 수도 있다.
③ 원금을 갚고 갚은 금액만큼 감액등기를 하지 않았다면 부실채권 중 실제 원
금은 다르기 때문에 채권담당자나 AM에게 확인하는 것이 좋다.

6) 연체이율을 조사한다.

① 연체이율은 금융기관별 차이가 있으나 대략 1금융권은 11%에서 19% 정도
이며, 2금융권은 16%에서 25%까지 연체율이 적용된다.
② 연체이율을 잘못 파악해서 6%정도의 연체이율이 차이가 난다면 채권매입
시 경쟁에서 탈락할 수 있다.
③ 배당일까지의 채권행사권리금액을 계산하면 차액이 많으므로 사전에 정확
히 알아야 한다. 채권담당자나 AM에게 확인하는 것이 좋다.

7) 채권행사권리금액을 산출한다.

① 선순위 채권, 채권의 원금, 연체이율을 알았다면 채권매입 전에 채권행사권
리금액이 얼마인지 계산한다.
② 채권매입 후 배당을 받을 때까지의 추가 금액도 계산해 본다.

8) 매입채권의 근저당권부 질권 대출을 얼마나 받을 것인가 확인한다.

① 자금에 구애를 받지 않는다면 부실채권으로 매입하는 채권에 대하여 (근)저당권부 질권 대출을 받지 않는 것이 좋다.

② 근질권 대출을 받아야 할 경우 대출금액에 차질이 생기면 자금 압박을 받을 수 있으므로 사전에 가능한 대출금액과 이자를 알아보는 게 좋다.

③ 대출가능 금액과 년 이율을 알게 되면 채권매입 시점과 종점까지의 이자를 계산해 본다.

9) 매입하는 채권의 경매실현이 몇 개월 후인지 계산해본다.

① 매입하고자 하는 채권의 사건번호를 분석하여 채권매입 시부터 배당을 받을 때까지의 개월 수를 계산해 본다.

② 경매가 개시되면 정상적으로는 대략 6개월에서 7개월 사이에 매각기일이 정해지므로 이점을 감안하여 계산한다.

③ 폐문부재나 송달불능이 되면 공시송달을 해야 하므로 2~3개월, 많게는 5~6개월 이상 지연되는 경우도 있다.

④ 변경이나 취하 후 재경매를 할 경우도 계산해 본다.

⑤ 물건별 낙찰률을 계산하여 대금납입일과 배당 일까지의 날짜를 더한다.

⑥ 낙찰일로부터 배당일까지는 대략 70일 전·후로 계산한다.

⑦ 마지막으로 경매개시일자와 채권을 매입하는 시점과 배당시점까지 개월 수를 계산한다.

10) 예상배당표를 작성해본다.

① 배당의 순서대로 예상배당표를 작성한다.
② 경매신청비용과 선순위채권이 얼마인가를 계산한다.
③ 예상회수율에서 선순위채권을 제외한 배당금이 얼마인가를 계산한다.
④ 예상회수채권이 얼마인지 계산해본다.

11) 지출되는 총 비용을 산출한다.

① 지출되는 총 비용과 매입 후 발생되는 이자 비용을 계산한다.
② 채권매입금액, 근저당권이전비용, 수수료 또는 경비, 근질권비용 및 이자 등
의 총합계를 산출한다.

12) 예상회수율과 채권행사권리금액을 비교해본다.

① 예상회수율과 채권행사권리금액을 비교한다.
② 채권행사권리금액보다 예상회수율이 높으면 양질의 채권이다.
③ 채권행사권리금액보다 예상회수율이 낮으면 저질의 채권이다.
④ 예상회수율이 채권매입금액의 기준이 된다.
⑤ 예상회수율보다 채권매입금액이 높으면 그만큼 손실이 온다.
⑥ 예상회수율보다 채권매입금액이 낮아야 수익이 발생한다.

13) 본인의 적당한 이윤을 계산한다.

① 예상 배당금에서 본인의 적절한 이윤을 빼고 채권매입 희망가를 결정한다.
② 예상 배당액과 예상 채권매입금액에서 지출 예상금액을 제하고 그 금액에서 적절한 이윤을 제한 금액으로 협상금액으로 한다.
③ 예정 채권매입금액으로 채권을 매입하여 배당금액에서 지출[7]의 합계와 적당한 이윤이 발생되어야 한다.

14) 채권매입 협상금액을 결정한다.

① 산출한 예상 채권매입금액으로 협상을 한다.
② AM이나 채권담당자와 예상 채권매입금액으로 적절한 협의가 이루어지면 채권매입의향서를 제출한다.
③ 채권매수의향서를 제출하면 통상 3일내지는 5일정도의 결재 시간을 요한다.

---

7) 근저당권이전비용, 근질권대출이자 등

14 수익률이 높은 부실채권으로는 어떤 것이 있나?

● 권리관계가 복잡한 물건이 수익률이 높다. 일반 투자자들이 기피하는 물건, 즉 지분이나 유치권, 법정지상권 등이 있는 물건을 공략하라.

1) 지분 경매

▷ 지분 경매의 장단점

① 지분 경매의 장점

- 지분 경매는 낙찰률이 낮다는 점이다. 통상은 50% 미만이 경우가 많다.

- 지분 경매의 부실채권은 일반경매의 부실채권보다 저가로 매입할 수 있다.

- 부실채권 매입에서 지분은 공유자우선매수청구권 행사시 배당을 받을 수 있다.

- 지분 경매의 부실채권을 매입하여 유입을 할 경우 최고가매수신고인이 될 가능성이 매우 높다.

- 지분으로 부실채권을 매입하여 유입을 할 경우, 채권은 저가로 매입하여 입찰에서는 고가로 낙찰을 받은 후 낙찰 받은 금액보다 낮은 채권매입가격 정도로 매각을 하면 양도차액이 마이너스가 된다. 만약 당해 연도에 양도소득세를 납부한 사실이 있으면 마이너스된 만큼[8] 납부한 양도소득세를 환급받을 수 있다.

---

8) 양도소득세납부 기준으로

② 지분 경매의 단점

- '민사집행법 제140조 공유자우선매수권 ④제1항'의 규정에 따라 공유자가 우선매수신고를 한 경우에는 최고가매수신고인을 차순위매수신고인으로 본다.
- 여러 공유지분권자가 있을 경우 부실채권으로 매입하지 않는 것이 좋다.
- 공동소유자가 다수일 경우 송달 등의 사유로 제약을 받는다.
- 주거용 건물일 경우 채권적[9] 전세는 지분의 과반수가 있어야 임대가 가능하다.
- 물권적 전세의 경우 공유자의 이분의 일 이상의 동의를 얻어야 전세권설정이 가능하여 어려움이 있다.
- 공유자가 다수일 경우 전원을 피고로 하여 소송을 하여야 한다.
- 송달 불능시 공시송달을 해야 하고 장기적으로 송달불능이 되어 종국적으로 판결 선고를 못 받을 수 도 있다.
- 명도가 어렵다. 아파트의 경우 인도명령결정이나 명도소송판결을 받았다 해도 상대방 공유지분권자를 대상으로 명도를 하기는 어려운 실정이다.
- 상대방 공유지분에 근저당이나 가압류가 된 경우 공동으로 전체지분을 처분하는 데 어려움이 있다.

③ 지분 경매에서 부실채권을 매입했다면?

- 매입한 부실채권을 공유지분권자를 상대로 재매각을 협상해본다.
- 상대방 지분권자와 채권매각 협상이 무산되었다면 유입을 한다.
- 유입을 한 후 공유지분권자에게 낙찰 사실을 내용증명으로 통보한다.
- 본인의 공유지분을 매각하거나 상대의 공유지분을 매입하는 협상을 한다.
- 공유지분권자와 협의하여 지분 전체를 처분한다.
- 모든 협상과정을 내용증명우편으로 발송한다.

---

9) 보증금을 지불하고 전세권 설정등기를 하지 않는 전세

④ 공유지분권자와 협상이 되지 않을 경우

- 상대방 지분권에 대하여 점유이전금지가처분 신청을 한다.

- 가압류도 신청한다.

- 적은 금액은 가압류(가압류 시: 소장접수증명원)를 하고 몇 백만원 단위 이상이면 부당이득반환소송을 한다.

- 이천만원 미만일 경우 민사소송보다는 소액사건심판절차법에 따라 청구를 한다.

- 이행권고 명령이나 조정으로 종결될 수 있다.

- 공유물분할청구소송에서 합의가 되지 않으면 형식적 경매가 신청된다.

- 부당이득 반환청구소송을 통하여 받은 판결문이나 가압류로 인한 판결문으로도 강제경매신청을 할 수 있다.

- 공유물분할 소송을 하면 우선 현물분할을 원칙으로 하고 협의가 안 되면 가액배상을 하는데 가액배상판결이 확정되면 경매절차를 통해서 배당을 받는데 이 경우는 공유자우선매수청구권이 없다.

- 공유물분할청구소송으로 인하여 낙찰이 되면 지분대로 배당을 받는다.

※ 이런 점들을 감안하여 공유지분의 채권을 유리한 조건으로 매입할 수 있다.

2) 유치권 (민법 제320조)

유치권 성립요건은 다음과 같다.

㉠ 채권이 변제기에 도래하여야 한다.

㉡ 채권이 목적물에 관하여 생겨야 한다.

㉢ 유치권발생 배제 특약이 없어야 한다.

① 과장이나 허위유치권

- 통상 경매정보지를 통해서 '유치권 성립여지 있음' 이라고 기재되어 있다.

- 유치권권리신고는 사법부의 맹점을 이용하여 과장이나 허위로 신고하는 경우가 많다. 유치권권리신고서에 권리자의 사실관계나 법적인 요건이 없이 대략적인 사항을 기재하여 접수하면 법원에서는 유치권권리 신고접수를 인용한다.

- 유치권권리신고자가 의도적으로 고가 또는 허위, 과장 유치권을 신고한 후 낙찰가를 낮추어서 저가로 낙찰 받기 위해서 하는 경우가 많다.

- 유치권의 존재여부는 일반 입찰참가 예정자가 내용파악에 미숙하여 응찰을 기피하는 경우가 많다.

- 낙찰을 받는다 해도 해결 방법에 어려움을 겪어서 시간적, 물질적 피해를 감당하지 못하는 사례가 많다.

- 그로 인하여 큰 금액으로 합의를 하는 경우가 허다하다.

- 정확한 내용을 파악하고 유치권의 허점을 찾아낸다면 상대방과 협상을 하는 과정에서 상상외로 저렴한 비용과 시간이 단축되어 높은 수익률을 낼 수 있다.

- 유치권은 등기부등본에 기재되지 않는 법정담보물건이다. 낙찰자가 유치권 권리자의 채무를 인수해야 하므로 선순위 권리자와 같다.

② 유치권에 대응하는 방법

- 유치권 성립요건에 해당이 되는지를 점검한다.

- 유치권배제 신청을 통하여 유치권권리자의 유치권관련 도급계약서와 세금계산서 및 관련 자료를 법원에 신고하도록 해야 한다.

- 적법한 유치권이라도 청구금액에 대하여 판결을 받기까지는 시간적, 물질적 어려움이 많으므로 유치권권리자는 유치권부존재소송을 통하여 판결을 받는 것에 대해 부정적이다.

- 유치권부존재소송을 통해서 허위라는 사실이 밝혀지면 사기죄나 경매방해죄[10]로 처벌 받을 수 있다. 이점을 적절하게 활용하여 유치권 권리자와 적은 비용으로 합의를 보는 방법을 유도해보는 것도 좋다.

③ 유치권 성립이 안 되는 이유를 찾아라.
- 유치권은 점유(유치)를 해야 한다.
- 점유의 형태로는 직접, 간접점유가 있다.
- 시공자가 채권단을 구성하여 공동점유하거나 하수급인도 점유 가능하다.
- 임차인에 의한 점유, 유치권자는 임차인을 직접점유자로 하여 유치권권리행사를 표시하고 간접점유를 할 수 있다.
- 그 외에 유치권발생 알림장과 잠금장치로 간접점유를 할 수도 있다.

④ 경매입찰 전에 유동화회사의 AM이나 금융권의 채권담당자를 통해서 유치권의 진위여부와 청구금액, 유치권의 원인 등을 알아보는 것이 좋다.
- 채권자는 낙찰률을 높이기 위해서 경매사건 명세서를 열람, 복사하고 유치권자의 권리 여부에 대하여 배제할 수 있는 방법을 알고 있기 때문이다.

⑤ 유치권권리자를 만나서 유치권에 대한 매입을 협상하라.
- 유치권권리자를 만나면 유치권의 진위 여부와 해결방법을 알 수 있다.
- 유동화회사의 AM이나 금융권의 채권담당자로부터 수집한 유치권권리신고 내용을 기본으로 하여 상대방을 인정해 주는 척 하면서 정확한 유치권의 성립 여부를 판단하고 성립이 가능하면 유치권의 권리를 협상하여 인수하면 좋다.
- 유치권성립이 불가능하다고 판단되면 불가능한 점을 숙지시키고, 유치권부

---

10) 형법315조 사기죄, 경매방해죄

존재소송에서 패소하게 되면 형법 315조의 규정에 의해서 형사처벌 대상임을 설명하는 것도 하나의 방법이다.

- 유치권부존재소송에서 유치권권리자의 패소판결과 송사비용과 시간적 낭비 등을 감안하여 최소의 금액으로 합의가 되는 것도 서로에게 이득이 될 수 있다.

※ NPL에 있어서 유치권권리신고된 물건을 집중 분석할 필요가 있다.

3) 법정지상권(민법 제366조)

법정지상권은 민법366조 규정에 의하여 성립되는데, 일반적인 요건으로는 다음과 같다.

㉠ 저당권설정 당시 건물이 존재할 것.

㉡ 토지와 건물의 소유자가 동일할 것.

㉢ 경매로 인하여 토지와 건물의 소유자가 달라질 것,

① 토지에 (근)저당권 설정 당시 건물이 신축 중이였다면.

- 이때는 완공을 전제로 법정지상권이 성립될 여지가 있다.

- 사회적, 경제적으로 손실을 줄인다는 목적을 감안하면 법정지상권 성립 가능성이 높다.

② 저당권설정 당시 무허가 건물이나 미등기 건물의 성립여부

- 법정지상권의 성립요건으로 건물이 등기부등본에 등재가 되거나 건축물관리대장에 기록되는 것을 요하지 않는다. 무허가 건물이나 주택, 창고 등 건물의 형태만으로 법정지상권이 성립된다.

- (근)저당권 설정 당시 구(舊) 건물을 철거하고 신축건물이 세워져도 성립된다.

- 동일성을 유지할 필요는 없으며, 법정지상권의 범위와 내용은 구(舊) 건물을

기준으로 한다.

③ 법정지상권 해결 방법.

- 지료청구를 한다.
- 지료는 년 단위로 당사자 간 합의가 원칙이나 불일치 시는 법원에 임료 소송을 제기한다.(임료는 감정가격의 대략 5%~7%)
- 지료가 미납되면 가압류를 한 후 본안소송을 통한 판결을 받아 집행근원에 의하여 경매신청을 한다.
- 2회 이상 미납된 경우는 법정지상권 소멸청구를 한다.(소멸청구는 일방적인 의사표시에 의해서 성립)
- 건물철거 소송 전에 '처분금지가처분'을 하고 소송을 진행한다.
- 임료미납을 원인으로 경매신청을 하여 저가로 유찰되면 입찰에 참여한다.
- 법정지상권권리자에게 토지를 매입할 것을 협상한다.
- 법정지상권권리자에게 건물을 저렴한 가격에 매각할 것을 협상해 본다.
- 토지를 부실채권으로 싼값에 매입했다면 어느 정도 건물 가격을 지불하여도 수익이 발생될 수 있다.

※ 법정지상권의 효력이나 존속기간, 계약갱신청구권, 매수청구권은 부실채권에서 별다른 의미가 없다. 이때까지 법정지상권이 성립되는 경매물건은 대개 30% 전·후로 낙찰된 사례가 많았다. 그렇다면 부실채권으로 매입 후 높은 가격으로 낙찰 받아서 법정지상권을 매수하거나 협의하면 높은 수익을 올릴 수 있다. 2010타경9063 성남시 수정구 사송동 건은 농협자산관리회사로부터 매입하여 높게 낙찰 받았고 소액으로 법정지상권권리자와 협의를 하여 포기각서를 받았으며 지상권 매수약정을 하여 성공한 사례이다.

15 자산유동화유한회사, 자산관리회사

● 유동화전문유한회사(SPC), 자산관리회사(AMC)의 개념 및 용어

1) 유동화전문유한회사

- SPC(Special Purpose Company)는 부실채권을 매각하기 위한 일시적으로 설립된 특수목적 회사이다. 채권매각과 원리금 상환이 끝나면 자동으로 없어지는 일종을 페이퍼 컴퍼니이다.
- SPC의 대표적인 회사가 우리F&I였는데, 2014년 5월에 대신F&I로 바뀌었다. '우리에프엔아이제15차유동화전문유한회사'처럼 SPC를 설립하고 부실채권 매각이 끝나면 없어지는 회사이다.

2) 자산관리회사[11]

- AMC(Asset Managernent Company)는 유동화전문회사(SPC)로부터 유동화 자산 관리를 위탁받아 일반투자자에게 매각을 하는 회사이다.
- 자산유동화에 관한 법률 제10조1항3호의 법률의 규정에 의하여 설립된다.

제10조(자산관리의 위탁) ① 유동화전문회사등(신탁업자를 제외한다)은 자산관리위탁계약에 의하여 다음 각 호의 1에 해당하는 자(이하 "자산관리자"라 한다)에게 유동화자산의 관리를 위탁하여야 한다.

1. 자산보유자
2. 「신용정보의 이용 및 보호에 관한 법률」 제4조제1항제1호부터 제3호까지의 업무를 허가 받은 신용정보회사
3. 기타 자산관리업무를 전문적으로 수행하는 자로서 대통령령이 정하는 요건을 갖춘 자.

- 대표적인 AMC로는 유암코(연합자산관리), 대신에이엠시, MG신용정보(구 한신평), 농협자산 관리회사, 제이원, 마이엣세, 메이트플러스, 파인트리파이너스 외 작은 회사들이 100여개 있 다.
- 자산관리회사의 요건(ABS법 시행령 제5조)
㉠ 자본금 10억 원 이상일 것.
㉡ 다음 각목의 전문인력 5인 이상이 포함된 20명 이상의 관리 인력을 갖출 것.
- 변호사, 공인회계사, 또는 감정평가사 2인 이상.
- 채권관리, 유가증권발행 등 금융위원회가 정하는 업무를 수행한 경력이 있는 1인 이상.

---

11) 참고문헌 중소기업청

- 임직원이 신용정보의 이용 및 보호에 관한법률 제27조 1항의 각호의 사유에
  해당되지 않을 것.
- 최대 출자자가 외국인인 경우 그 외국인이 자산관리 업무를 전문적으로 영업
  하거나 겸영 자 일 것. 다만 당해외국인이 최대출자자로 되어있는 법인이 자
  산관리업무를 영위하는 경우에는 그러하지 아니하다.

3) 부실채권관련 용어들

① NPL(Non Performing Loan) = 무수익 여신 미회수 채권

② OPB(outstanding principal balance) = 채권잔존 원금

③ AMC(asset management company) = 자산관리회사

④ AM(asset manager) = 자산관리직원

⑤ AMP(asset management plan) = 자산관리계획(부실채권 최저금액)

⑥ TP(target price) = 회수할 수 있는 목표가격(매각금액 기준)

⑦ BIS(bank for international settlement) = 국제결제은행

(출처)자산유동화에 관한 법률

16 부실채권 계약서 서식

1) 채권 및 근저당권 양수도계약서

○○○○ 1403 유동화전문 유한회사(이하 "양도인" 이라고 한다.)와 우○○(이하 "양수인" 이라고 한다.)은 다음과 같은 조건으로 채권 및 근저당권 양수도계약(이하 "본건계약" 이라고 한다.)을 체결한다.

제1조 (용어의 정의)

① "양도대상채권" 이라 함은 양도인이 채무자에 대하여 가지는 별지 목록(1)에 기재된 채권의 원금과 그 이자 및 연체 이자를 말한다.

② "채무자" 라 함은 양도대상채권을 담보하기 위하여 이○○(○○○약국)을 말한다.

③ "담보권" 이라 함은 양도대상채권을 담보하기 위하여 상기 채무에 담보로 제공된 별지 목록(2)에 기재된 담보권을 말한다.

④ "양도대상채권 및 관련 서류" 라 함은 여신거래약정서, 근저당권 설정 계약서 등 양도대상채권 및 담보권의 발행과 관련된 서류를 말한다.

제2조 (채권의 양수도)

① 양도인은 양도대상채권 및 담보권과 이에 부수하는 모든 권리, 권한, 이자와 이익을 양수인에게 매도하고, 이전하고, 전달하며, 양수인은 이를 양도인으로부터 매수하고, 취득하고, 인수한다. 또한 양수인은 양수인이 양도대상채권 및 담보권과 관련된 모든 의무를 부담하며 양도대상채권 및 담보권의 모든 조건들을 따른 것을 동의한다.

② 양도인은 본건 계약의 체결 후 양도대상 채권 및 담보권의 양도에 대한 대금(이하 "양도대금" 이라고 한다.) 전부를 양도인에게 지급하는 경우에 양도인은 지체 없이 양도대상채권 및 담보권 관련 서류의 원본을 양수인에게 교부하며, 양수인은 양도인의 명의로 양도대상채권 및 담보권의 양도 사실을 채무자에게 지체 없이 내용증명 우편 기타 확정일자 있는 증서에 의하여 통지한다.

③ 양수인이 양도인에게 양도 대금 전부를 여하한 유보 없이 상계 기타 이와 유사한 것에 의하지 아니하고 지급하고, 양도인이 양수인에게 본 계약에 의한 의무를 이행하는 때는 본건 계약에 기한 거래는 종결되는 것으로 한다.

제3조 (양도 대금, 대금지급기일의 연장)

① 양도대금은 총 금 이억팔천만원(₩280,000,000)으로 한다.

② 양수인은 양도인에게 양도 대금을 다음과 같이 지급한다.

지 급 일 자	내 역	금 액
2014. 06. 09	일 시 금	₩280,000,000
합 계		₩280,000,000

③ 양수인은 양도 대금을 양도인이 지정하는 은행 계좌(우리은행 1005-202-450197)에 현금으로 입금하거나 양도인이 별도로 지정하는 방식으로 지급한다.

④ 양수인이 제2항의 양도 대금을 각 약정기일에 지급하지 아니하는 경우 그 약정기일의 다음 날부터 실제로 지급하는 날까지 그 지연대금에 대하여 연 17%의 연체이자율을 적용한 지연손해금을 가산하여 지급하기로 하되 총 지연일수는 30일을 초과할 수 없다. 이 경우 양수인은 제2항의 양도대금지급기일의 최소 3영업일 이전에 양도대금의 전부 또는 일부의 지급연기 의사를 서면으로 표시하여야 한다.

제4조 (승인 및 권리포기)

① 양수인은 자신이 직접 채무자들, 양도대상채권, 담보권, 양도대상채권 및 담보권 관련 서류에 대하여 실사를 한 후 본 계약을 체결한다.

② 양수인은 양도인이 현제의 형식과 상태대로 양도대상채권 및 담보권을 양도함을 확인한다.

제5조 (계약의 해제, 손해배상의 예정)

① 양수인이 제3조 제2항에서 정한 양도대금의 지급기일로부터 3영업일 이상 지체하는 경우 양도인은 양수인에 대하여 별도의 최고 없이 본건 계약을 해제할 수 있다.

② 제1항의 사유로 본건 계약을 해제하는 경우에는 양도인은 양수인으로부터 지급 받은 모든 금액(계약금 포함)을 약정 배상금으로 몰취하고, 그 지급 받은 금액을 양수인에게 반환할 의무를 부담하지 아니하며, 추가로 손해가 발생한 경우에는 그 배상을 구할 수 있다.

③ 양도인이 본건 계약을 중대하게 위반함으로써 본건 계약이 해제되는 경우에는 위약금으로 계약금의 배액에 해당하는 금액을 양수인에게 지급한다.

제7조 (비용의 부담)

양수인은 양도대상채권 및 담보권을 양도인으로부터 이전 받는 것과 관련된 모든 비용일체를 부담하며, 어떠한 경우에도 양수인은 양도인에 대하여 그 비용의 부담 또는 상환을 청구하지 못한다.

제8조 (계약 당사자 변경 등)

① 양수인은 양도인의 사전 서면 동의를 얻어 본건 계약에 의한 양수인의 권리와 의무를 제3자에게 양도할 수 있다. 다만 이 경우에 그 계약 당사자가 변경과 관련하여 지출되는 모든 비용은 양수인이 부담하며, 제3자로의 계약 당사자 변경으로 인해 양도인에게 발생하는 모든 불이익은 양수인의 책임으로 한다.

② 제1항의 규정에 따라 양수인의 지위를 승계하는 자(아래에서 "계약 인수인" 이라고 한다.)가 다수인 경우에는 양도대상채권 및 담보권의 양도는 양수인과 계약 인수인이 상호 협의하여 양도인에게 요청하는 방법으로 이루어진다.

제9조 (관할 법원)

본건 계약과 관련하여 분쟁이 발생하는 경우 서울중앙지방법원을 관할 법원으로 한다.

본건 계약의 체결을 증명하기 위하여 당사자들은 계약서 2통을 작성한다.

2014년 06월 09일

양도인 : ○○○○ 1403 유동화전문유한회사 (******-*******)

서울특별시 종로구 청계천로 ○○ (서린동, ○○빌딩 22층)

이사 노 ○ ○ (인)

양수인 : 우 ○ ○ (******-*******)

경기도 성남시 분당구 금곡로 000 00마을 0000-1001

[별지 목록]

1) 양도대상 채권 내역

(단위 : 원)

대출과목	대출일자	대출원금	현재잔액
중소기업시설자금대출	2013.6.19	370,000,000	370,000,000
중소기업자금대출	2013.6.19	30,000,000	30,000,000
가지급금		5,346,280	

※ 상기 대출원금 잔액은 2014.6.9. 현재 잔액이며, 이자는 별도로 가산
(매각대상 채권에 포함됨)

2) 담보권의 표시

담보물건 소재지	경기도 화성시 반송동 000-2 00밸리 1-109
담보권의 종류	한정근담보
채무자	이○○
근저당권 설정자	이○○
관할등기소	수원지방법원 화성등기소
접수일	2013.6.19
접수번호	제 95515호
근저당권설정금액	금480,000,000원

부동산의 표시

1. 1동의 건물의 표시
   경기도 화성시 반송동 ○○○-2 ○○밸리

   철근콘크리트구조 (철근)콘크리트지붕 제1.2종 근린생활시설, 교육연구시설
   지2층 1689.52㎡
   지1층 1681.89㎡
    1층 1426.45㎡
    2층 1426.45㎡
    3층 1426.45㎡
    4층 1426.45㎡
    5층 1426.45㎡
    6층 1238.29㎡
    7층 1238.29㎡
    8층 1073.65㎡
    9층 909.99㎡

   전유부분의 건물의 표시
    1층 109호
    철근콘크리트조 50.16㎡

   대지권의 목적인 토지의 표시
    토지의 표시 : 1. 경기도 화성시 반송동 000-2
                     대 1844.6㎡
    대지권의 종류 : 소유권
    대지권의 비율 : 1.844.6분의 9.99

2) (입찰참가 이행 조건부) 채권양수도계약 (사후정산)

○○○○○○ 제37차 유동화전문유한회사 (이하 "양도인" 이라고 한다)와 박○○ (이하 "양수인" 이라고 한다)은 다음과 같은 조건으로 채권양수도계약(이하 "본건 계약" 이라고 한다)을 체결한다.

제1조 (용어의 정의)

① "양도대상채권" 이라 함은 양도인이 채무자에 대하여 가지는 별지 목록(1)에 기재된 채권의 원금과 그 이자 및 연체이자를 말한다.

② "채무자" 라 함은 양도대상채권의 채무자인 노○○(개명후 노○○)을 말한다.

③ "담보권" 이라 함은 양도대상채권을 담보하기 위하여 채무자 소유의 별지 목록(2)에 기재된 담보권을 말한다.

④ "양도대상채권 및 담보권 관련 서류" 라 함은 여신거래약정서, 근저당권설정계약서 등 양도대상채권 및 담보권의 발생과 관련된 서류를 말한다.

⑤ "매매기준일" 은 매매계약의 효력이 발생하는 날을 의미하며, 2014년 3월 17일로 한다.

⑥ "계약일" 은 2014년 3월 18일로 한다.

⑦ "잔금지급기한" 본건 경매절차의 배당일로부터 5영업일을 의미한다.

⑧ "회수금" 은 양도대상채권과 관련하여, 매매기준일(당일 불 포함) 이후 잔금지급일(당일 포함)까지의 기간 중에 양도인이 회수한 금액의 총액을 익미한다.

⑨ "경매절차" 는 수원지방법원 2013타경21559 부동산임의경매를 의미한다.

제2조 (채권의 양수도)

① 양도인은 양도대금을 지급받는 것을 대가로 계약일 현재 존재하는 양도대상채권 및 담보권과 이에 부수하는 모든 권리, 권한, 이자와 이익을 양수인에

게 매도하고, 이전하고, 전달하며, 양수인은 이를 양도인으로부터 매수하고, 취득하고, 인수한다. 또한 양수인은 양수인이 양도대상 채권 및 담보권과 관련된 모든 의무를 부담하며 양도대상채권 및 담보권의 모든 조건들을 따를 것을 동의한다. 양도대상채권에 대한 양수인의 모든 권리, 자격 및 이익은 잔금지급과 동시에 매매기준일에 효력이 발생한다.

② 양수인이 본건 계약의 체결 후 양도대상채권 및 담보권의 양도에 대한 대금(이하 "양도대금" 이라고 한다) 전부를 양도인에게 지급하는 경우에 양도인은 지체 없이 양도대상 채권 및 담보권 관련 서류의 원본을 양수인에게 교부하며, 양수인은 양도인 명의로 양도대상채권 및 담보권의 양도 사실을 채무자에게 지체 없이 내용 증명 우편 기타 확정일자 있는 증서에 의하여 통지한다.

③ 본 계약의 양도인이 매매기준일까지 추심한 모든 금원은 양도인에게 귀속되고, 잔금지급일 전 양도인이 채무자로부터 수령한 회수금은 양수인에게 귀속한다.

④ 양수인이 양도인에게 양도 대금 전부를 여하한 유보 없이 상계 기타 이와 유사한 것에 의무를 이행하는 때에 본건 계약에 기한 거래는 종결되는 것으로 한다.

제3조 (양도 대금, 지급기일의 연장)

① 양도 대금은 총 금 삼억칠천만원(₩370,000,000)으로 한다.

② 계약금은 금 삼천칠백만원(₩37,000,000)으로 하며 계약시 지급한다.

③ 잔금은 금 삼억삼천삼백만원(₩333,000,000)으로 하며 잔금지급일까지 지급하도록 한다.

④ 양수인은 양도 대금을 양도인이 지정하는 은행 계좌(우리은행, 1005-902-273813)에 현금으로 입금하거나 양도인이 별도로 지정하는 방식으로 지급한다.

제4조 (양도대금의 정산)

① 양도인이 채권회수를 위하여 지출한 법적 절차 비용(경매집행비용확정액)은 양도대금과 별도로 양수인이 부담한다.

② 양도인은 잔금지급일에 양수인에게 양도대금 미지급금 및 법적절차비용(경매집행비용확정액)을 회수금과 정산한 후 정산금을 지급한다.

제5조 (승인 및 권리포기)

① 양수인은 자신이 직접 채무자, 양도대상채권, 담보권, 양도대상채권 및 담보권 관련 서류에 대하여 실사를 한 후 본 계약을 체결한다.

② 본 계약조항과 상치되는 여하한 것에도 불구하고 양도인은 채무자의 재무상태 및 변제 자력 또는 양도대상채권 및 담보권과 관련된 조건, 양도가능성, 집행가능성, 완전함, 대항요건, 양도대상채권 및 담보권 관련 문서의 정확성 및 그 양도가능성을 포함하여 양도대상채권에 대한 여하한 진술 및 보장도 하지 아니한다.

③ 양수인은 양도인이 현재의 형식과 상태대로 양도대상채권 및 담보권을 양도함을 확인한다.

④ 양도인은 양도대상채권 및 담보권의 양도와 관련하여 어떠한 보증 또는 담보 책임을 지지 아니한다.

제6조 (양도인의 면책)

양수인은 본건 계약 체결과 동시에 양도대상채권 및 담보권의 양수 및 보유와 관련하여 양도인에게 발생하는 모든 조치, 소송, 채무, 청구, 약정, 손해 또는 기타 청구로부터 양도인을 영구하게 면책시킨다.

제7조 (계약의 해지 및 손해배상의 예정)

① 다음 각 호의 경우 양도인은 계약을 해제할 수 있다.

  1. 양수인이 양도대금의 지급을 지체하는 경우

  2. 양수인이 본 계약에서 약정한 본건 경매절차의 입찰에 참가하지 아니한 경우

  3. 양수인이 본 계약에서 약정한 본건 경매절차의 입찰에 참가 하였으나 입찰대금을 금 470,000,000원 이상의 금액 또는 금 370,000,000원 이하의 금액으로 기재한 경우

  4. 양수인이 본건 경매절차의 대금납부기일까지 낙찰대금을 납부하지 아니한 경우

② 전항 각 호의 사유로 양도인이 계약을 해제하는 경우 양도인은 양수인에 대한 별도의 통지 없이 본건 계약을 해제할 수 있다.

③ 제①항의 사유로 계약을 해제하는 경우 양수인이 계약체결 시 양도인에게 지급한 계약금, 양수인이 본건 경매법원에 납부한 입찰보증금은 "위약벌"로서 전액 양도인에게 귀속되며 양수인은 위 금원의 반환을 청구할 수 없다.

④ 제①항의 사유에도 불구하고 양수인의 기한 연장 요청에 의해 계약을 해제하지 아니하는 경우 양수인은 사유발생일 다음 날부터 연장기한일까지의 잔금에 대하여 연17%연체이율에 의하여 계산된 지연이자를 우선 지급하여야 한다.

제9조 (비용의 부담)

각 당사자는 본건 계약의 협상을 위하여 지출한 변호사보수 기타 일체의 비용을 각자 부담한다. 그 외에 양수인은 양도대상채권 및 담보권의 실사에 소요된 변호사보수 기타 일체의 비용, 양도대상채권 및 담보권을 양도인으로부터 이전받는 것과 관련된 모든 비용 일체를 부담하며 어떠한 경우에도 양수인은 양도인에 대하여 그 비용의 부담 또는 상환을 청구하지 못한다.

제10조 (계약 당사자의 변경)

① 양수인은 양도인의 사전 서면 동의를 얻어 본건 계약에 의한 양수인의 권리와 의무를 제3자에게 양도할 수 있다. 다만 이 경우에 그 계약 당사자 변경과 관련하여 지출되는 모든 비용은 양수인이 부담하며 제3자로의 계약 당사자 변경으로 인해 양도인에게 발생하는 모든 불이익은 양수인의 책임으로 한다.

② 제1항의 규정에 따라 양수인의 지위를 승계하는 자(아래에서 "계약 인수인" 이라고 한다)가 다수인 경우에 양도대상채권 및 담보권의 양도는 양수인과 계약인수인이 상호 합의하여 양도인에게 요청하는 방법으로 이루어진다.

제11조 (관할 법원)

본건 계약과 관련하여 발생하는 분쟁에 관한 소송의 제1심 관할 법원을 서울지방법원으로 한다.

특약사항

1. 양수인은 수원지방법원 2013타경21559호 부동산임의경매절차("본건 경매절차"라 함)에서 2014년 3월 19일로 예정된 매각기일에 입찰대금을 금 370,000,000원 이상 금 470,000,000원 이하의 금액으로 입찰에 참가하여야 한다. (만일 매각기일이 변경될 경우 차회 매각기일에 참여하여야 한다.)

2. 양수인은 수원지방법원 2013타경21559호 부동산임의경매 사건에 대하여 충분히 인지하고 계약하는 것으로 임차인, 유치권, 등 기타 경매관련사항을 책임진다.

3. 선순위 조세 및 임금채권은 양수인이 전액 부담하며 (권인, 최소명 채권 제외)본 경매사건에 양도인이 지급한 집행비용확정액 및 법원지연납부금은 본 계약금액과 별도로 양수인이 부담하는 조건으로 잔금일에 정산한다.

4. 양도대상채권과 관련하여 경매법원의 배당기일에 배당이의가 있게 되는 경우 그 위험은 양수인이 부담하기로 하며 배당이의 된 금액을 제외한 나머지 회수금으로 정산한다.

5. 본건 경매절차에서 제 3자가 신고한 매수가격이 금 삼억칠천만원(₩370,000,000원)보다 높은 경우 양수인은 제 3자가 신고한 매수가격과 금삼억칠천만원(₩370,000,000원)과의 차액을 잔금지급일에 양도인에게 추가 지급한다.

본 계약의 양당사자는 계약서의 내용을 충분히 숙지하고 이에 합의하였으며
본 계약의 체결을 증명하기 위하여 당사자들은 계약서 2통을 작성한다.

2014년 3월 18일

양도인 : ○○○○○○제37차유동화전문유한회사 (******-********)
서울특별시 종로구 서린동 ○○번지 ○○빌딩 22층
이사 노 ○ ○ (인)

양수인 : 박 ○ ○ (******-*******)
경기도 용인시 수지구 만현로00번길 19, 000동 1302호

[별지 목록]

1) 양도대상채권

(단위 : 원)

대출과목	대출일자	대출원금잔액	비 고
가계일반자금대출	2010.04.30	380,000,000	

※ (주) 상기 대출원금 잔액은 2014년 3월 18일 현재 잔액이며 미수이자는 별도로 가산됨
(매각대상 채권에 포함됨)

2) 담보권의 표시

담보물권 소재지	경기도 화성시 반송동 00-7 00프라자 제1층107호
담보권의 종류	한정근담보
채무자	노○○(개명 후 노○○)
근저당권 설정자	노○○(개명 후 노○○)
관할 등기소	수원지방법원 화성등기소
접수일	2010년 4월 30일
접수번호	제 60940호
근저당권 설정 금액	금 494,000,000

부동산의 표시

1. 1동의 건물의 표시

　　경기도 화성시 반송동 00-7 ○○프라자

　　철근콘크리트구조 (철근) 큰크리트지붕 12층 제1.2종 근린시설
　　지하1층 1654.430㎡
　　지하2층 1649.750㎡
　　지하3층 1640.320㎡
　　　　1층 1210.220㎡
　　　　2층 1307.460㎡
　　　　3층 1307.460㎡
　　　　4층 1307.460㎡
　　　　5층 1307.460㎡
　　　　6층 1307.460㎡
　　　　7층 1307.460㎡
　　　　8층 1307.460㎡
　　　　9층 1307.460㎡
　　　10층 1307.460㎡
　　　11층 981.480㎡
　　　12층 756.390㎡

　　전유부분의 건물의 표시
　　　　1층 107호
　　　　철근콘크리트구조 56097㎡

　　대지권의 목적인 토지의 표시
　　　　토지의　표시 : 1. 경기도 화성시 반송동 00-7
　　　　　　　　　　 대 1838.7㎡
　　　　대지권의 종류 : 소유권
　　　　대지권의 비율 : 1,838.7분의 9.821

3) 채무인수계약=채무자변경계약

채무인수에 관한 승낙서

○○○○○제15차유동화전문유한회사(주소: 서울시 종로구 청계천로 00,22층, 이하 "갑" 이라고 한다.)와 채○○(주소: 경기도 용인시 수지구 신봉동 ○○○ 엘지자이1차 000동 402호, 이하 "을" 이라고 한다.)은 다음과 같은 조건으로 계약(이하 "본건 계약" 이라고 한다.)을 체결한다.

제1조 (용어의 정의)

① "채무인수대상채권" 이라 함은 갑이 채무자에 대하여 가지는 별지 목록(1)에 기재된 채권의 원금과 그 이자 및 연체 이자를 말한다.

② "채무자" 라 함은 채무인수대상채권의 채무자인 "이○○(******-*******)"을 말한다.

③ "담보권" 이라 함은 채무인수대상채권을 담보하기 위하여 "이○○(******-*******)" 소유의 별지 목록(2)에 기재된 담보권을 말한다.

④ "채무인수대상채권 및 담보권 관련 서류" 라 함은 여신거래약정서 등 및 근저당권설정계약서 등 채무인수대상채권 및 담보권의 발생과 관련된 서류를 말한다.

⑤ "채무인수금액" 이라 함은 민사집행법 제143조 제1항의 규정(특별한 지급방법)에 의하여 확정된 금액, 즉 을이 본건 경매절차에 있어서 위 규정에 의하여 매각대금의 지급에 갈음한 금액을 말한다.

제2조 (합의내용)

① 을은 수원지방법원 성남지원 2013타경6980호(이하 "본건 경매절차" 라고 한다.)에서 예정된 매각기일에 입찰대금을 금구억원(₩900,000,000)으로 정하여 참가하기로 한다.(만약 매각기일이 변경 될 경우 차회 매각기일에 위 조건으로 참가하기로 한다.)

② 을의 채무인수대상채권의 채무인수인이 되어 채무자가 부담하고 있는 채무에 대하여 다음의 조건에 따라 갑에게 채무이행의 책임을 부담한다.

가. 약정지금액 : 금 칠억삼천삼백만원(₩733,000,000)

나. 지급시기

    a. 을은 갑에게 본건 계약 체결시 금칠천만원(₩70,000,000)을 지급하기로 한다.

    b. 을은 본건 경매절차의 배당기일로부터 14일 이내(이하 "잔금지급일"이라 한다.)에 금칠억삼천삼백만원(₩733,000,000)에서 금칠천만원(₩70,000,000) 및 갑이 본건 경매절차의 배당기일에서 갑보다 선순위 금액을 공제하고 실제 현금으로 배당받은 금액(선순위 금액이 입찰보증금보다 많을 경우 을이 경매법원에 납부한 금액)을 차감한 금액(이하 "잔금" 이라한다)을 갑에게 지급하기로 한다.

③ 갑은 을이 민사집행법 제143조 제1항의 규정(특별한 지급방법) 또는 경매법원에서 허가하지 않을 경우 법원에서 허가한 납부방법에 따라 대금을 납부하기로 한다.

④ 갑은 제2항에서 정한 약정지급액(이자 포함) 전액 수령 시 을에게 담보권 해지에 필요한 서류를 교부하기로 하며, 이 경우 담보권의 해지 등에 관련하여 발생되는 모든 책임 및 비용은 을이 부담한다.

⑤ 을은 갑에게 제2항에서 정한 약정금액(이자 포함) 전부를 여하한 유보 없이 상계 기타 이와 유사한 것에 의하지 아니하고 현금으로 지급하고, 을은 갑에게 본건 계약에 의한 의무를 모두 이행하는 때에 본건 계약에 기한 거래는 종결되는 것으로 하기로 한다.

⑥ 을은 본건 경매절차의 소유권이전등기촉탁일로부터 5일 내에 근저당권변경(채무자변경) 등기를 경료하기로 하며, 갑의 요청 시 위 변경등기에 필요한 서류 일체를 교부하며 이 경우 변경등기 등에 관련하여 발생되는 모든 책임 및 비용은 을이 부담한다.

⑦ 을은 본건 경매절차의 소유권이전등기촉탁에 있어서 본건 계약상 담보권에 대하여 말소촉탁을 하여서는 아니 된다.

제3조 (지연손해금 및 경매신청)

① 을이 제2조 제2항에서 정한 잔금(이자 포함) 지급을 지연하는 경우, 이에 대하여 잔금지급일이 경과한 날로부터 실제 납부일까지 연19%의 비율에 의한 지연손해금을 가산하여 납부하도록 하되, 그 납부기한은 잔금지급일로부터 14일을 초과하지 못한다.

② 제1항에서 정한 기한이 경과하도록 을이 잔금(이자 포함)을 납부하지 못할 경우 갑은 을에게 별도의 통보 없이 채무인수금액 및 이에 대하여 배당기일로부터 연19%의 비율에 의한 지연손해금을 청구금액으로 정하여 경매신청을 할 수 있고, 이러한 경우 을은 본건 계

약체결 시 갑에게 지급한 금칠천만원(₩70,000,000) 및 갑이 본건 경매절차의 배당기일에서 갑보다 선순위 금액을 공제하고 실제 현금으로 배당받은 금액의 전액 갑에게 위약금으로 귀속하며, 을은 갑에게 위 금원의 반환을 요구하지 못한다.

제4조 (위약금)

① 다음 각 호의 경우 갑은 본건 계약을 해제할 수 있다.

    a. 을이 제2조 제1항의 본건 경매절차에서 입찰대금을 금구억원(₩900,000,000)으로 정하여 참가하였으나 제3자가 위 금액 이상으로 입찰에 참가하여 최고가 매수인이 된 경우.

    b. 을이 제2조 제1항에서 정한 본건 경매절차의 입찰에 참가하지 않은 경우.

    c. 을이 위 입찰에 참가하였으나 입찰대금을 금구억원(₩900,000,000) 미만으로 기재한 경우.

    d. 본건 경매절차에서 갑보다 선순위 금액이 입찰보증금보다 많음에도 불구하고 을이 이를 납부하지 않은 경우.

② 제1항 b호 내지 d, 호의 사유로 인하여 갑이 본건 계약을 해제한 경우 을이 본건 계약 체결 시 갑에게 지급한 금칠천만원(₩70,000,000)은 전액 갑에게 위약금으로 귀속하며, 을은 어떠한 사유로든 갑에게 위 금원의 반환을 요구하지 못한다.

③ 한편, 제1항 a, 호의 사유로 인하여 갑이 본건 계약을 해제한 경우 갑은 본건 계약 체결 시 을이 갑에게 지급한 금칠천만원(₩700,000,000)을 을에게 반환하기로 하되, 다만 갑이 위 금원을 수령한 날로부터 반환하는 날까지의 이자는 그러하지 아니하다.

제5조 (면책)

을은 본건 계약체결과 동시에 채무인수대상채권 및 담보권의 해지 및 보유와 관련하여 갑에게 발생하는 모든 조치, 소송, 청구, 약정, 손해 또는 기타 청구로부터 갑을 영구하게 면책시킨다.

제6조 (비용 부담)

각 당사자는 본건 계약의 협상을 위하여 지출한 변호사보수 기타 일체의 비용은 각자 부담한다. 그 외에 을은 채무인수대상채권 및 담보권의 실사에 소모된 변호사보수 기타 일체의 비용, 갑으로부터 채무인수 받는 것과 관련된 모든 비용 일체를 부담하며 어떠한 경우에도 을은 갑에 대하여 그 비용의 부담 또는 상환을 청구하지 못한다.

제7조 (계약 당사자의 변경 등)

① 을은 갑의 사전 서면 동의를 얻어 본건 계약에 의한 을의 권리와 의무를 제3자에게 양도할 수 있다. 다만 이 경우에 그 계약 당사자 변경과 관련하여 지출되는 모든 비용은 을이 부담하며, 제3자로의 계약 당사자 변경으로 인해 갑에게 발생되는 모든 불이익은 을의 책임으로 한다.

② 제1항의 규정에 따라 을의 지위를 승계하는 자(아래에서 "계약 인수인" 이라고 한다)가 다수인 경우에는 채무인수대상채권 및 담보권의 해지 등은 을과 계약 인수인이 상호 합의하여 갑에게 요청하는 방법으로 이루어진다.

제8조 (관할 법원)

본건 계약과 관련하여 발생하는 분쟁에 관한 소송의 제1심 관할 법원을 갑의 본점 소재지 관할법원인 서울중앙지방법원으로 정한다.

특약사항

1. 을은 본건 경매사건 관련 선순위 금액 및 기타 권리관계 등을 모두 확인하였으며, 본건 계약체결 전에 인지한 선순위 금액 및 기타 권리관계는 물론 본건 계약 이후에 새로이 발생 또는 인지하는 법률적, 물리적 하자 등에 대한 일체의 책임을 을의 부담으로 한다.

2. 채무인수계약서 제2조 3항의 낙찰대금을 현금납부 했을 경우 약정된 금원을 제외한 금원을 을이 지정하는 계좌로 반환한다.

본건 계약의 체결을 증명하기 위하여 당사자들은 계약서 2통을 작성한다.

2014년 02월 10일

갑   ○○○○○제15차유동화전문유한회사
      서울특별시 종로구 청계천로 00. 22층(서린동, ○○빌딩)
      대표이사 노 ○ ○

을   채 ○ ○
      경기도 용인시 수지구 신봉동 ○○○ 엘지자이1차 ○○○동 402호

[별지목록 1]

1) 채무인수대상채권

(단위 : 원)

대출과목	대출일자	대출원금(잔액)	미수이자
기업운전일반자금대출	2011-04-18	74,257,451	별도계산
기업운전일반자금대출	2011-04-18	650,000,000	별도계산
기업운전일반자금대출	2011-04-18	249,099,887	별도계산
가지급금		5,912,130	별도계산
합 계			

※ 상기 금액은 2014.02.10. 기준이며 미수이자 별도 계산에 의하여 포함됨.

[별지목록 2]

■ 담보권의 표시

담보물건 소재지	경기도 성남시 분당구 수내동 00 00프라자 제201호
담보권의 종류	포괄근담보
채무자	이○○
근저당권 설정자	이○○
관할 등기소	수원지방법원 성남지원 등기소
등기일	2007년 10월 17일
등기번호	제 61706호
근저당권 설정금액	금구억일천만원(₩910,000,000)

■ 부동산의 표시

1동의 건물의 표시
　　　경기도 성남시 분당구 수내동 ○○
　　　○○프라자

전유부분의 건물 표시
　　　건물의 번호 : 2-201
　　　구　　　조 : 철근콘크리트조
　　　면　　　적 : 2층201호 199.08㎡

대지권의 목적인 토지의 표시
　　　토지의 표시 : 경기도 성남시 분당구 수내동 ○○ 대741㎡
　　　대지권의 종류 : 소유권
　　　대지권의 비율 : 741분의 63.95

채무인수에 관한 승낙서

수원지방법원 성남지원 귀중

채권자 ○○○○○제15차유동화전문유한회사, 채무자 이○○ 간의 수원지방법원 성남지원2013타경6980 부동산임의경매사건에 관하여 낙찰인이 된 귀하가 그 경락대금을 채권자 ○○○○○제15차유동화전문유한회사에 대하여 채무자가 부담하고 있는 다음 채무를 인수하여 경락대의 일부지급에 대신하는 것을 승낙합니다.

= 다   음 =

1. 채권의 표시

원채무자 : ○○○○이산업개발(주)

(단위 : 원)

대출과목	대출일자	대출원금(잔액)	미수이자
기업운전일반자금대출	2011-04-18	74,257,451	별도계산
기업운전일반자금대출	2011-04-18	650,000,000	별도계산
기업운전일반자금대출	2014-04-18	249,099,887	별도계산
합 계		973,357,338	

2. 채무인수의 조건

수원지방법원 성남지원 2013타경6980 부동산임의경매사건의 배당절차에서 채권자 ○○○○○제15차유동화전문유한회사에 배당되는 현금 배당금 및 경매집행비용 등 일체의 금원은 재권자가 배당받아 위 채권의 변제에 충당한다.

첨부 : 인감증면서 1부

2014년   월   일

승낙인(채권자) ○○○○○제15차유동화전문유한회사 대표이사 노 ○ ○

낙찰인의 채무인수에 의한 낙찰대금 상계신청서

사   건   2013타경6980 부동산임의경매
채 권 자   ○○○○○제15차유동화전문유한회사
채 무 자   이 ○ ○
소 유 자   이 ○ ○

위 사건에 관하여 매수인은 귀 법원으로부터 2014   .   . 매각기일에 최고가 매수신고인이 된 바, 매수인은 제1순위 근저당권자인 ○○○○○제15차유동화전문유한회사의 별지 채무인수 승낙서와 같이 매각대금 중 제1순위 근저당권자인 ○○○○○제15차유동화전문유한회사가 지급받을 금 910,000,000원(채권의 최고액) 한도에서 지급에 갈음하여 채무자에 대한 채무를 인수하여 인수한 채무에 상당하는 매각대금의 지급의무를 면하고자 신청을 하오니 허가하여 주시기 바랍니다.

첨부서유
1. 채무인수에 관한 승낙서   1통
1. 인감증명서   1통

2014년   월   일

최고가 매수인   채 ○ ○   (인)
              경기도 용인시 수지구 신봉동 000 엘지자이1차 000-402

수원지방법원 성남지원 경매 4계 귀중

17 대위변제와 관련된 서식

1) 대위변제 안내문

안 내 문

안녕하세요!
○○○님의 입장과 심기를 누구보다 잘 알고 있습니다.
1분만 시간을 내시어 이 내용을 꼭 읽어 보시기 바랍니다.

저는 새한법률경매(주)와 새한NPL경매학원을 운영하는 대표자 및 원장입니다.
현재 ○○○님 의 경매관련으로 적은 금액이지만, 당장 현금을 받을 수 있는 방법이 있어서
서신을 보내드립니다.

민법480조, 481조(대위변제)로 박○○님의 ○○은행 채무를 상환하고 제 3자에게 근저당권
을 이전시키면서 합법적으로 생기는 과실에 대하여 일부를 현금으로 받을 수 있기에 방법을
알려드립니다.

진행 중인 2000타경○○○○ 건과 관련 전화주시면 모든 상담을 무료로 해드리며, 위의 내
용대로 법적 하자 없이 대위변제로 적게나마 현금을 받을 수 있게 해드립니다.

다시 말씀드리지만 불법이거나, 번거로운 일이 아니며 간단한 서류로 해결될 수 있으니
아래 전화로 언제든 편하게 전화주시기 바랍니다.

2015년 8월 17일

성남시 분당구 백현로 101번길17.411호
새한법률경매(주) 새한NPL경매학원 대표이사 및 원장 : 어 영 화
전화 031-713-5560   핸드폰 010-2260-3663   팩스 031-711-2225

2) 대위변제 승낙서

대위변제 승낙서

2015년 월 일자 대출거래약정서에 의하여 ○○○○은행에서 차용한 대출금에 대하여 아래의 변제자가 채무자및 소유자를 대신하여 ○○○○은 행에 대위변제 하여주고 채무자 및 소유자에 대한 채권 및 별지목록 기제 부동산에 대한 근저당권(성남지방법원 분당등기소 2015년 01월 20일 제 12345접수)을 ○○○○은행에서 변제자로 양수하는 것에 대하여 아무런 이의가 없음을 확인하며 이에 동의서를 자서하고 날인하여 승낙합니다.

아   래

변제자 :

주 소 :

변제사유 : 채무자 및 소유자 승낙에 의한 대위변제 및 근저당권이전

2015년 월   일

채무자 및 소유자 :

주 소 :

○○○○은행 귀중

---

* 첨부서류 : 별지에 부동산의 표시, 인감증명서, 신분증사본

3) 경매사건열람복사 위임장

위 임 장

사건번호 : 2015타경○○○○
소 유 자 : ○○○
채 무 자 : ○○○

위 경매사건에 대하여 아래 사람에게 소유자겸 채무자로서 경매사건 열람 복사에 대한
일체를 위임합니다.

아   래

위임받는 사람
　　성　　명 :　　　　　　　　　　　주민등록번호 :
　　주　　소 :
　　관　　계 :

2015년 ○월 ○일

위 임 인
　　성　　명 :　　　　　　　　　　　주민등록번호 :
　　주　　소 :

첨부서류:인감증명서 1통

○○법원 경매 ○○계 귀중

4) 채무자에게 지급하는 약정서(절대 선금은 주면 안된다.)

약 정 서

사건번호 : ○○○○타경12345
소 유 자 : ○○○
채 무 자 : ○○○
상기인의 채무를 대위변제하는 조건으로 아래와 같이 약정한다.

아   래

1. 채무자 겸 소유자는 대위변제를 승낙한다.
2. 대위변제자가 경매사건을 열람 복사 할 수 있도록 위임장을 발급한다.
3. 채무자의 해당은행 대위변제 시, 출석하여 변제자대위에 의한 근저당권 이전
   행위에 동의하고 서명하며 일체를 협조한다.
4. 채무자는 변제자가 경매기일을 변경함을 승낙한다.
5. 변제자는 채무자에게 변제자대위와 동시에 금;삼백만 원(₩3,000,000원)을
   지불한다.
6. 채무자 및 변제자가 이행을 거절할 경우 즉시 상대방에게 통보한다.

2015년 8월 23일

지급 예정인 : ○○○   전화 010-1234-5678

채무자 : ○ ○ ○ 귀하

5) 대위변제 시, 채무자에게 받는 확약서

확 약 서

사 건 번 호 : 2015타경○○○○
물 건 주 소 : 서울시 종로구 종로1가 123번지
채무자 겸 소유자 : ○ ○ ○

위 경매사건을 대위변제함에 있어서 채무자 겸 소유자는 변제자가 기일을 연기하거나,
대위변제로 인한 연체이자를 배당 받는데 있어서 일체의 이의를 제기하지 않기로 한다.

2015년 8월 23일

채무자 겸 소유자
  성   명 :   주민등록번호 :
  주   소 :

○ ○ ○ 귀하

18 NPL과 경매의 아홉가지 성공 전략

1) NPL이나 경매를 어렵게 생각하지 말라
2) 나의 장점이 무엇인지 파악하라
3) NPL 경매를 부업으로 시작해보라
4) 부동산시장은 주기적으로 변하는 점을 명심하라
5) 위기를 기회로 삼아라
6) NPL이나 경매 전문학원을 다녀라
7) 작은 것부터 경험을 축적하라
8) 성공한 사람들의 공통점이 무엇인지 파악하라
9) 나의 성공 전략

1) NPL이나 경매를 어렵게 생각하지 말라

NPL이나 경매는 전문가들만 할 수 있다는 편견을 가지고 있다. 하지만 다음과 같은 사실을 알게 되면 아~ 나도 할 수 있겠구나 하는 자신감이 생길 것이다.

필자가 운영하는 학원에는 80세(1936년생)가 넘는 고령인데도 NPL과 경매를 배우고 있으며 NPL에 투자도 하고 있는 수강생이 있다. 배움에는 나이가 문제되지 않는다는 것을 그대로 보여주는 분이다. 그런가하면 인터넷도 전혀 하지 못하고 NPL, Non-performing loan의 스펠링도 모르지만 수업을 듣기 위해 찾아온 수강생이 있다. 경매정보지의 검색이나 유동화회사 홈페이지를 통해서 경매나 NPL물건을 찾아야 하는데, 인터넷을 못하고 스펠링을 모르는데 어떻게 할 수 있다는 말인가?

대답은 간단하다. 경매/NPL을 배우고자 하는 의지가 있다면 경매정보지나 유동화회사홈페이지에 접근하여 정보검색을 하는 것은 전문가가 알려주는 길을 따라 연습해보면서 얼마든지 쉽게 습득할 수 있기 때문이다.

인터넷이나 스마트 기기에 익숙하지 않은 사람들이 처음 스마트폰을 구입할 때 막연하게 겁을 먹는 것처럼 경매나 NPL도 평소 시장에서 흔히 구입하는 물건이 아니므로 낯설게 느껴지는 것은 마찬가지이다. 하지만 그 필요성을 느꼈다면 낯설음을 극복하고 일단 구매를 하여 손에 익을 때까지 자꾸 부딪쳐보는 수밖에 없다.

아직 NPL은 경매보다 대중적으로 많이 알려져 있지는 않지만 배우고자 하는 의지만 있으면 배울 수 있는 방법이 시장에 충분히 나와 있다. 익숙해질 때까지 이 책에서 제공하고 있는 NPL의 매뉴얼을 차근차근 읽어보며 숙지하길 바란다. NPL이나 경매는 아무나 할 수 있다.

2) 나의 장점이 무엇인지 파악하라

대개 아마추어 골프들은 드라이브 샷을 잘치고 나면 세컨 샷이나 어프로치를 못하는 경우가 많다. 혹은 드라이브 샷은 못 치는데 세컨 샷이나 어프로치를 잘

칠 수도 있다. 그러고도 퍼팅에서 원 퍼팅이냐 스리 퍼팅이냐에 따라서 스코어는 차이가 많이 나게 된다. 결국 18홀을 돌다보면 어느 한 분야가 잘되고 어느 분야는 자신이 없다는 것을 알게 된다.

경매나 NPL에 있어서도 마찬가지다. 만약 물건에 대한 감정에 자신이 있다면 자신이 없는 부분은 전문가의 손길을 빌리면 된다. 그래서 경매나 NPL은 자문을 얻을 수 있는 멘토가 있으면 좋다. 아니면 학원에서 동문수학한 동료들이 있어도 좋다. 전문가의 손을 빌려서 권리분석이나 배당표작성을 자문 받은 후 참여를 할 수가 있다.

반대로 본인의 장점을 다른 사람들은 잘 모를 수도 있다. 그런 부분에 있어서 왜, 어떤 문제로 어떤 부분이 상대방의 생각과 다르다는 것을 알려주고 그 장점을 부각시켜 나감으로써 자신의 장점을 살려 점점 전문가로 변신할 수 있는 것이다.

처음부터 많은 것을 잘 할 수 있는 사람은 없다. 아인슈타인의 명언 중에 이런 말이 있다. '지혜는 학교에서 배우는 것이 아니라 평생 노력해서 얻는 것이다.'
본인의 장점을 살리면서 하나씩 해나가다 보면 결국 새로운 것을 배우게 된다. 그래서 나만의 노하우가 축적되고 다양한 분야를 섭렵하게 될 것이다.

당신에게도 경매나 NPL에 활용할 수 있는 우수한 장점이 있을 것이다. 자신이 있는 부분을 좀 더 연구하고 노력한다면 본인의 장점이 무기가 될 수 있을 것이다.

3) NPL 경매를 부업으로 시작해보라

오랜 경험 없이는 경매나 NPL을 부업으로 하는 것이 좋다.

필자의 주변에는 경매나 NPL을 사업적[1]으로 혹은 직업적[2]으로 하는 사람들이 많이 있다. 꼭 나쁘다고 꼬집어서 말하는 것은 아니지만 부업으로 할 것을 권한다. 그 이유는 고정된 수입이 발생하지 않는다는 점 때문이다. 만약 직장을 갖고 매월 얼마라도 일정한 수입이 있으면 경매나 NPL에서 당장 수입이 발생되지 않더라도 큰 부담을 느끼지 않고 오래 종사할 수 있을 것이다. 그렇지 못한 경우에는 몇 달 동안 최선을 다하였음에도 불구하고 결국 포기를 하는 경우를 종종 보았기 때문이다.

가령 퇴직 후 연금을 받는다면 부업삼아 이 일에 종사해도 좋다. 그러나 부업은 부업이다. 처음부터 여러 건을 유입하지 말고 하나의 결과를 마무리하고 또 시작하는 것이 좋다. 앞서 말했듯이 부동산 시장은 일정한 것이 아니라 변하기 때문에 예측할 수 없는 상황이 올 수도 있다. 여러 건을 유입했다가 하락을 하게 되면 한꺼번에 많은 손실이 오므로 결국 무너지게 된다는 점을 생각해야 한다.

경매나 NPL을 직업적으로 선택하게 되면 욕심을 부릴 수 있다. 무리한 욕심을 대출에 의존하게 되고 일을 많이 벌려놓을 경우에 어느 한곳이 터지면 다른 곳이 영향을 받게 된다. 예를 들면 경매로 받은 아파트에 세입자가 기간의 만료로 전세금 반환을 요구했는데 새로운 임차인을 찾기 어려울 경우에 경매가 진행될 수 있고 자금압박으로 급매로 매매하거나 경매로 처분될 수 있기 때문이다.

---

1) 회사를 차려서 직원들을 두고 일을 하는 형태
2) 경매나 NPL 회사에 취직하거나 혼자서 직업으로 하는 형태

부업으로 하게 되면 매월 고정 수입에 신경 쓰지 않아도 되고 큰 욕심을 부리지 않기 때문에 실패할 확률도 적고 위험부담이 줄어들기 때문이다.

4) 부동산시장은 주기적으로 변하는 점을 명심하라

부동산 시장은 때를 잘 만나야 한다. 즉 싸게 사고 비싸게 파는 것은 시장의 원리이지 본인의 능력이 아니다. 하락한 시점에 부동산을 취득하고 상승된 시기에 부동산을 처분한다면 당연히 높은 수익이 발생될 수 있다. 2008년 미국발 금융위기로 부동산 가격이 하락할 줄을 누가 알았겠는가?

글로벌 금융위기로 전 세계가 부동산 가격의 거품이 빠지면서 우리나라도 예외는 아니었다. 종목을 불문하고 부동산의 가격이 하락했다. 2012년이나 2013년에는 경매시장에서도 감정가격 대비 20%내지는 30%대까지 유찰된 물건들을 많이 볼 수 있었다. 가격이 하락하는 것은 시장원리이다. 물건은 많이 쌓이는데 소비를 하는 양이 적게 되면 가격은 하락을 하는 것이다.

경매시장에 있어서 감정가격 대비 20~30%대까지 유찰이 되어도 낙찰이 되지 않는 데는 이유가 있다. 더 내려갈 것이라는 기대심리가 있고, 대개는 종자돈이 없기도 하거니와, 또 이럴 때는 필시 대출받기가 어려워져서 입찰보증금이 없기도 하지만 대금을 납부할 수 있는 방안이 없어서 유찰이 많이 되는 것이다.

부동산 시장의 싸이클이 변한다는 것은 어제 오늘의 이야기가 아니다. 새로운 정부가 들어서면 돈을 많이 풀곤 한다. 대표적으로 이명박 정부가 들어서면서 건설, 특히 4대강 사업이나 청계천 복원사업 같은데 많은 돈을 들였었다. 뿐만 아니라 부동산 활성화 대책도 강구하여 보편적으로 부동산의 가격 상승이 이루어진다. 정권이 바뀌면 경기활성화를 위해 새로 시작하는 국책사업이 많아지므로 부동산가격의 상승요인이 될 수도 있다.

미국발 금융위기로 바닥까지 내려갔던 부동산 시장이 2012년부터 꾸준히 오름세를 타기 시작했다가 2015년 말을 기준으로 다시 하락세로 접어들었다. 어디까지 내려갈지 감히 예측을 하기란 불가능하지만, 경기 하락에도 끝이 있게 마련이다. 다시 상승을 할 수 있기 때문에 향후 경기가 마냥 비관적이지만은 않다. 부동산 시장을 주기적으로 변한다는 점을 명심하자.

5) 위기를 기회로 삼아라

부동산 시장에 있어서 모두가 돈을 벌기 쉽고 반대로 모두가 돈을 벌 수 없는 시기란 없다. 경기가 좋아서 누구나 돈을 벌 수 있는데도 어느 곳에서는 돈을 벌기는커녕 손해를 보는 사람들이 있을 수 있고, 경기가 좋지 않아 대부분의 사람들이 손해를 보거나 실패를 할 때도 누군가는 돈을 버는 사람이 있다.

이를 더 자세히 설명하면 우리나라 전체의 부동산 가격이 한꺼번에 다 같이 내려가고 같이 올라가는 것이 아니라 내려갈 때 어느 부분은 올라갈 수도 있다는 것이다. 전체는 하락을 하지만 국부적으로는 상승을 할 수도 있다. 마찬가지로 경매나 NPL 시장에도 그런 틈새가 있기 마련이다. 그 틈새를 공략한다면 불경기 때 오히려 수익을 올릴 수 있다.

지난 과거를 보라, 2012년과 2013년까지만 해도 경매시장에서 저가로 취득할 수 있는 물건이 많지 않았는가? 그런 시기에는 경쟁상대가 적다는 것이다. 낙찰률이 높다는 것은 경쟁자가 많다는 것이다. 따라서 불경기[3]에는 경쟁자가 적기 때문에 저가로 낙찰을 받을 수 있는 확률이 크다. 그러나 저가로 취득한 물건이라도 그 금액을 회수하지 못하면 당연히 손실이 있게 마련이다. 저가로 취득한 물건을 적적한 이윤이 나는 시점까지 보유하고 있다가 부동산 경기 회복세가 시작되는 시기 이후에 처분하여야 수익이 발생될 수 있다. 잘못되었다고 단정한 부동산의 취득도 때를 잘 만나서 고액의 수익이 발생될 수 있음을 명심하고 장기적인 안목으로 부동산을 취득할 줄 아는 혜안이 필요하다.

불경기에 얼마든지 부자가 탄생할 수 있다. 불경기에 거부(巨富)난다.

6) NPL이나 경매 전문학원을 다녀라

요즘에는 어떤 분야든지 지식을 얻기 위해서 전문학원을 다니는 경우가 대다수이다. 경매나 NPL은 특히나 혼자 터득하기도 힘들고 여럿이서 배우면서 얻는 이익이 크다. 학원을 다니게 되면 전문적인 지식의 습득도 중요하지만 같은 계통의 동료를 만나는 것도 지식의 습득 못지않게 중요하다. 가령 판단이 잘 안될 경우 자문을 얻는 일이라든지, 동료의 경매나 NPL을 취득하는 과정을 지켜볼 수 있다는 점 등이 본인에게 있어서도 하나의 경험으로 쌓일 수 있기 때문이다.

함께 공부한 동료들과 지속적인 만남을 통해서 새로운 정보도 교환하며 시장의 상황과 본인의 생각을 정리해 볼 수 있다. 최근 낙찰 받은 물건에 대하여 대출

---

3) 경매의 낙찰률이 떨어지는 시기

이 잘 이루어지는지, 금리는 어느 정도인지 등에 대하여 현실감을 갖게 된다. 뿐만 아니라 잘된 결과인지 잘못된 결과인지에 대하여 피부로 느낄 수 있으므로 본인의 판단만으로 부족할 때 보완을 할 수 있다.

소그룹으로 모임을 가져도 좋다. 좋은 사람들과 온라인으로 만나는 열 번보다도 얼굴 한번 볼 수 있는 오프라인이 좋다. 경매나 NPL은 공동투자도 할 수 있으므로 모임을 통하여 좋다고 판단되면 발을 걸치고 투자를 하는 것도 하나의 방법이다.

경매나 NPL은 전문가가 아닌 이상 스스로 공부하는 과정에서는 어느 부분에서 눈에 보이지 않는 함정이나 지나치고 마는 점이 있을 수 있다. 나중에 후회할 상황이 온다면 그것은 당장 돈으로 손해가 나기 때문에 상처가 더 크다. 전문학원에서 보다 넓은 견문과 지식을 섭렵하게 된다면 한계에서 벗어나 자유롭게 공략할 수 있고, 남들이 어려워하고 기피하는 물건이 보이게 된다. 아무나 해볼 수 있을 것 같은 물건은 수익률이 낮을 수 있다. 어렵고 복잡한 물건이 돈이 될 수도 있다. 독학으로 배우는데는 한계가 있다.

7) 적은 것부터 경험을 축적하라

경매나 NPL을 처음 하는 사람이라면 금액이 적은 물건부터 손을 대라고 권하고 싶다. 연습과정에서는 실패의 가능성도 당연히 염두에 두어야 하기 때문이다. 하지만 적게 투자한 만큼, 실패해도 손실액수가 적기 때문에 다음 투자에서는 큰 경험이 될 수 있다. 누구나 처음에는 연습이라는 과정을 거치게 된다. 전문가가 되려면 몇 번이고 경험을 쌓아야 한다.

이 책의 사례로 나온 물건들은 비교적 금액이 큰 경우였기 때문에, 처음부터 도전하기에는 위험부담이 크다. 처음 NPL에 뛰어드는 사람이라면 수익을 남기려고 무리하지 말고, NPL의 매입과정을 경험해보는 데에 의의를 두고 투자를 해보아야 한다.

최근에 필자의 한 지인은 NPL로 매입을 하여 유입을 하였는데 대출과정이 너무 힘들었다고 하소연을 한다. 경매로 취득하게 되면 LTV[4]나 DTI[5]적용이 되지 않기 때문에 대출이 수월하여 적은 돈으로 취득이 용이할 것이라는 생각을 하고 시작을 했는데, 현재 시장 상황 때문에 생각보다 10%나 대출금이 적게 나와서 자금조달에 차질이 생겼다는 것이다. 큰 투자에는 언제든 이런 변수가 생길 수 있기 때문에 전문가라 할지라도 사전에 충분한 점검을 한 후에만 투자를 한다는 것을 명심하라.

처음에는 적은 것부터 시작하는 것이 좋다. 적은 것은 부담도 없고 처분하기도 수월하다. 손해가 나도 그만큼 액수가 줄어드는 것이니 처음에는 부담 없는 적은 금액의 물건을 찾아라. 종자돈을 날리면 회복하기 어렵다.

---

4) 주택 담보 인정 비율
5) 총 부체상환 비율

8) 성공한 사람들의 공통점이 무엇인지 파악하라

성공한 사람들의 공통점으로는 다음과 같은 세 가지를 들 수 있다.

첫째, 분명한 목적이 있다는 것이다.

둘째, 항상 공부한다는 것이다.

셋째, 부지런하다는 것이다.

성공을 하기 위해서는 분명한 목적이 있어야 한다. '무조건 성공한다'라는 것은 없다. 분명한 목적이 있어야 그에 맞는 설계도를 그릴 수가 있다. 하나씩 실천을 해나가다 보면 결국에는 본인이 원하는 집이 완성될 것이다.

공부는 죽을 때 까지 해도 다 할 수 없는 것이다. 성공한 사람들은 항상 공부를 게을리 하지 않았다. 위인들이나 명망있는 학자들만의 이야기가 아니다. 내가 있는 분야에서 얼마만큼 발전한 모습을 꿈꾸느냐에 따라서 미래가 달라질 수 있다. 가령 직장인이라고 할지라도 틈틈이 자기개발을 꾀하여 새로운 성공분야를 개척할 수도 있다.

'일찍 일어나는 새가 많은 먹이를 먹는다.' 는 속담이 있다. 부지런함을 따지자면 경매나 NPL에 있어서도 부지런한 사람을 당할 수는 없다. 성공하는 경매나 NPL물건을 찾기 위해서는 남들보다 몇십 배의 발품을 팔아야 한다. 열심히 검색하고 부지런히 임장을 가는 사람을 이길 수는 없다. 끊임없이 연구하고 끈질기게 탐구하지 않고 성공을 꿈꿀 수는 없다.

그러므로, 지금 당장 시작하라.

9) 나만의 성공 전략 [개선의 가능성을 찾아라]

'뱀장어가 눈은 작아도 제 먹이 감은 다 본다' 뱀장어의 눈이 작게 생겼어도 제가 보아야 할 것은 다 본다는 뜻으로, 먹을 것을 잘 찾아 먹음을 비유적으로 이르는 말이다.

필자의 눈에는 NPL이나 경매시장에는 아직도 먹을 것이 많이 쌓여있음이 보인다. 이 먹잇감은 계절마다 열리는 과일처럼 따먹고 또 따먹어도 끊임 없이 달리게 마련이다. 어떤 사람은 설익은 과일을 따먹고 배가 아픈가 하며, 어떤 사람은 썩은 과일을 먹고 병원에 가기도 한다. 계절이 지난 과일나무 아래서 앙상한 가지만 쳐다보곤 먹을 것이 없다고 원망하는 사람도 있다.

영리한 농부는 과일나무에 거름을 주고 전지를 해주며 병충해를 예방한다. 과일을 수확하면 제 값에 팔기 위하여 미리 판로를 개척하기도 하고 가공하여 상품의 값어치를 최대로 높이기도 한다. 뿐만 아니라 우수한 개량종을 종자로 심기도 하고 다른 경쟁자보다 새로운 품종을 끊임없이 연구 개발한다. 점점 더 재산이 불어날 수밖에 없다.

NPL이나 경매를 과일나무에 비교해 보았다. 자 그럼 관심이 있는 독자들은 마음속에 과일나무 하나는 키워도 좋다. 가령 1,000 고지 위에 과일나무 한 그루씩을 가지고 있는 A와 B가 있다고 하자. 직장을 다니는 A는 주중에도 시간이 허락할 때 마다 몇 번씩 고지를 올라가서 나무를 애지중지 보살핀다. 특히 주말이면 과일나무 주변에 풀도 뽑고 물도 주며 병충해는 없는지 누가 나무를 꺾지나 않았는지 열매는 실하게 커가고 있는지 자식 키우듯 정성을 들인다. B는 직장을 다니지 않아 시간이 많은 사람이다. 처음에는 A보다 더 많은 정성과 보살핌이 있었다.

그러나 그것도 잠시뿐 잎이 돋는지 꽃이 피는지 어쩌다 한번 가보아도 과일나무는 변함없는 듯 했다.

시간이 흘러 수확을 하는 계절이 되었다. 한 나무에는 탐스럽고 윤기가 흐르는 먹음직스러운 과일이 달렸다. 다른 나무에는 거미줄이 엉키어 있고 먹을 만한 과일은 이미 다른 사람들이 서리를 해갔고, 남은 과일은 병들고 벌레 먹은 것들뿐이었다.

'팔자대로 사는 사람은 노력하는 사람을 이길 수 없다.'는 말이 있다. 물론 '노력하는 사람은 즐기는 사람을 이길 수 없다.'라는 말도 있다. 즐기는 자는 단지 즐기기만 하는 게 아니다. 그 안에는 수많은 노력이 뒷받침되는 것이다. 따라서 NPL이나 경매도 노력을 하면 안 될 것이 없다.

NPL이나 경매에서 나만의 성공전략을 갖기 위해서는 특별한 집중력이나 순발력이 있어야 한다.

요즘은 타고난 관상이나 팔자를 고치겠다고 '성형'을 하는 사람들도 있는데, 이는 비단 사람에게만 국한된 게 아니다. 이미 앞선 사람들이 부동산에 있어서도 성형을 하기 시작했다.

똑같은 물건을 놓고 한사람은 "보통이네" 한사람은 "좋지 않아" 이런 평을 하는 물건도 보물이 될 수 있다. 가령 일반 주택을 개조하여 1층은 카페나 커피숍으로 용도를 변경하고 2층이나 3층은 음식점이나 원룸으로 개조를 하여 보증금과 임대료를 50% 이상 상승시킨 예를 볼 수 있다. 또는 임대가 나가지 않는 근린상가의 높은 층을 고시텔이나 원룸으로 개조하여 제 가격에 임대를 한다면 수익률도 좋아져서 매입한 금액보다 월등히 높은 가격으로 매매를 할 수 있다.

일전에 용인시 수지구 고기리 입구에 있는 주택의 지분을 경매로 받아준 적이 있다. 그 물건은 위치가 좋아서 주택의 모퉁이를 개조하여 '광교 원주민 부동산'이라는 간판을 걸고 부동산영업을 하는 곳이었다. 정확히 고기동 112번지였는데, 기억을 되살려보면 전체면적이 약 702㎡(213평)이었고 그 중 40%인 280㎡(85평) 정도를 지분으로 낙찰 받았다. 필자의 생각으로는 분할을 하더라도 온전히 하나의 대지로서 건축을 할 수 있는 면적이라서 마음에 들었다. 4년 전 당시에는 감정가격이나 낙찰률도 낮아서 평당 약 300만원에 취득을 하였는데 지금은 1,000만원을 호가한다. 공유 지분권자 뿐만 아니라 옆 토지 지주와도 합의가 되어서 현재 주상복합으로 신축 중이다.

부동산 '성형'으로 가치가 올라갈 수 있는 물건을 찾으려면, 역시 남다른 노력이 있어야 할 것이다.

필자가 운영하는 학원의 수강생들 중에는 부실채권으로 대박이 난 사례도 많지만 경매로 대박이 난 사례를 종종 볼 수 있다. 현재 강의를 듣고 있는 수강생 중에 한명은 10년 넘게 경매를 했는데 단 한 번도 실패가 없었다는 것이다. 그뿐만이 아니라 최근에는 경기도 광주 오포에 경매로 받은 임야를 매각했는데 순이익만 12억 정도가 발생되었다고 한다. 임야가 전원주택 단지로 개발가능성이 있기 때문에 건축업자에게 매매가 된 것이다. 이 수강생은 남달리 보는 안목이 있다. 눈앞에 단순히 성형을 하여 가치를 상승시킬 수도 있지만 이렇듯 개발 가능한 토지에 투자하여 때를 기다린 것이다.

세상일이 쉬운 게 없다. 이 수강생은 공무원으로 퇴직을 하고 십 여년에 걸쳐서 경매를 30여건 받았는데 그 정도 낙찰을 받으려면 3,000여 곳도 더 임장을 다녔을 것이다. 부지런히 임장을 하면서 눈에 보이는 대로 판단을 하는 게 아니라 개선가능성이 있는 물건을 찾는 것이 경매나 NPL의 핵심이라고 할 수 있다.

경매시장은 늘 새로운 물건이 나오게 마련이다. 다시 말해서 시장의 연속성은 변하지 않는다는 말이다. 지금 시작해도 늦은 게 아니라는 뜻으로 해석해도 좋다. 다만 성공의 지름길을 택하기 위해서는 성형을 할 수 있는 물건을 찾는 것도 하나의 방법이 될 수 있다. 그러기 위해서는 끊임없는 연구와 노력이 필요하다.

경매 시장은 오늘도 뜨거운 열기가 넘쳐 흐른다.

19 부록

자산유동화에 관한 법률
법률 제12989호(주택도시기금법) 일부개정 2015. 01. 06.
포커스 법령 : 금융법전

제1장 총칙

제1조 (목적)

이 법은 금융기관과 일반기업의 자금조달을 원활하게 하여 재무구조의 건전성을 높이고 장기적인 주택자금의 안정적인 공급을 통하여 주택금융기반을 확충하기 위하여 자산유동화에 관한 제도를 확립하며, 자산유동화에 의하여 발행되는 유동화증권에 투자한 투자자를 보호함으로써 국민경제의 건전한 발전에 기여함을 목적으로 한다.

제2조 (정의) 신구조문

이 법에서 사용하는 용어의 정의는 다음과 같다. [개정 1999.12.31, 2000. 1.21, 2000.10.23, 2001.3.28, 2003.5.29 법률 제6916호 주택법, 2005.7.29

제7615호(신탁업법), 2007.8.3 제8635호(「자본시장과 금융투자업에 관한 법률」),
2008.2.29 제8863호(금융위원회의 설치 등에 관한 법률), 2010.5.17 제10303호(은
행법), 2011.3.31 제10522호(농업협동조합법), 2011.5.19 제10682호(금융회사부실
자산 등의 효율적 처리 및 한국자산관리공사의 설립에 관한 법률), 2011.5.19, 2012.12.18
제11599호(한국토지주택공사법), 2015.1.6 제12989호(주택도시기금법)] [[시행일
2015.7.1]]

1. "자산유동화"라 함은 다음 각목의 1에 해당하는 행위를 말한다.

    가. 유동화전문회사(자산유동화업무를 전업으로 하는 외국법인을 포함한다)가 자산보
    유자로부터 유동화자산을 양도받아 이를 기초로 유동화증권을 발행하
    고, 당해 유동화자산의 관리·운용·처분에 의한 수익이나 차입금 등으로
    유동화증권의 원리금 또는 배당금을 지급하는 일련의 행위

    나. 「자본시장과 금융투자업에 관한 법률」에 따른 신탁업자(이하 "신탁업자"라
    한다)가 자산보유자로부터 유동화자산을 신탁받아 이를 기초로 유동화증
    권을 발행하고, 당해 유동화자산의 관리·운용·처분에 의한 수익이나 차
    입금등으로 유동화증권의 수익금을 지급하는 일련의 행위

    다. 신탁업자가 유동화증권을 발행하여 신탁받은 금전으로 자산보유자로부
    터 유동화자산을 양도받아 당해 유동화자산의 관리·운용·처분에 의한
    수익이나 차입금 등으로 유동화증권의 수익금을 지급하는 일련의 행위

    라. 유동화전문회사 또는 신탁업자가 다른 유동화전문회사 또는 신탁업자로
    부터 유동화자산 또는 이를 기초로 발행된 유동화증권을 양도 또는 신탁
    받아 이를 기초로 하여 유동화증권을 발행하고 당초에 양도 또는 신탁받
    은 유동화자산 또는 유동화증권의 관리·운용·처분에 의한 수익이나 차
    입금 등으로 자기가 발행한 유동화증권의 원리금·배당금 또는 수익금을
    지급하는 일련의 행위

2. "자산보유자"라 함은 유동화자산을 보유하고 있는 다음 각목의 1에 해당하

는 자를 말한다.

가. 한국산업은행법에 의한 한국산업은행

나. 한국수출입은행법에 의한 한국수출입은행

다. 중소기업은행법에 의한 중소기업은행

라. 은행법에 의한 인가를 받아 설립된 은행(동법 제5조 및 제59조의 규정에 의하여 은행으로 보는 자를 포함한다)

마. 삭제 [2011.5.19]

바. 「자본시장과 금융투자업에 관한 법률」에 따른 투자매매업자·투자중개업자·집합투자업자 또는 종합금융회사

사. 보험업법에 의한 보험사업자

아. 삭제 [2007.8.3 제8635호(「자본시장과 금융투자업에 관한 법률」)] [[시행일 2009.2.4]

자. 삭제 [2007.8.3 제8635호(「자본시장과 금융투자업에 관한 법률」)] [[시행일 2009.2.4]

차. 상호저축은행법에 의한 상호저축은행

카. 여신전문금융업법에 의한 여신전문금융회사

타. 「금융회사부실자산 등의 효율적 처리 및 한국자산관리공사의 설립에 관한 법률」에 따른 한국자산관리공사(이하 "한국자산관리공사"라 한다)

파. 「한국토지주택공사법」에 따른 한국토지주택공사(이하 "한국토지주택공사"라 한다)

하. 삭제 [2012.12.18 제11599호(한국토지주택공사법)]

거. 「주택도시기금법」에 따른 주택도시기금을 운용·관리하는 자

너. 신용도가 우량한 법인(외국법인과 당해 외국법인이 설립하는 국내법인을 포함한다)으로서 금융위원회가 미리 정하는 기준에 따라 당해 법인이 보유하는 자산에 대하여 자산유동화의 필요성이 있다고 금융위원회가 인정하는 법인

더. 기업구조조정투자회사법 제2조제3호의 규정에 의한 기업구조조정투자
　　회사

러. 「농업협동조합법」에 따른 농협은행

머. 가목부터 러목까지의 규정에 준하는 자로서 대통령령으로 정하는 자

3. "유동화자산"이라 함은 자산유동화의 대상이 되는 채권·부동산 기타의 재산
　권을 말한다.

4. "유동화증권"이라 함은 유동화자산을 기초로 하여 제3조의 규정에 의한 자
　산유동화계획에 따라 발행되는 출자증권·사채·수익증권 기타의 증권 또는
　증서를 말한다.

5. "유동화전문회사"라 함은 제17조 및 제20조의 규정에 의하여 설립되어 자
　산유동화업무를 영위하는 회사를 말한다.

제2장 자산유동화계획의 등록 및 유동화자산의 양도 등

제3조 (자산유동화계획의 등록)

① 유동화전문회사·자산유동화업무를 전업으로 하는 외국법인 및 신탁업자(이하
"유동화전문회사등"이라 한다)는 자산유동화에 관하여 이 법의 적용을 받고자 하는 경우
에는 유동화자산의 범위, 유동화증권의 종류, 유동화자산의 권리방법능 자산유동
화에 관한 셰획(이하 "자산유동화계획"이라 한다)을 금융위원회에 등록하여야 한다. 자산
유동화계획을 변경하고자 하는 경우에도 또한 같다. 다만, 대통령령이 정하는 경
미한 사항을 변경하는 경우에는 그러하지 아니하다. [개정 2007.8.3 제8635호(자
본시장과 금융투자업에 관한 법률), 2008.2.29 제8863호(금융위원회의 설치 등에 관한 법률)]

② 유동화전문회사등(신탁업자를 제외한다)이 제1항의 규정에 의하여 등록할 수
있는 자산유동화계획은 1개에 한한다. [개정 2007.8.3 제8635호(자본시장과 금융

투자업에 관한 법률)] [[시행일 2009.2.4]

　③ 유동화전문회사등은 제1항의 규정에 의한 등록을 하고자 하는 경우에는 금융위원회가 정하는 서류를 갖추어야 한다. [개정 2008.2.29 제8863호(금융위원회의 설치 등에 관한 법률)]

　④ 삭제 [2007.8.3 제8635호(자본시장과 금융투자업에 관한 법률)] [[시행일 2009.2.4]

제4조 (자산유동화계획)

자산유동화계획에는 다음 각호의 사항이 포함되어야 한다.

1. 유동화전문회사등의 명칭, 사무소의 소재지등에 관한 사항

2. 자산보유자에 관한 사항

3. 자산유동화계획기간

4. 유동화자산의 종류·총액 및 평가내용 등 당해 유동화자산에 관한 사항

5. 유동화증권의 종류·총액·발행조건 등에 관한 사항

6. 유동화자산의 관리·운용 및 처분에 관한 사항

7. 제10조제1항의 규정에 의한 자산관리자에 관한 사항

8. 기타 대통령령이 정하는 사항

제5조 (등록의 거부 등)

　① 금융위원회는 다음 각호의 1에 해당하는 사유가 있는 경우에는 자산유동화계획의 등록을 거부하거나 그 내용의 변경을 요구할 수 있다. [개정 2008.2.29 제8863호(금융위원회의 설치 등에 관한 법률)]

1. 등록신청서류에 허위의 기재가 있거나 필요한 기재를 하지 아니한 경우

2. 자산유동화계획의 내용에 법령을 위반한 사항이 포함되어 있는 경우

3. 유동화전문회사의 설립에 관하여 법령에 위반한 사항이 있는 경우

② 금융위원회는 제1항의 규정에 의하여 등록을 거부하거나 자산유동화계획의 변경을 요구하고자 하는 때에는 지체없이 그 사유를 구체적으로 명시한 서면으로 유동화전문회사등에 통보하여야 한다. [개정 2008.2.29 제8863호(금융위원회의 설치 등에 관한 법률)]

제6조 (자산양도 등의 등록) 벌칙규정

① 자산보유자 또는 유동화전문회사등은 자산유동화계획에 따른 유동화자산(유동화자산을 제삼자가 점유하고 있는 경우 그 제삼자에 대한 반환청구권을 포함한다. 이하 이 조에서 같다)의 양도·신탁 또는 반환이나 유동화자산에 대한 질권 또는 저당권의 설정이 있은 때에는 다음 각호의 구분에 따라 지체없이 그 사실을 금융위원회에 등록하여야 한다. [개정 2007.8.3 제8635호(자본시장과 금융투자업에 관한 법률), 2008.2.29 제8863호(금융위원회의 설치 등에 관한 법률)]

1. 다음 각목의 1에 해당하는 경우에는 자산보유자

    가. 자산유동화계획에 따라 유동화전문회사등에 유동화자산을 양도한 경우

    나. 자산유동화계획에 따라 신탁업자에 유동화자산을 신탁한 경우

2. 다음 각목의 1에 해당하는 경우에는 유동화전문회사등(나목의 경우에는 유동화자산을 양도하거나 반환받은 유동화전문회사를 말한다)

    가. 유동화전문회사등이 자산유동화계획에 따라 유동화자산을 자산보유자에게 양도하거나 양도의 취소등을 이유로 반환한 경우

    나. 유동화전문회사가 자산유동화계획에 따라 유동화자산을 다른 유동화전문회사에 양도하거나 그 유동화전문회사로부터 당해 유동화자산을 반환받은 경우

    다. 유동화전문회사등이 자산유동화계획에 따라 유동화증권의 투자자를 위하여 제삼자에 유동화자산에 대한 질권 또는 저당권을 설정하거나 해지한 경우

② 자산보유자 또는 유동화전문회사등은 제1항의 규정에 의하여 유동화자산의 양도·신탁 또는 반환이나 유동화자산에 대한 질권 또는 저당권의 설정에 관한 사항의 등록을 하고자 하는 경우에는 등록신청서와 유동화자산의 양도등에 관한 계약서를 금융위원회에 제출하여야 한다. [개정 2000.1.21, 2008.2.29 제8863호(금융위원회의 설치 등에 관한 법률), 2008.2.29 제8863호(금융위원회의 설치 등에 관한 법률)]

③ 제2항의 규정에 의한 등록신청서에는 다음 각호의 사항을 기재하여야 하며, 제1호의 사항은 전자기록 기타 이에 준하는 방법으로 작성하여 제출하여야 한다.[신설 2000.1.21, 2008.2.29 제8863호(금융위원회의 설치 등에 관한 법률)]

1. 유동화자산의 명세
2. 유동화자산의 양도·신탁 또는 반환의 방법·일정 및 대금지급방법
3. 유동화자산이 채권인 경우 채권양도의 대항요건이 갖추어져 있는지 여부
4. 유동화자산의 양도등에 관한 계약의 취소요건
5. 양수인이 당해 유동화자산을 처분하는 경우 양도인등이 우선매입권을 가지는지 여부
6. 기타 투자자보호를 위하여 필요한 사항으로서 금융위원회가 정하는 사항

④ 유동화전문회사등은 유동화자산의 양도등에 관한 계약서, 등기필증, 등기필정보통지서, 등록증 기타 증빙서류를 대통령령이 정하는 바에 따라 보관·관리하여야 하며, 금융위원회 또는 당해 유동화증권에 투자한 자로부터 열람의 요구가 있는 경우에는 이에 응하여야 한다.[신설 2000.1.21, 2008.2.29 제8863호(금융위원회의 설치 등에 관한 법률), 2011.4.12 제10580호(부동산등기법)][[시행일 2011.10.13]]

⑤ 제3항의 규정에 의한 등록신청서의 서식·기재방법 및 처리절차등에 관하여 필요한 사항은 금융위원회가 정한다. [신설 2000.1.21, 2008.2.29 제8863호(금융위원회의 설치 등에 관한 법률)]

[본조제목개정 2000.1.21]

제7조 (채권양도의 대항요건에 관한 특례) 관련판례

① 자산유동화계획에 따른 채권의 양도·신탁 또는 반환은 양도인(위탁자를 포함한다. 이하 같다) 또는 양수인(수탁자를 포함한다. 이하 같다)이 채무자에게 통지하거나 채무자가 승낙하지 아니하면 채무자에게 대항하지 못한다. 다만, 양도인 또는 양수인이 당해 채무자에게 다음 각호의 1에 해당하는 주소로 2회이상 내용증명우편으로 채권양도(채권의 신탁 또는 반환을 포함한다. 이하 이 조에서 같다)의 통지를 발송하였으나 소재불명 등으로 반송된 때에는 채무자의 주소지를 주된 보급지역으로 하는 2개이상의 일간신문(전국을 보급지역으로 하는 일간신문이 1개이상 포함되어야 한다)에 채권양도사실을 공고함으로써 그 공고일에 채무자에 대한 채권양도의 통지를 한 것으로 본다. [개정 2000·1·21]

1. 당해 저당권의 등기부 또는 등록부에 기재되어 있는 채무자의 주소(등기부 또는 등록부에 기재되어 있는 주소가 채무자의 최후 주소가 아닌 경우 양도인 또는 양수인이 채무자의 최후 주소를 알고 있는 때에는 그 최후 주소를 말한다)

2. 당해 저당권의 등기부 또는 등록부에 채무자의 주소가 기재되어 있지 아니하거나 등기부 또는 등록부가 없는 경우로서 양도인 또는 양수인이 채무자의 최후 주소를 알고 있는 때에는 그 최후 주소

② 자산유동화계획에 따라 행하는 채권의 양도·신탁 또는 반환에 관하여 제6조제1항의 규정에 의한 등록을 한 때에는 당해 유동화자산인 채권의 채무자(유동화자산에 대한 반환청구권의 양도인 경우 그 유동화자산을 점유하고 있는 제3자를 포함한다. 이하 같다)외의 제3자에 대하어는 당해 채권의 양노에 관하여 제6조제1항의 규정에 의한 등록이 있은 때에 민법 제450조제2항의 규정에 의한 대항요건을 갖춘 것으로 본다. [개정 2000·1·21]

제7조의2 (근저당권에 의하여 담보된 채권의 확정)

자산유동화계획에 의하여 양도 또는 신탁하고자 하는 유동화자산이 근저당권

에 의하여 담보된 채권인 경우에는 자산보유자가 채무자에게 근저당권에 의하여 담보된 채권의 금액을 정하여 추가로 채권을 발생시키지 아니하고 그 채권의 전부를 양도 또는 신탁하겠다는 의사를 기재한 통지서를 내용증명우편으로 발송한 때에는 통지서를 발송한 날의 다음날에 당해채권은 확정된 것으로 본다. 다만, 채무자가 10일이내에 이의를 제기한 때에는 그러하지 아니하다.

[본조신설 2000·1·21]

제8조 (저당권 등의 취득에 관한 특례)

① 자산유동화계획에 따라 양도 또는 신탁한 채권이 질권 또는 저당권에 의하여 담보된 채권인 경우 유동화전문회사등은 제6조제1항의 규정에 의한 등록이 있은 때에 그 질권 또는 저당권을 취득한다. [개정 2000·1·21]

② 한국자산관리공사 또는 한국토지주택공사가 금융기관의 부실자산정리, 부실징후기업의 자구계획지원 및 기업의 구조조정을 위하여 취득한 부동산을 자산유동화계획에 따라 유동화전문회사등에 양도 또는 신탁한 경우 유동화전문회사등은 제6조제1항의 규정에 의한 등록이 있은 때에 그 부동산에 대한 소유권을 취득한다. [개정 99·12·31, 2012.12.18 제11599호(한국토지주택공사법)]

제9조 (등록서류 등의 공시) 벌칙규정

① 금융위원회는 제3조 및 제6조의 규정에 의한 등록 또는 변경등록에 관한 서류와 제38조의2제1항에 따른 등록취소에 관한 서류를 일반인의 열람에 제공하여야 한다. [개정 2007.12.21, 2008.2.29 제8863호(금융위원회의 설치 등에 관한 법률)]

② 신탁업자, 제10조제1항의 규정에 의한 자산관리자 및 제23조제1항의 규정에 의하여 업무를 위탁받은 자는 유동화자산의 명세와 그 현황에 관한 서류를 작성·비치하고 당해 유동화전문회사등의 투자자가 이를 열람할 수 있게 하

여야 한다. [개정 2007.8.3 제8635호(자본시장과 금융투자업에 관한 법률)] [[시행일 2009.2.4]

제10조 (자산관리의 위탁)

①유동화전문회사등(신탁업자를 제외한다)은 자산관리위탁계약에 의하여 다음 각 호의 1에 해당하는 자(이하 "자산관리자"라 한다)에게 유동화자산의 관리를 위탁하여야 한다. [개정 2000.1.21, 2007.8.3 제8635호(자본시장과 금융투자업에 관한 법률), 2009.4.1 제9617호(신용정보의 이용 및 보호에 관한 법률)] [[시행일 2009.10.2]]

　1. 자산보유자

　2. 「신용정보의 이용 및 보호에 관한 법률」 제4조제1항제1호부터 제3호까지의 　　업무를 허가받은 신용정보회사

　3. 기타 자산관리업무를 전문적으로 수행하는 자로서 대통령령이 정하는 요건 　　을 갖춘 자

② 제1항제1호 및 제3호의 규정에 의한 자산관리자는 「신용정보의 이용 및 보호에 관한 법률」 제4조 및 제5조에도 불구하고 유동화전문회사등이 양도 또는 신탁받은 유동화자산에 대하여 「신용정보의 이용 및 보호에 관한 법률」 제4조제1항제3호에 따른 채권추심업무를 수행할 수 있다. [개정 2000.1.21, 2009.4.1 제9617호(신용정보의 이용 및 보호에 관한 법률)] [[시행일 2009.10.2]]

③ 유동화전문회사등은 자산관리위탁계약을 해지한 경우 이로 인하여 자산관리자이 변제수령권한이 소멸되었음을 이유로 하여 유동화자산인 채권의 채무자에 대하여 대항할 수 없다. 다만, 채무자가 자산관리자의 변제수령권한이 소멸되었음을 알았거나 알 수 있었을 경우에는 그러하지 아니하다. [개정 2000·1·21]

제11조 (유동화자산의 관리) 벌칙규정

① 자산관리자는 제10조제1항의 규정에 의하여 관리를 위탁받은 유동화자산

(유동화자산을 관리·운용 및 처분함에 따라 취득한 금전 등의 재산권을 포함한다. 이하 제40조제1호에서 같다)을 그의 고유재산과 구분하여 관리하여야 한다. [개정 2000·1·21]

② 자산관리자는 유동화자산의 관리에 관한 장부를 별도로 작성·비치하여야 한다.

제12조 (자산관리자의 파산 등) 관련문헌

① 자산관리자가 파산하는 경우 제10조제1항의 규정에 의하여 위탁관리하는 유동화자산(유동화자산을 관리·운용 및 처분함에 따라 취득한 금전등의 재산권을 포함한다. 이하 이 조에서 같다)은 자산관리자의 파산재단을 구성하지 아니하며, 유동화전문회사 등은 그 자산관리자 또는 파산관재인에 대하여 유동화자산의 인도를 청구할 수 있다. [개정 2000·1·21]

② 제1항의 규정은 「채무자 회생 및 파산에 관한 법률」에 의한 회생절차가 개시된 경우에 관하여 이를 준용한다. [개정 2005.3.31 법률 제7428호(「채무자 회생 및 파산에 관한 법률」)] [[시행일 2006.4.1]]

③ 자산관리자가 제10조제1항의 규정에 의하여 위탁관리하는 유동화자산은 자산관리자의 채권자가 이를 강제집행할 수 없으며, 「채무자 회생 및 파산에 관한 법률」에 의한 보전처분 또는 중지명령의 대상이 되지 아니한다. [개정 2005.3.31 법률 제7428호(「채무자 회생 및 파산에 관한 법률」)] [[시행일 2006.4.1]]

제13조 (양도의 방식)

유동화자산의 양도는 자산유동화계획에 따라 다음 각호의 방식에 의하여야 한다. 이 경우 이를 담보권의 설정으로 보지 아니한다. [개정 2000·1·21]

1. 매매 또는 교환에 의할 것
2. 유동화자산에 대한 수익권 및 처분권은 양수인이 가질 것. 이 경우 양수인이 당해 자산을 처분하는 때에 양도인이 이를 우선적으로 매수할 수 있는 권리

를 가지는 경우에도 수익권 및 처분권은 양수인이 가진 것으로 본다.

3. 양도인은 유동화자산에 대한 반환청구권을 가지지 아니하고, 양수인은 유동화자산에 대한 대가의 반환청구권을 가지지 아니할 것

4. 양수인이 양도된 자산에 관한 위험을 인수할 것. 다만, 당해 유동화자산에 대하여 양도인이 일정기간 그 위험을 부담하거나 하자담보책임(채권의 양도인이 채무자의 자력을 담보한 경우에는 이를 포함한다)을 지는 경우에는 그러하지 아니하다.

제14조 (시설대여계약등의 변경 또는 해지)

① 자산보유자가 자산유동화계획에 따라 유동화전문회사등에게 시설대여계약 또는 연불판매계약에 의한 채권을 양도 또는 신탁한 경우 당해 자산보유자는 자산유동화계획에 의하지 아니하고는 당해 시설대여계약 또는 연불판매계약을 변경 또는 해지할 수 없다. 「채무자 회생 및 파산에 관한 법률」에 의하여 선임된 자산보유자의 관재인·보전관재인·관리인·보전관리인 기타 이와 유사한 직무를 행하는 자도 또한 같다. [개정 2005.3.31 법률 제7428호(「채무자 회생 및 파산에 관한 법률」)] [[시행일 2006.4.1]]

② 시설대여계약 또는 연불판매계약에 의한 채권의 채무자가 자산보유자로부터 자산유동화계획에 따라 당해 채권을 유동화전문회사등에게 양도 또는 신탁한 사실을 통지받거나 이를 승낙한 경우 당해 자산보유자가 제1항의 규정에 위반하여 행한 시설대여계약 또는 연불판매계약의 변경 또는 해지는 그 효력이 없다.

제15조 (차임채권)

자산보유자가 파산하거나 자산보유자에 대하여 회생절차가 개시되는 경우 유동화자산중 차임채권에 관하여는 「채무자 회생 및 파산에 관한 법률」 제125조 및 제340조의 규정을 적용하지 아니한다. [개정 2005.3.31 법률 제7428호(「채무자 회생 및 파산에 관한 법률」)] [[시행일 2006.4.1]]

제16조 (「자본시장과 금융투자업에 관한 법률」 등 적용의 특례)

① 신탁업자는 다음 각호의 1에 해당하는 경우에는 「자본시장과 금융투자업에 관한 법률」 제105조에 따른 신탁자금운용의 제한을 받지 아니한다. [개정 2007.8.3 제8635호(「자본시장과 금융투자업에 관한 법률」)] [[시행일 2009.2.4]

1. 신탁업자가 자산유동화계획에 따라 유동화자산을 양도받은 경우

2. 자산유동화계획에 따라 유동화자산을 양도 또는 신탁받은 신탁업자가 자산유동화계획에 따라 여유자금을 운용하는 경우

② 신탁업자는 자산유동화계획에 따라 유동화자산을 양도 또는 신탁함에 있어서 「신탁법」 제3조제1항, 민법 제563조 및 제596조의 규정에 불구하고 자기계약을 할 수 있다. [개정 2000·1·21, 2007.8.3 제8635호(「자본시장과 금융투자업에 관한 법률」), 2011.7.25 제10924호(신탁법)] [[시행일 2012.7.26]]

③ 신탁업자가 유동화자산을 관리·운용함에 있어서는 「신탁법」 제37조제3항에 불구하고 그 신탁재산이 금전인 경우에도 고유재산 또는 다른 신탁재산에 속하는 금전과 구별하여 관리하여야 한다. [개정 2007.8.3 제8635호(「자본시장과 금융투자업에 관한 법률」), 2011.7.25 제10924호(신탁법)] [[시행일 2012.7.26]]

[본조제목개정 2007.8.3 제8635호(「자본시장과 금융투자업에 관한 법률」)] [[시행일 2009.2.4]

제3장 유동화전문회사

제17조 (회사의 형태)

① 유동화전문회사는 유한회사로 한다.

② 유동화전문회사에 관하여는 이 법에 달리 정함이 있는 경우를 제외하고는 상법 제3편제5장의 규정을 적용한다.

제18조 (사원의 수)

유동화전문회사의 사원의 수에 관하여는 상법 제543조제1항 및 동법 제545조의 규정을 적용하지 아니한다. [개정 2000·1·21]

제19조 (사원총회)

① 유동화전문회사의 사원총회의 결의는 상법 제577조제1항 및 제2항의 규정에 불구하고 총사원의 동의가 없는 경우에도 서면으로 할 수 있다.

② 자산유동화계획에 반하거나 유동화증권을 소지한 자의 권리를 해하는 사원총회의 결의는 효력이 없다.

제20조 (겸업 등의 제한)

① 유동화전문회사는 제22조의 규정에 의한 업무외의 업무를 영위할 수 없다.

② 유동화전문회사는 본점외의 영업소를 설치할 수 없으며, 직원을 고용할 수 없다.

제21조 (유사명칭사용금지)

유동화전문회사가 아닌 자는 그 상호 또는 업무를 표시함에 있어서 유동화전문회사임을 나타내는 문자를 사용하여서는 아니된다.

제22조 (업무) 벌칙규정

① 유동화전문회사는 자산유동화계획에 따라 다음 각호의 업무를 행한다. [개정 2007.8.3 제8635호(자본시장과 금융투자업에 관한 법률)] [[시행일 2009.2.4]

1. 유동화자산의 양수·양도 또는 다른 신탁업자에의 위탁

2. 유동화자산의 관리·운용 및 처분

3. 유동화증권의 발행 및 상환

4. 자산유동화계획의 수행에 필요한 계약의 체결

5. 유동화증권의 상환 등에 필요한 자금의 일시적인 차입

6. 여유자금의 투자

7. 기타 제1호 내지 제6호의 업무에 부수하는 업무

② 유동화전문회사의 회계는 금융위원회가 정하는 회계처리기준에 의하여 처리하여야 한다. [신설 2000.1.21, 2008.2.29 제8863호(금융위원회의 설치 등에 관한 법률)]

제23조 (업무의 위탁)

①유동화전문회사는 자산유동화계획이 정하는 바에 따라 자산보유자 기타 제3자에게 다음 각호의 1에 해당하는 사항에 관한 업무를 제외한 업무를 위탁하여야 한다.

1. 사원총회의 의결을 받아야 하는 사항

2. 이사의 회사대표권에 속하는 사항

3. 감사의 권한에 속하는 사항

4. 유동화자산의 관리에 관한 사항

5. 기타 위탁하기에 부적합한 사항으로서 대통령령이 정하는 사항

② 제1항의 규정에 의하여 업무를 위탁받을 수 있는 제3자의 범위는 대통령령이 정하는 바에 의하여 이를 제한할 수 있다.

제24조 (해산사유)

유동화전문회사는 다음 각호의 1에 해당하는 사유로 해산한다.

1. 존속기간의 만료 기타 정관 또는 자산유동화계획에서 정한 사유가 발생한 때

2. 유동화증권의 상환을 전부 완료한 때

3. 파산한 때

4. 법원의 명령 또는 판결이 있는 때

제25조 (합병등의 금지)

유동화전문회사는 다른 회사와 합병하거나 다른 회사로 조직을 변경할 수 없다.

제26조 (청산인등의 선임)

「금융위원회의 설치 등에 관한 법률」에 의한 금융감독원의 원장(이하 "금융감독원장"이라 한다)은 유동화전문회사가 해산 또는 파산한 경우 상법 제613조제1항의 규정에 의하여 준용되는 동법 제531조 및 「채무자 회생 및 파산에 관한 법률」 제355조의 규정에 불구하고 청산인 또는 파산관재인을 법원에 추천할 수 있으며, 법원은 특별한 사유가 없는 한 금융감독원장이 추천한 자를 청산인 또는 파산관재인으로 선임하여야 한다. [개정 2005.3.31 제7428호(「채무자 회생 및 파산에 관한 법률」), 2008.2.29 제8863호(「금융위원회의 설치 등에 관한 법률」)]

제4장 유동화증권의 발행

제27조 (상법등의 적용)

자산유동화계획에 따른 유동화증권의 발행에 관하여는 이 법에 달리 정함이 있는 경우를 제외하고는 상법·「자본시장과 금융투자업에 관한 법률」 기타 관계법령에 따른다. [개정 2007.8.3 제8635호(「자본시장과 금융투자업에 관한 법률」)] [[시행일 2009.2.4]

제28조 (출자증권의 발행)

① 유동화전문회사는 상법 제555조의 규정에 불구하고 자산유동화계획에 따

라 사원의 지분에 관한 무기명식의 증권(이하 "출자증권"이라 한다)을 발행할 수 있다.

② 출자증권에 관하여는 상법 제358조·동법 제359조 및 동법 제 360조의 규정을 준용한다.

③ 유동화전문회사의 사원은 자기의 지분에 관하여 출자증권을 발행하거나 불소지의 의사를 표시하여 그 소각을 청구할 수 있다. 다만, 정관에 다른 정함이 있는 경우에는 그러하지 아니하다.

제29조 (출자증권의 기재사항)

출자증권에는 다음 각호의 사항을 기재하고 이사가 기명날인 또는 서명하여야 한다.

1. 회사의 상호
2. 회사의 성립년월일
3. 회사의 총출자좌수
4. 1좌의 금액
5. 배당이나 재산분배에 관하여 내용이 다른 수종의 지분권에 관한 정함이 있는 경우에는 그 종류와 내용
6. 일련번호

제30조 (지분양도 등의 예외)

① 유동화전문회사의 사원의 지분양도에 관하여는 정관에 다른 정함이 있는 경우를 제외하고는 상법 제556조의 규정을 적용하지 아니한다.

② 출자증권의 양도에 관하여는 상법 제557조의 규정을 적용하지 아니한다.

③ 유동화전문회사는 상법 제583조의 규정에 의하여 준용되는 동법 제462조의 규정에 불구하고 정관이 정하는 바에 따라 이익(대차대조표상의 자산에서 부채·자본금 및 준비금을 공제한 금액을 말한다)을 초과하여 배당을할 수 있다.

④ 유동화전문회사는 상법 제597조의 규정에 의하여 준용되는 동법 제439조 제1항 및 동법 제586조의 규정에 불구하고 자본의 감소 및 증가에 관한 사항을 정관으로 정할 수 있다.

제31조 (사채발행)

① 유동화전문회사는 자산유동화계획에 따라 사채를 발행할 수 있다.

② 제1항의 규정에 의한 사채의 발행에 관하여는 상법 제3편제4장제8절(동법 제469조 및 동법 제470조의 규정을 제외한다)의 규정을 준용한다. [개정 2000·1·21]

제32조 (수익증권의 발행)

① 신탁업자는 자산유동화계획에 따라 수익증권을 발행할 수 있다. [개정 2007.8.3 제8635호(「자본시장과 금융투자업에 관한 법률」)] [[시행일 2009.2.4]

② 제1항의 규정에 의한 수익증권의 발행에 관하여는 「자본시장과 금융투자업에 관한 법률」 제110조제1항부터 제4항까지를 적용하지 아니한다. [개정 2007.8.3 제8635호(「자본시장과 금융투자업에 관한 법률」)] [[시행일 2009.2.4]

제33조 (유동화증권의 발행한도)

유동화증권의 발행총액은 양도 또는 신탁받은 유동화자산의 매입가액 또는 평가가액의 총액을 한도로 한다. 다만, 제22조제5호의 규정에 의한 차입금액은 당해 발행총액에 포함하지 아니한다.

제5장 보칙

제34조 (조사)

금융감독원장은 투자자보호를 위하여 필요하다고 인정하는 경우에는 금융위원회가 정하는 바에 따라 유동화전문회사등과 이로부터 업무의 수행을 위탁받은 자 및 자산관리자의 업무 또는 재산에 관한 자료의 제출을 요청하거나 그 소속직원으로 하여금 동업무 또는 재산에 대하여 조사하게 할 수 있다. [개정 2008.2.29 제8863호(금융위원회의 설치 등에 관한 법률)]

제35조 (업무개선명령) 벌칙규정

금융위원회는 유동화전문회사등 또는 자산관리자의 업무운영에 있어서 투자자의 이익을 해할 우려가 있다고 인정되는 때에는 투자자보호를 위한 범위 안에서 당해 유동화전문회사등 또는 자산관리자에 대하여 업무의 종류 및 방법의 변경, 재산의 공탁 기타 업무의 운영 및 개선에 필요한 조치를 명할 수 있다. [개정 2008.2.29 제8863호(금융위원회의 설치 등에 관한 법률)]

제36조 (금융기관 부실자산 등의 정리, 부실징후기업의 자구계획 지원 및 기업구조조정을 위한 특례) 신구조문

한국자산관리공사 또는 한국토지주택공사가 금융기관의 부실자산정리, 부실징후기업의 자구계획지원 및 기업의 구조조정을 위하여 취득한 부동산을 자산유동화계획에 따라 유동화전문회사 등에 양도 또는 신탁하는 경우에는 다음 각호의 법률규정을 적용하지 아니한다. [개정 1999.12.31, 2000.1.21, 2002.1.26, 2003.5.29 제6916호(주택법), 2008.3.28 제9071호(「도시교통정비 촉진법」), 2012.12.18 제11599호(한국토지주택공사법), 2015.1.6 제12989호(주택도시기금법)] [[시행일 2015.7.1]]

1. 부동산등기특별조치법 제2조 내지 제4조

2. 「도시교통정비 촉진법」 제36조

3. 「주택도시기금법」 제8조

4. 국토이용관리법 제21조의3

5. 외국인토지법 제4조제1항 및 제5조

제36조의2 (국민주택채권매입의 면제) 신구조문

자산유동화계획에 의하여 유동화자산을 양도 또는 신탁하거나 유동화자산에 대하여 저당권을 설정하는 경우에는 「주택도시기금법」 제8조의 규정을 적용하지 아니한다. [개정 2003.5.29. 법률 제6916호(주택법), 2015.1.6 제12989호(주택도시기금법)] [[시행일 2015.7.1]]

[본조신설 2000·1·21]

제37조 (채무자에 관한 정보의 제공 및 활용) 벌칙규정

① 자산보유자 또는 유동화전문회사등은 금융실명거래및비밀보호에관한법률 제4조의 규정에 불구하고 자산유동화계획의 수행을 위하여 필요한 범위 안에서 당해 유동화자산인 채권의 채무자의 지급능력에 관한 정보를 투자자, 양수인 기타 이에 준하는 이해관계인에게 제공할 수 있다.

② 자산유동화계획에 따라 유동화자산을 양도 또는 신탁받은 자(그 업무를 위탁받은 자를 포함한다)는 유동화자산인 채권의 채무자의 지급능력에 관한 정보를 당해 채권을 변제받기 위한 목적외의 목적으로 사용하여서는 아니된다.

제38조 (업무의 위탁)

① 금융위원회는 다음 각호의 업무의 전부 또는 일부를 금융감독원장에게 위탁할 수 있다. [개정 2008.2.29 제8863호(금융위원회의 설치 등에 관한 법률)]

1. 제3조의 규정에 의한 자산유동화계획의 등록

2. 제6조의 규정에 의한 자산양도의 등록

3. 제9조의 규정에 의한 등록서류 등의 공시

② 금융위원회는 제1항의 규정에 의하여 업무의 전부 또는 일부를 금융감독원장에게 위탁하는 경우에는 이를 고시하여야 한다. [개정 2008.2.29 제8863호(금융위원회의 설치 등에 관한 법률)]

제38조의2 (자산유동화계획의 등록취소)

① 금융위원회는 유동화전문회사등이 다음 각 호의 어느 하나에 해당하는 경우에는 자산유동화계획의 등록을 취소할 수 있다. [개정 2008.2.29 제8863호(금융위원회의 설치 등에 관한 법률)]

1. 제3조제1항에 따른 등록 또는 변경등록을 거짓 또는 부정한 방법으로 한 경우

2. 제3조제1항 후단에 따른 변경등록을 하지 아니하고 자산유동화계획을 변경한 경우

3. 제6조제1항에 따른 등록을 하지 아니하거나 거짓으로 한 경우

4. 유동화전문회사가 제20조제1항을 위반하여 제22조에 따른 업무 외의 업무를 영위한 경우

5. 제35조에 따른 업무개선명령을 이행하지 아니한 경우

② 금융위원회는 제1항에 따라 등록을 취소하려는 경우에는 청문을 실시하여야 한다. [개정 2008.2.29 제8863호(금융위원회의 설치 등에 관한 법률)]

[본조신설 2007.12.21] [[시행일 2008.6.22]]

제6장 벌칙

제39조 (벌칙)

다음 각호의 1에 해당하는 자는 3년 이하의 징역 또는 2천만원 이하의 벌금에 처한다. [개정 2000·1·21]

1. 제6조제2항의 규정에 의한 등록신청서 또는 계약서를 허위로 작성한 자
2. 제9조제2항의 규정에 의한 서류를 허위로 작성하거나 동 서류를 열람에 제공하지 아니한 자
3. 제37조제2항의 규정에 위반하여 채무자의 지급능력에 관한 정보를 당해 채권을 변제받기 위한 목적외의 목적으로 사용한 자

제40조 (벌칙)

다음 각호의 1에 해당하는 자는 1년 이하의 징역 또는 1천만원 이하의 벌금에 처한다.

1. 제11조제1항의 규정에 위반하여 관리위탁을 받은 유동화자산을 고유재산과 구분하여 관리하지 아니한 자
2. 제22조의 규정에 위반하여 자산유동화계획에 의하지 아니하고 자금을 차입하거나 여유자금을 투자한 자
3. 제35조의 규정에 의한 업무개선명령을 이행하지 아니한 자

제41조 (양벌규정)

법인의 대표자나 법인 또는 개인의 대리인, 사용인, 그 밖의 종업원이 그 법인 또는 개인의 업무에 관하여 제39조 또는 제40조의 위반행위를 하면 그 행위자를 벌하는 외에 그 법인 또는 개인에게도 해당 조문의 벌금형을 과(科)한다. 다만, 법인 또는 개인이 그 위반행위를 방지하기 위하여 해당 업무에 관하여 상당한 주의

와 감독을 게을리하지 아니한 경우에는 그러하지 아니하다.

[전문개정 2008.12.26]

제42조 (과태료)

① 다음 각호의 1에 해당하는 자는 500만원 이하의 과태료에 처한다.

1. 제11조제2항의 규정에 의한 장부를 작성·비치하지 아니한 자

2. 제21조의 규정에 위반하여 유동화전문회사의 표시를 한 자

② 제1항의 규정에 의한 과태료는 대통령령이 정하는 바에 의하여 금융위원회가 부과·징수한다. [개정 2008.2.29 제8863호(금융위원회의 설치 등에 관한 법률)]

③ 제2항의 규정에 의한 과태료처분에 불복이 있는 자는 그 처분의 고지를 받은 날부터 30일 이내에 금융위원회에 이의를 제기할 수 있다. [개정 2008.2.29 제8863호(금융위원회의 설치 등에 관한 법률)]

④ 제2항의 규정에 의한 과태료처분을 받은 자가 제3항의 규정에 의하여 이의를 제기한 때에는 금융위원회는 지체없이 관할법원에 그 사실을 통보하여야 하며, 그 통보를 받은 관할법원은 비송사건절차법에 의한 과태료의 재판을 한다. [개정 2008.2.29 제8863호(금융위원회의 설치 등에 관한 법률)]

⑤ 제3항의 규정에 의한 기간내에 이의를 제기하지 아니하고 과태료를 납부하지 아니한 때에는 국세체납처분의 예에 의하여 이를 징수한다.

부칙 [1998.9.16 제5555호]

① (施行日) 이 법은 공포한 날부터 시행한다.

② (농지법의 개정) 농지법중 다음과 같이 개정한다.

제6조제2항제5호를 다음과 같이 한다.

5. 제12조제1항의 규정에 의하여 담보농지를 취득하여 소유하는 경우(자산유동화에관한법률 제3조의 규정에 의한 유동화전문회사등이 제12조제1항제1호 내지 제4호의 규정에

의한 저당권자로부터 농지를 취득하는 경우를 포함한다)

제12조제1항에 제5호를 다음과 같이 신설한다.

5. 자산유동화에관한법률 제3조의 규정에 의한 유동화전문회사등

부칙 [1999.12.31 제6073호(금융기관부실자산등의효율적처리및한국자산관리공사의설립에관한법률)]

제1조 (施行日) 이 법은 공포한 날부터 시행한다.

제2조 생략

제3조 (다른 법률의 개정) ①내지 ⑧생략

⑨자산유동화에관한법률중 다음과 같이 개정한다.

제2조제2호 타목을 다음과 같이 한다.

타. 금융기관부실자산등의효율적처리및한국자산관리공사의설립에관한법률에 의한 한국자산관리공사(이하 "한국자산관리공사"라 한다)

제8조제2항 및 제36조 본문중 "성업공사"를 각각 "한국자산관리공사"로 한다.

⑩내지 ⑫생략

부칙 [2000.1.21 제6181호]

이 법은 공포한 날부터 시행한다.

부칙 [2000.10.23 제6275호(기업구조조정투자회사법)]

제1조 (시행일) 이 법은 공포한 날부터 시행한다.〈단서 생략〉

제2조 생략

제3조 (다른 법률의 개정) 자산유동화에관한법률중 다음과 같이 개정한다.

제2조제2호 더목중 "너목"을 "더목"으로 하여 이를 러목으로 하고, 동호에 더목 을 다음과 같이 신설한다.

더. 기업구조조정투자회사법 제2조제3호의 규정에 의한 기업구조조정투자회사

부칙 [2001.3.28 제6429호(상호저축은행법)]

제1조 (시행일) 이 법은 공포한 날부터 2년을 넘지 아니하는 범위내에서 대통령령이 정하는 날부터 시행한다. 〈단서 생략〉

제2조 내지 제9조 생략

제10조 (다른 법률의 개정) ①내지 ⑦생략

⑧자산유동화에관한법률중 다음과 같이 개정한다.

제2조제2호 차목을 다음과 같이 한다.

차. 상호저축은행법에 의한 상호저축은행

⑨내지 ⑪생략

제11조 생략

부칙 [2002.1.26 제6642호(도시교통정비촉진법)]

제1조 (시행일) 이 법은 공포 후 6월이 경과한 날부터 시행한다.

제2조 내지 제6조 생략

제7조 (다른 법률의 개정) ①내지 ③생략

④자산유동화에관한법률중 다음과 같이 개정한다.

제36조제2호를 다음과 같이 한다.

2. 도시교통정비촉진법 제18조

⑤내지 ⑦생략

제8조 생략

부칙 [2003.5.29 제6916호(주택법)]

제1조 (시행일) 이 법은 공포후 6월이 경과한 날부터 시행한다. 〈단서 생략〉

제2조 내지 제11조 생략

제12조 (다른 법률의 개정) ①내지 〈26〉생략

〈27〉자산유동화에관한법률중 다음과 같이 개정한다.

제2조제2호 거목중 "주택건설촉진법"을 "주택법"으로 한다.

제36조제3호를 다음과 같이 하고, 제36조의2중 "주택건설촉진법 제16조"를 "주택법 제68조"로 한다.

3. 주택법 제68조

〈28〉내지 〈47〉생략

제13조 생략

부칙 [2005.3.31 제7428호(채무자 회생 및 파산에 관한 법률)]

제1조 (시행일) 이 법은 공포 후 1년이 경과한 날부터 시행한다.

제2조 내지 제4조 생략

제5조 (다른 법률의 개정) ①내지 〈94〉생략

〈95〉자산유동화에관한법률 일부를 다음과 같이 개정한다.

제12조제2항중 "화의법에 의한 화의절차 또는 회사정리법에 의한 회사정리절차"를 「채무자 회생 및 파산에 관한 법률」에 의한 회생절차"로 하고, 동조제3항중 "파산법·화의법 또는 회사정리법"을 "「채무자 회생 및 파산에 관한 법률」"로 한다.

제14조제1항 후단중 "파산법·화의법 또는 회사정리법"을 "「채무자 회생 및 파산에 관한 법률」"로 한다.

제15조중 "회사정리절차"를 "회생절차"로, "파산법 제54조 및 회사정리법 제106조"를 "「채무자 회생 및 파산에 관한 법률」 제125조 및 제340조"로 한다.

제26조중 "파산법 제147조"를 "「채무자 회생 및 파산에 관한 법률」 제355조"로 한다.

〈96〉내지 〈145〉생략

제6조 생략

부칙 [2005.7.29 제7615호(신탁업법)]

제1조 (시행일)

이 법은 공포한 날부터 시행한다.

제2조 (다른 법률의 개정)

① 생략

② 자산유동화에관한법률 일부를 다음과 같이 한다.

제2조제1호나목 중 "(신탁업을 겸영하는 은행을 포함한다. 이하 "신탁회사"라 한다)"를 "(신탁업무를 겸영하는 금융기관을 포함한다. 이하 "신탁회사"라 한다)"로 한다.

부칙 [2007.8.3 제8635호(자본시장과 금융투자업에 관한 법률)]

제1조 (시행일) 이 법은 공포 후 1년 6개월이 경과한 날부터 시행한다. 다만, 부칙 제3조·제5조 및 제6조는 이 법 공포 후 1년이 경과한 날부터 시행한다.

제2조 내지 41조 생략

제42조 (다른 법률의 개정) ① 내지 ⑭ 생략

⑮ 자산유동화에관한법률 일부를 다음과 같이 개정한다.

제2조제1호나목 중 "신탁업법에 의한 신탁회사(신탁업무를 겸영하는 금융기관을 포함한다. 이하 "신탁회사"라 한다)"를 「자본시장과 금융투자업에 관한 법률」에 따른 신탁업자(이하 "신탁업자"라 한다)로 하고, 같은 호 다목 및 라목 중 "신탁회사"를 각각 "신탁업자"로 하며, 같은 조 제2호바목을 다음과 같이 하고, 같은 호 아목 및 자목을 각각 삭제한다.

바. 「자본시장과 금융투자업에 관한 법률」에 따른 투자매매업자·투자중개업자·집합투자업자 또는 종합금융회사

제3조제1항 본문 및 제2항 중 "신탁회사"를 각각 "신탁업자"로 하고, 같은 조 제4항을 삭제한다.

제6조제1항제1호나목, 제9조제2항 및 제10조제1항 각 호 외의 부분 중 "신탁회사"를 각각 "신탁업자"로 한다.

제16조의 제목 중 "신탁업법"을 「자본시장과 금융투자업에 관한 법률」"로 하고, 같은 조 제1항 각 호 외의 부분 중 "신탁회사"를 "신탁업자"로, "신탁업법 제15조의2의 규정에 의한"을 "「자본시장과 금융투자업에 관한 법률」 제105조에 따른"으로 하며, 같은 항 제1호 및 제2호와 같은 조 제2항 및 제3항 중 "신탁회사"를 각각 "신탁업자"로 한다.

제22조제1항제1호 중 "신탁회사"를 "신탁업자"로 한다.

제27조 중 "증권거래법"을 "「자본시장과 금융투자업에 관한 법률」"로 한다.

제32조제1항 중 "신탁회사"를 "신탁업자"로 하고, 같은 조 제2항 중 "신탁업법 제17조의2의 규정"을 "「자본시장과 금융투자업에 관한 법률」 제110조제1항부터 제4항까지"로 한다.

〈16〉 내지 〈67〉 생략

제43조 내지 제44조 생략

부칙 [2007.12.21 제8703호]

이 법은 공포 후 6개월이 경과한 날부터 시행한다.

부칙 [2008.3.28 제9071호(도시교통정비 촉진법)]

제1조 (시행일) 이 법은 2009년 1월 1일부터 시행한다. 〈단서 생략〉

제2조부터 제9조까지 생략

제10조 (다른 법률의 개정) ① 부터 〈18〉 까지 생략

〈19〉 자산유동화에관한법률 일부를 다음과 같이 개정한다.

제36조제2호를 다음과 같이 한다.

2.「도시교통정비 촉진법」제36조

〈20〉부터 〈23〉까지 생략

제11조 생략

부 칙[2008.2.29 제8863호(금융위원회의 설치 등에 관한 법률)]

제1조(시행일) 이 법은 공포한 날부터 시행한다.

제2조부터 제4조까지 생략

제5조(다른 법률의 개정) ①부터 ⑨까지 생략

⑩ 자산유동화에관한법률 일부를 다음과 같이 개정한다.

제2조제2호너목 중 "금융감독위원회"를 각각 "금융위원회"로 한다.

제3조제1항 전단 및 제3항 중 "금융감독위원회"를 각각 "금융위원회"로 한다.

제5조제1항 각 호 외의 부분 및 제2항 중 "금융감독위원회"를 각각 "금융위원회"로 한다.

제6조제1항 각 호 외의 부분, 제2항, 제3항제6호, 제4항 및 제5항 중 "금융감독위원회"를 각각 "금융위원회"로 한다.

제9조제1항 중 "금융감독위원회"를 "금융위원회"로 한다.

제22조제2항 중 "금융감독위원회"를 "금융위원회"로 한다.

제26조 중 "금융감독기구의설치등에관한법률"을 "「금융위원회의 설치 등에 관한 법률」"로 한다.

제34조 중 "금융감독위원회"를 "금융위원회"로 한다.

제35조 중 "금융감독위원회"를 "금융위원회"로 한다.

제38조제1항 각 호 외의 부분 및 제2항 중 "금융감독위원회"를 각각 "금융위원회"로 한다.

제38조의2제1항 각 호 외의 부분 및 제2항 중 "금융감독위원회"를 각각 "금융

위원회"로 한다.

제42조제2항부터 제4항까지 중 "금융감독위원회"를 각각 "금융위원회"로 한다.

⑪부터 〈85〉까지 생략

부칙 [2008.12.26 제9258호]

이 법은 공포한 날부터 시행한다.

부 칙[2009.4.1 제9617호(신용정보의 이용 및 보호에 관한 법률)]

제1조(시행일) 이 법은 공포 후 6개월이 경과한 날부터 시행한다.

제2조부터 제11조까지 생략

제12조(다른 법률의 개정) ① 부터 〈17〉 까지 생략

〈18〉 자산유동화에 관한 법률 일부를 다음과 같이 개정한다.

제10조제1항제2호를 다음과 같이 한다.

2. 「신용정보의 이용 및 보호에 관한 법률」 제4조제1항제1호부터 제3호까지의 업무를 허가받은 신용정보회사

제10조제2항 중 "신용정보의이용및보호에관한법률 제4조의 규정에"를 "「신용정보의 이용 및 보호에 관한 법률」 제4조 및 제5조에도"로, "신용정보의이용및보호에관한법률 제6조제3호의 규정에 의한"을 "「신용정보의 이용 및 보호에 관한 법률」 제4조제1항제3호에 따른"으로 한다.

〈19〉 부터 〈24〉 까지 생략

제13조 생략

부 칙[2010.5.17 제10303호(은행법)]

제1조(시행일) 이 법은 공포 후 6개월이 경과한 날부터 시행한다. 〈단서 생략〉

제2조부터 제8조까지 생략

제9조(다른 법률의 개정) ① 부터 〈55〉 까지 생략

〈56〉 자산유동화에 관한 법률 일부를 다음과 같이 개정한다.

제2조제2호라목 중 "금융기관"을 각각 "은행"으로 한다.

〈57〉 부터 〈86〉 까지 생략

제10조 생략

부 칙[2011.3.31 제10522호(농업협동조합법)]

제1조(시행일) 이 법은 2012년 3월 2일부터 시행한다. 〈단서 생략〉

제2조부터 제26조까지 생략

제27조(다른 법률의 개정) ①부터 〈16〉까지 생략

〈17〉 자산유동화에 관한 법률 일부를 다음과 같이 개정한다.

제2조제2호러목을 다음과 같이 하여 같은 목을 머목으로 하고, 같은 호에 러목을 다음과 같이 신설한다.

러. 「농업협동조합법」에 따른 농협은행

머. 가목부터 러목까지의 규정에 준하는 자로서 대통령령으로 정하는 자

〈18〉부터 〈25〉까지 생략

제28조 생략

부 칙[2011.4.12 제10580호(부동산등기법)]

제1조(시행일) 이 법은 공포 후 6개월이 경과한 날부터 시행한다. 〈단서 생략〉

제2조 및 제3조 생략

제4조(다른 법률의 개정) ①부터 〈27〉까지 생략

〈28〉 자산유동화에 관한 법률 일부를 다음과 같이 개정한다.

제6조제4항 중 "등기필증"을 "등기필증, 등기필정보통지서"로 한다.

〈29〉부터 〈42〉까지 생략

제5조 생략

부 칙[2011.5.19 제10682호(금융회사부실자산 등의 효율적 처리 및 한국자산관리공사의 설립에 관한 법률)]

제1조(시행일) 이 법은 공포한 날부터 시행한다.

제2조(다른 법률의 개정) ①부터 〈18〉까지 생략

〈19〉 자산유동화에 관한 법률 일부를 다음과 같이 개정한다.

제2조제2호타목 중 "금융기관부실자산등의효율적처리및한국자산관리공사의설립에관한법률에 의한"을 "「금융회사부실자산 등의 효율적 처리 및 한국자산관리공사의 설립에 관한 법률」에 따른"으로 한다.

〈20〉부터 〈24〉까지 생략

제3조 생략

부 칙[2011.5.19 제10692호]

이 법은 공포한 날부터 시행한다.

부 칙[2011.7.25 제10924호(신탁법)]

제1조(시행일) 이 법은 공포 후 1년이 경과한 날부터 시행한다.

제2조 생략

제3조(다른 법률의 개정) ①부터 ⑤까지 생략

⑥ 자산유동화에 관한 법률 일부를 다음과 같이 개정한다.

제16조제2항 중 "신탁법 제2조"를 "「신탁법」 제3조제1항"으로 하고, 같은 조 제3항 중 "신탁법 제30조 단서의 규정"은 "「신탁법」 제37조제3항"으로 한다.

⑦부터 ⑨까지 생략

제4조 생략

부 칙[2012.12.18 제11599호(한국토지주택공사법)]

제1조(시행일) 이 법은 공포한 날부터 시행한다.

제2조 및 제3조 생략

제4조(다른 법률의 개정) ①부터 ⑩까지 생략

⑪ 자산유동화에 관한 법률 일부를 다음과 같이 개정한다.

제2조제2호파목을 다음과 같이 하고, 같은 호 하목을 삭제한다.

파. 「한국토지주택공사법」에 따른 한국토지주택공사(이하 "한국토지주택공사"라 한다)

제8조제2항 및 제36조 각 호 외의 부분 중 "한국토지공사"를 각각 "한국토지주택공사"로 한다.

⑫ 및 ⑬ 생략

부 칙[2015.1.6 제12989호(주택도시기금법)]

제1조(시행일) 이 법은 2015년 7월 1일부터 시행한다.

제2조부터 제4조까지 생략

제5조(다른 법률의 개정) ①부터 〈20〉까지 생략

〈21〉 자산유동화에 관한 법률 일부를 다음과 같이 개정한다.

제2조제2호거목 중 "주택법에 의한 국민주택기금"을 "「주택도시기금법」에 따른 주택도시기금"으로 한다.

제36조제3호, 제36조의2 중 "주택법 제68조"를 각각 "「주택도시기금법」 제8조"로 한다.

〈22〉부터 〈32〉까지 생략

제6조 생략

현직 NPL경매학원 원장의 실전 노하우

NPL투자
성공비법
나는 NPL이 **평생 직장**이다.

초 판 1쇄 2016년 3월 3일

지은이 어영화
펴낸이 전호림   기획 · 제작 봄봄스토리   펴낸곳 매경출판(주)
등 록 2003년 4월 24일(No. 2-3759)
주 소 우)100-728 서울시 중구 퇴계로 190(필동1가) 매경미디어센터 9층
전 화 02)2000-2647(내용 문의) 02)2000-2606(구입 문의)
팩 스 02)2000-2609   이메일 bombomstory@daum.net
인쇄제본 (주)M-print 031)8071-0961

ISBN 979-11-5542-410-0(03320)
값 25,000원